普通高等教育印刷工程专业系列教材
国家精品课程"印刷工程导论"主讲教材

印刷工程导论

曹从军　主编
曹从军　郑元林　李延雷　孙帮勇　刘琳琳　张䶮　编著

中国轻工业出版社

图书在版编目（CIP）数据

印刷工程导论/曹从军主编. —北京：中国轻工业出版社，2025.8

"十三五"普通高等教育印刷工程专业规划教材　国家精品课程"印刷工程导论"主讲教材

ISBN 978-7-5184-2282-1

Ⅰ.①印… Ⅱ.①曹… Ⅲ.①印刷工业-高等学校-教材　Ⅳ.①TS8

中国版本图书馆CIP数据核字（2019）第092275号

责任编辑：杜宇芳　　责任终审：劳国强　　整体设计：锋尚设计
策划编辑：杜宇芳　　责任校对：吴大朋　　责任监印：张京华

出版发行：中国轻工业出版社（北京鲁谷东街5号，邮编：100040）
印　　刷：北京君升印刷有限公司
经　　销：各地新华书店
版　　次：2025年8月第1版第7次印刷
开　　本：787×1092　1/16　印张：10.5
字　　数：220千字　　插页：2
书　　号：ISBN 978-7-5184-2282-1　定价：39.80元
邮购电话：010-85119873
发行电话：010-85119832　　010-85119912
网　　址：http://www.chlip.com.cn
Email：club@chlip.com.cn
版权所有　侵权必究
如发现图书残缺请与我社邮购联系调换
251400J1C107ZBW

前　言

活字印刷术是我国享誉世界的四大发明之一，是世界古代科技史上的丰碑。印刷为人类社会发展做出了巨大贡献，在人类文明进程中具有不可替代的显赫地位。在电子与网络媒体蓬勃发展之前，印刷作为传承文明和传播文化的最主要甚至是唯一的信息技术，是推动近代教育、科技和文化发展的动力和源泉，是现代文明之母。

作为意识形态和制造服务领域不可或缺的一环，印刷产业始终与我国国民经济建设、文化事业发展以及人类美好生活进步一同推进，并在其中发挥了极为重要的作用。印刷从其发明之日起，经历了"石雕木刻"、走过了"铅与火"与"光与电"、迎来了"数与网"的时代。现代印刷产业集成应用了光、机、电、信息、材料等多学科的先进技术，与人类美好生活息息相关。我国印刷产业的发展也在原国家经委成立的印刷技术装备协调小组以及中国印刷工业器材协会等机构的战略指导下，经历了"电子分色、激光照排、胶印印刷、装订联动""印前数字、网络化，印刷多色、高效化，印后多样、自动化，器材高质、系列化"的阶段，正走向"印制方式多样化、生产过程绿色化、技术支撑网络化、装备制造智能化、服务产业专业化"的发展路径。目前，我国也正处于从印刷大国向印刷强国迈进的关键时期。这种新形势下，传统印刷企业如何发展？专业人才如何培养？这是印刷产业界和高等教育界亟待深入研究并做出回答的问题。面对印刷产业集约度仍然不高、自主创新能力不足、绿色发展机制有待完善、综合管理水平相对粗放、从业人员素质有待提高的瓶颈问题，急需培养高素质专业人才。

本教材作为本科印刷工程及相关专业的基本教材，也可供印刷、包装及其他相关专业学生以及印刷包装产业相关科技工作者、管理工作者参考。本书第一章至第六章分别由曹从军、孙帮勇、李延雷、张翼、郑元林、刘琳琳编写，每人负责一章，全面讲述了印刷工程涉及的技术和产业发展、基本概念、工艺流程、质量测控及企业管理的相关基础知识和理论。全书由曹从军主编、统稿。硕士研究生康宇等参与了各章文字校对工作。本教材中的不足之处，恳请印刷界专家学者、技术人员及广大读者批评指正。

编著者

2019 年 3 月于西安理工大学

目　　录

第一章　印刷发展综论 ··· 1
　第一节　印刷技术发展简史 ··· 1
　　一、印刷术的起源 ·· 1
　　二、印刷术的传播与发展 ··· 2
　第二节　印刷的概念与基本要素 ·· 4
　　一、印刷的概念 ·· 4
　　二、印刷的基本要素 ··· 4
　　三、主要印刷方式及其应用 ·· 5
　第三节　印刷产业发展概况 ·· 7
　　一、全球印刷市场概况 ·· 7
　　二、我国印刷业发展概况 ··· 9
　第四节　印刷产业发展趋势 ··· 10
　　一、印刷产业发展总体趋势 ·· 10
　　二、印刷传媒产业发展趋势 ·· 11
　　三、包装印刷产业发展趋势 ·· 12
　　四、印刷制造产业发展趋势 ·· 14
　　五、印刷装备产业发展趋势 ·· 14
　第五节　中国印刷产业技术发展方向 ·· 15
　　一、印刷产业技术发展的保障条件 ··· 16
　　二、印刷产业技术发展的两个维度 ··· 17
　　三、我国印刷产业技术发展图谱 ·· 18
　　四、我国印刷产业发展的对策与措施 ·· 21
　复习思考题 ··· 24
　参考文献 ·· 24

第二章　印前处理 ·· 25
　第一节　文字信息处理原理与方法 ··· 25
　　一、文字的主要属性 ··· 26
　　二、计算机字库 ··· 27
　　三、计算机印前文字处理 ··· 30
　第二节　图像信息处理原理与方法 ··· 30
　　一、图像的基础知识 ··· 30
　　二、常见的图像处理操作 ··· 32
　第三节　印前中的图形设计 ··· 33
　第四节　组版和印版制作 ·· 34
　　一、计算机排版 ··· 34
　　二、拼大版 ··· 36

  三、印刷色彩复制原理 ………………………………………………………… 37
  四、印版制作 …………………………………………………………………… 42
 第五节 打样 ………………………………………………………………………… 54
  一、传统机械打样 ……………………………………………………………… 55
  二、数码打样 …………………………………………………………………… 55
  三、屏幕软打样 ………………………………………………………………… 57
 第六节 色彩管理 …………………………………………………………………… 58
  一、色彩管理的意义 …………………………………………………………… 58
  二、色彩管理系统的原理和构成 ……………………………………………… 60
 复习思考题 ……………………………………………………………………………… 62
 参考文献 ………………………………………………………………………………… 63

第三章 印刷工艺与技术 …………………………………………………………………… 64
 第一节 印刷设备及材料 …………………………………………………………… 64
  一、印刷设备 …………………………………………………………………… 64
  二、印刷纸张 …………………………………………………………………… 65
  三、印刷油墨 …………………………………………………………………… 67
 第二节 平版印刷 …………………………………………………………………… 69
  一、平版印刷机 ………………………………………………………………… 69
  二、平版印刷前的准备 ………………………………………………………… 72
  三、平版印刷 …………………………………………………………………… 73
 第三节 凹版印刷 …………………………………………………………………… 73
  一、凹版印刷机 ………………………………………………………………… 73
  二、凹版印刷 …………………………………………………………………… 75
 第四节 凸版印刷 …………………………………………………………………… 75
  一、凸版印刷机 ………………………………………………………………… 76
  二、柔性版印刷前的准备 ……………………………………………………… 79
  三、柔性版印刷 ………………………………………………………………… 79
 第五节 孔版印刷 …………………………………………………………………… 79
  一、丝网印刷机 ………………………………………………………………… 80
  二、丝网印刷前的准备 ………………………………………………………… 81
  三、丝网印刷 …………………………………………………………………… 82
 第六节 数字印刷 …………………………………………………………………… 82
  一、数字印刷的概念 …………………………………………………………… 82
  二、数字印刷的应用领域 ……………………………………………………… 83
  三、主流数字印刷技术简介 …………………………………………………… 83
 第七节 特种印刷技术 ……………………………………………………………… 88
  一、木刻水印 …………………………………………………………………… 89
  二、珂罗版印刷 ………………………………………………………………… 89
  三、金属印刷 …………………………………………………………………… 89
  四、贴花印刷 …………………………………………………………………… 90
  五、不干胶标签印刷 …………………………………………………………… 90
  六、软管印刷 …………………………………………………………………… 90

七、移印 ·· 91
　　八、热转印 ··· 91
　　九、玻璃印刷 ·· 91
　　十、香料印刷 ·· 92
　　十一、发泡印刷 ··· 92
　　十二、磁性印刷 ··· 92
　　十三、立体印刷 ··· 93
　复习思考题 ·· 95
　参考文献 ··· 95

第四章　印后加工技术 ·· 96
第一节　装订 ·· 96
　　一、折页 ·· 96
　　二、配页 ·· 97
　　三、订书 ·· 99
　　四、包封面 ··· 99
　　五、裁切 ··· 100
　　六、联动生产线 ·· 100
第二节　表面整饰 ··· 101
　　一、上光 ··· 101
　　二、烫印 ··· 102
　　三、覆膜 ··· 104
　　四、凹凸压印 ··· 106
　　五、复合 ··· 107
第三节　成型加工 ··· 108
　　一、模切压痕 ··· 108
　　二、制箱与制盒 ·· 109
　　三、制袋与制杯 ·· 109
　　四、金属罐与软管 ·· 111
第四节　数字印后加工 ··· 111
　　一、数字印后加工特点 ·· 111
　　二、数字印后装订 ·· 112
　　三、数字印后表面整饰 ·· 112
　复习思考题 ··· 112
　参考文献 ·· 113

第五章　印刷品质量检测与控制 ··· 114
第一节　印刷品质量评价 ·· 114
　　一、主观评价 ··· 114
　　二、客观评价 ··· 114
　　三、综合评价 ··· 116
第二节　印刷品检测 ·· 119
　　一、测控条 ·· 119
　　二、不同类别印刷品的检测 ·· 125

  第三节 印刷质量控制 ·· 128
   一、ISO 10128 规定的三种印刷色彩控制方法 ···································· 129
   二、基于目标的控制方法 ··· 131
  第四节 印刷质量检测系统 ·· 138
   一、检测原理 ·· 138
   二、在线检测系统 ·· 140
   三、离线检测系统 ·· 140
   四、印刷质量检测系统的发展趋势 ··· 141
  复习思考题 ··· 142
  参考文献 ··· 142
第六章 印刷企业管理与智能化 ··· 143
  第一节 印刷企业管理概述 ·· 143
   一、印刷企业管理内涵 ·· 143
   二、印刷企业管理的主要任务 ··· 144
   三、印刷企业管理的基本原理 ··· 144
   四、印刷企业管理的主要方法 ··· 146
  第二节 印刷生产与设备管理 ··· 148
   一、印刷企业生产管理 ·· 148
   二、印刷技术设备管理 ·· 149
  第三节 印刷企业财务管理 ·· 150
   一、财务管理的概念 ·· 150
   二、财务管理的目标和内容 ··· 150
   三、财务管理的对象和基本方法 ··· 151
  第四节 印刷精益生产 ·· 152
   一、精益生产概述 ·· 152
   二、精益生产的内涵 ·· 153
   三、精益生产的核心 ·· 153
  第五节 印刷智能制造 ·· 154
   一、印刷生产管理的信息化 ··· 154
   二、印刷生产管理的智能化 ··· 155
   三、智能印刷产业模式 ·· 156
  复习思考题 ··· 156
  参考文献 ··· 157

第一章 印刷发展综论

印刷术被称为"神圣的艺术""文明之母"。中国印刷术源远流长，传播广远。它是中华文化的重要组成，随着中华文化的诞生萌芽，随着中华文化的发展演进。

指南针、造纸术、活字印刷术和火药是我国古代劳动人民智慧的代表，作为我国享誉世界的四大发明，为人类文明和社会发展做出了不可估量的贡献，是世界古代科技史上的丰碑。造纸术和活字印刷术大大促进了世界科学文化的传播和交流，深刻地影响着世界历史的进程。法国著名社会学家弗朗索瓦·巴孔在17世纪初叶于所著《新机械学》中强调了这四大发明的重要意义，他指出："它们改变了世界的面貌。造纸术和印刷术表现在文化中，火药表现在战争中，指南针则表现在航海事业中。任何帝国、任何教派或任何星辰都不能自夸对人类事务施加了像这些发明那样大的影响。"马克思在《机器、自然力和科学的应用》中说："火药、指南针、印刷术——这是预告资产阶级社会到来的三大发明。火药把骑士阶层炸得粉碎，指南针打开了世界市场并建立了殖民地，而印刷术则变成新教的工具，总的来说变成科学复兴的手段，变成对精神发展创造必要前提的最强大的杠杆。"对于印刷，孙中山先生在1916年撰写《实业计划》时指出："据近世文明言，生活之物质原件共有五种，即食、衣、住、行及印刷是也……印刷为近世社会之一需求，人类非此无由进步。"在电子与网络媒体蓬勃发展之前，印刷作为传承文明和传播文化的最主要甚至是唯一的生产技术，是推动近代教育、科技和文化发展的动力和源泉，是现代文明之母。

第一节 印刷技术发展简史

一、印刷术的起源

印刷术的起源可以追溯到中国古代印章的使用，在中国新石器时期出现、用于文字符号和图案刻划、拍印以及树皮布印花工艺的手工雕刻技术，逐渐由简陋、粗糙的刻划，向复杂、精致、规范的镌刻方向发展。到公元前11世纪的商殷时期，已有用于甲骨文字的雕刻了。到了西周（约公元前11世纪—前771年），镌刻技术与古老的冶炼技术相结合，出现和发展了铸造或镌刻文字的青铜器皿。东周（公元前770年—前256年）迄秦，石刻之风日益盛行，使得这一古老的手工雕刻技术从量和质两方面都得到飞跃性进展，并开印章盖印之先河。据考古和历史记载，印章至少在春秋战国时已出现，战国时代已普遍使用。起初只是作为商业上交流货物时的凭证。秦始皇统一中国后，印章范围扩大为证明当权者权益的法物，为当权者掌握，作为统治人民的工具。秦汉以来的盖印封泥、模印砖瓦，属于手工雕刻应用领域的扩展和转印复制术的广泛应用。据历史学家考证，公元前二世纪，劳动人民从漂洗丝棉的劳动中，发明了纸，世名"丝絮纸"；汉武帝（公元前14年—前87年）时，人民又从漂洗麻类绥芬河植物中，发明了用漂麻造纸，世称"麻纸"，又称"灞桥纸"；随着造纸术的发明，东汉汉和帝元兴元年（公元105年），蔡伦总结了西汉以来的造纸经验，制造了用树皮、破鱼网、破布、麻头等作原料，适合书写的植物纤维纸，这种纸被称为"蔡侯纸"并得到推广应用。纸的发明，为社会提供了优质、轻便、价廉的书写材料，一定程度上促进了书籍的发展。大约到公元175年，东汉出现的拓印术，实质上已经是雏形中的印刷术了。从考古发掘、社会经济、文化背景和印刷技术发展规律角度等方面综合考察，印刷术起源于南北朝（公元5世纪—6世纪），当时造纸、制墨技术足以提供满足印刷需要的纸和墨，从印章和碑拓技术向印刷术过渡的技术准备在此时成熟。对印刷起到推进作用的佛教也在南北朝时期获得发展。历史表明，印刷技术最初来自民间，与广大佛教信徒的宗教信仰有关，早期印刷品多是佛经、经咒和佛像。中国劳动人民在拓碑和印章这两种方法的启发下，发明了雕版印刷术。中国的雕版印刷发明于唐朝，并且在唐朝中后期普遍使用。公元868年雕版印刷的《金刚经》现藏大英博物馆（图1-1）。

随着印刷品种和数量的急剧增长，每印一种书就要雕刻一回版，耗费的人力物力相当可观。于是，人们提出寻求一种更简便、更经济的印刷技术。到唐代后期，已经有了用单个佛像印连续重复印制的千佛像手卷。另外，在雕版过程中，刻错字是难以避免的。如果刻错一个字就废掉一块版太浪费了，聪明的工匠们想出一个补救的办法，就是用凿子将错字挖掉，再用

图1-1　公元868年中国雕版印刷的《金刚经》

一块同样大的木块刻好字补上。这些都为活字印刷术的发明提供了经验、借鉴。北宋仁宗庆历元年至八年（1041—1048年）间，毕昇发明了泥活字印刷术，比德国人古登堡发明金属活字印刷早四百多年，是印刷史上的一次伟大革命。

二、印刷术的传播与发展

中国是印刷技术的发明地，很多国家的印刷技术或是由中国传入，或是受到中国的影响而发展起来的。日本是在中国之后最早发展印刷技术的国家，公元8世纪日本就可以用雕版印佛经了。朝鲜的雕版印刷技术也是由中国传入的，高丽穆宗时（998—1009年）就开始印制经书。中国的雕版印刷技术经中亚传到波斯，大约14世纪由波斯传到埃及。波斯实际上成了中国印刷技术西传的中转站，14世纪末欧洲才出现用木版雕印的纸牌、圣像和学生用的拉丁文课本。中国的木活字技术大约14世纪传入朝鲜、日本。朝鲜人民在木活字的基础上创制了铜活字。

中国的活字印刷技术由新疆经波斯、埃及传入欧洲。1450年前后，德国美因兹的古登堡受中国活字印刷的影响，用合金制成了拼音文字的活字，用来印刷书籍。他在活字材料的改进、脂肪性油墨的应用，以及根据葡萄酒压榨机改进设计的印刷机的制造方面（图1-2），都取得了巨大的成功，从而奠定了现代印刷术的基础。各国学者公认，现代印刷术的创始人是德国的古登堡。

古登堡的活字印刷术先从德国传到意大利，再传到法国，到1477年传至英国时，已

经传遍欧洲了。印刷技术传到欧洲，加速了欧洲社会发展的进程，它为文艺复兴的出现提供了条件。马克思把印刷术、火药、指南针的发明称为"是资产阶级发展的必要前提"。

一个世纪以后该技术传到亚洲各国，1589年传到日本，翌年，传到中国。古登堡的铸字、排字、印刷方法，以及他首创的螺旋式手板印刷机，在世界各国沿用了400余年。这一时期，印刷工业的规模都不大，印刷厂多为手工业性质。

1845年，德国生产了第一台快速印刷机，这以后才开始了印刷技术的机械化进程。

1860年，美国生产出第一批轮转机，以后德国相继生产了双色快速印刷机，印报纸用的轮转印刷机，到1900年，制造了6色轮转机。从1845年起，大约经过一个世纪，各工业发达国家都相继完成了印刷工业的机械化。

从20世纪50年代开始，印刷技术不断地采用电子技术、激光技术、信息科学以及高分子化学等新兴科学技术所取得的成果，进入了现代化的发展阶段。70年代，感光树脂凸版、PS版的普及，使印刷迈入了向多色高速方向发展的征途。

图1-2 California卡森的国际印刷博物馆中古登堡印刷机的复制品

80年代，电子分色扫描机和整页拼版系统的应用，使彩色图像的复制达到了数据化、规范化的水平；90年代初，中国科学家王选研制成功世界首套汉字激光照排系统，解决了汉字信息化处理问题，使中国印刷业告别了"铅与火"，进入了"光与电"的时代，极大地提高了印刷效率，实现了用高新技术改造传统印刷产业的重大历史进步，成为我国印刷出版技术领先于世界的又一里程碑，使我国进入了世界印刷大国行列。而汉字信息处理随着激光照排工艺的不断完善，文字排版技术产生了根本性的变革。90年代，彩色桌面出版系统的推出，表明计算机技术全面进入印刷领域。

随着近代科学技术的飞跃发展，印刷技术也迅速改变着面貌。印刷技术从其发明之日起，经历了500多年的"铅与火"岁月，渡过了近百年的"光与电"时光，远程传版、彩色桌面出版系统、按需印刷、数字流程管理、印刷电商等的不断应用，使印刷工业迎来了"数与网"时代。目前，现代印刷产业集成应用了光、机、电、信息、材料、计算机等多学科的先进技术，例如印刷电子、智能标签、AR和VR技术、功能材料、3D打印、图像检索、大数据分析等被广泛引用，与人类美好生活息息相关的衣食住行、休闲娱乐、文化教育、建筑装饰、医药保健、交通通讯、游览购物……都离不开印刷产品与技术。

今天，互联网、移动互联网改变着信息传播和呈现的途径、方式和手段，传统纸媒体产业发展不断受到冲击和挑战，读者和市场需求空间被不断压缩和蚕食。不仅如此，传统印刷产业经历了20世纪黄金发展期后，已进入产能相对过剩、产业转型、技术升级、经济增长方式发生重大变化、增速放缓等多重因素影响的关键时期。

中国印刷及设备器材工业协会作为一个全产业链的行业协会，具有重视技术进步、推进产业发展的传统。协会成立30多年来，先后在不同时期提出了"电子分色、激光照排、胶印印刷、装订联动"16字方针，以及"印前数字、网络化，印刷多色、高效化，印后多样、自动化，器材高质、系列化"28字方针，为行业技术进步和发展明确了战略方向。按照"中国制造2025"战略导向，协会纵观中国印刷产业发展大局，于2017年大体勾勒了"印制方式多样化、生产过程绿色化、技术支撑网络化、装备制造智能化、服务产业专业化"发展趋势，对我国印刷产业的基本状态、主要方向、关键技术、新兴业态、发展基础作出了初步概括，对我国印刷行业面对发达国家实施"再工业化"和"制造业回归"战略，发展中国家凭借低成本优势实施产业转移的"双向挤压"态势下的创新发展提供了战略指引。

第二节　印刷的概念与基本要素

一、印刷的概念

在国家标准 GB 9851.1—1990《印刷技术术语》中，印刷的定义是："印刷是使用印版或其他方式将原稿上的图文信息转移到承印物上的工艺技术。"新的国家标准 GB/T 9851.1—2008 中将印刷定义为："使用模拟或数字的图像载体将呈色剂/色料（如油墨）转移到承印物上的复制过程。"在维基百科中谈到印刷的定义是：Printing is a process for reproducing text and images using a master form or template. 总之，广义的印刷包括印前图文设计制作、印刷复制、印后加工以及与图文信息复制相关的各个工序、工艺和软硬件条件。

二、印刷的基本要素

常规印刷必须具备有原稿（original）、印刷版（printing plate）、承印物（承印材料，substrate）、印刷油墨（printing ink）、印刷机械（printing machinery）五大要素才能进行印刷。下面对印刷的五要素进行详细介绍。

1. 原稿

原稿是印刷完成图像复制过程的原始依据，一般为实物或载体上的图文信息，若原稿种类不同，必须用不同的制版和印刷方法，以使印刷品忠于原稿，将原稿的文字、图像色调，迅速而忠实地大量复制。

印刷所用原稿，大概分为文字原稿、图像原稿、实物原稿等类型。

文字原稿有手写稿、打字稿、印刷稿之别，可视需要作为排版或照相的依据。供排版用者，必须清晰；供照相用者，除清晰而外，还须线画浓黑、反差鲜明才可适用。

图像原稿分为绘画、照相、印刷品及电子原稿，以层次浓度正常、反差适中者方可供复制之用。它有连续调（Continuous Tone）图像及线条图之别，其中又各有单色及彩色之分。绘画的线条图有漫画、图解等；连续调绘图有炭画、水彩画、国画、油画等。此类原稿，在复制之前，必经照相，故其色调以适合感光材料特性为佳。

照相原稿有黑白照相与彩色照相之分，又各有阳像及阴像之别，并包括传真照片及分色负片在内。凡用于照相的原稿，又可概分为反射原稿（Reflection Copy）与透射原稿（Transparency Copy）两大类。前者为不透明稿，如图画及晒印的相片等；后者为透明稿，如幻灯片、透明图等。

现在已有用实物直接分色者，例如：刺绣、蜡染、织物、手表等，可避免拍摄原稿造成的浪费与色调损失。

2. 印版

印版是用于把油墨传递到承印物上的印刷图文载体。因原稿类型不同或印刷目的不同，须用不同的制版方法，方能经济有效且使原稿色调忠实再现或更为美化。印刷版根据版面图文和空白部分相对位置高低的不同，一般分为凸版（Relief or Typography Plate）、平版（Planography or Lithography Plate）、凹版（Intaglio or Gravure Plate）及孔版（Screen or Porous Stencil）等四类。现在不断发展的数字印刷，可无须印刷版进行复制，如静电印刷、喷墨印刷等。

3. 油墨

油墨是印刷过程中被转移到承印物上的成像/呈色物质。印刷油墨的主要组成成分如下：色料（颜料、染料）、连结料（溶于矿物油的树脂）、添加剂/助剂（调节油墨的干燥性、流动性以及耐磨性等）以及载体物质。在传统的印刷过程中，色料的载体物主要有两类：一类是矿物油，另一类是溶剂（如凹印中的甲苯）。

4. 承印材料

承印材料是接受印刷油墨或吸附色料并呈现图文信息的各种物质。它的种类很多，纸张是最普遍使用的材料，纸有新闻纸、胶版纸、铜版纸、钞券纸、包装纸、招贴纸、牛皮纸、打字纸、纸板、卫生纸等。而特殊承印材料，软质的有玻璃纸、尼龙、聚乙烯、布类、裱合材料等；半硬性的有塑胶、赛璐珞、瓦楞纸板、厚纸板等；硬性的有铁皮（铝皮等金属材料）、木板、玻璃、陶器、硬塑胶等。不同的印刷方式需要不同性质的承印材料。

5. 印刷机械

印刷机因印版的型式不同一般可分为五类：即凸版印刷机（Typographic Printing Press）、平版印刷机（Lithographic Printing Press）、凹版印刷机（Intaglio Printing Press）、孔版印刷机（Screen Printing Press）及数码印刷机（Digital Printing Press）。

根据结构及辊筒压印方式不同，印刷机大致可分为平压平式印刷机、平压圆式印刷机、圆压圆式印刷机等三类；按照一台设备印刷墨色的多少，可分单色印刷机、双色印刷机、四色印刷机、五色印刷机、六色印刷机等；根据印刷幅面大小的不同，印刷机大致可分为全张印刷机、对开印刷机、四开印刷机、六开印刷机、八开印刷机等。

同时，为了完成整个印刷工艺，还有扫描仪、激光照排机、软片冲洗机、制版机等印前设备，以及模切机、烫金机、覆膜机、折页机、胶装联动线、切纸机等印后设备。

三、主要印刷方式及其应用

自中国发明活字印刷术至今，印刷方式日新月异，包罗万象。当今最常用的工业印刷方法有：

1. 胶印

胶印（Offset）是平版印刷的一种，是印刷工业最主要的印刷方法之一。胶印能以高精度清晰地还原原稿的色彩、反差及层次，是目前最普遍的纸张印刷方法。适用于海报、简介、说明书、报纸、包装、书籍、杂志、月历及其他有关彩色印刷品。

2. 柔性版印刷

柔性版印刷（flexography）是凸版印刷技术的一种，用橡皮及软性树脂作印版，用水溶或醇溶性油墨印刷。常适用于印制塑料袋、标签及瓦楞纸。印刷网点、线条的精细度也逐渐接近胶印。

柔性版印刷主要分为机组式柔版印刷和卫星式柔版印刷。过去国内主要应用机组式柔版印刷，而现在卫星式柔版印刷应用也越来越广泛。

3. 丝网（孔版）印刷

丝网印刷作为一种应用很广的印刷方式，按照承印物不同可以分为：织物印刷、塑料印刷、金属印刷、陶瓷印刷、玻璃印刷、电子产物印刷、不锈钢成品丝印、丝网转印电化铝、丝印版画和漆器丝印等。

孔版印刷技术的特点是，印刷油墨特别浓厚，最宜制作数量不多而墨色浓重的印件。可以在立体面上施印，如方形盒、箱、圆形瓶、罐等。除纸张外也可以印布、塑胶面料、夹板、胶片、金属片、玻璃等。常见产品有横幅、锦旗、T恤、汽水瓶及电路板等。丝网印刷的灵活性特点是其他印刷方法所不能比拟的。

4. 凹版印刷

凹版印刷适合印制高品质及价值昂贵的印刷品，不论是彩色还是黑白图片，凹版印刷效果都能与摄影照片相媲美。由于制版费较昂贵，印量必须大，适用于印制有价证券、股票、礼券、商业性信誉凭证等。

5. 数码（字）印刷

数码印刷是利用印前系统将图文信息直接通过计算机网络传输到数字印刷机上复制的一种新型印刷技术。数字印刷系统主要是由印前系统和数字印刷机组成，有些系统还配上装订和裁切设备等。按照成像方式，可分为静电数字印刷技术、喷墨数字印刷技术和磁记录成像技术，广泛适用于按需印刷、可变数据印刷以及个性化产品等。

6. 特种印刷

所谓特种印刷，就是通过特种设备、特种技术来印刷那些常规设备和技术不能印刷的产品和介质。

除普通纸张印刷外，其他承印材料的印刷几乎都可划归特种印刷范围，如金属薄板印刷（印铁）、贴花印刷、软管印刷、玻璃容器印刷、集成电路板印刷。

除常规的印刷方式（胶印、凸印、凹印、丝网印刷）外，其他印刷方式也都可以划归特种印刷的范围：如静电印刷、热转印、喷墨印刷、电磁印刷、立体印刷（含全息印刷）和盲文印刷等。

除使用常规油墨外，使用其他特殊油墨（如防伪油墨）的印刷方式几乎都可以划归特种印刷的范围。如使用玻璃、陶瓷、搪瓷印刷油墨，金属印刷油墨，防伪油墨，热转印及水转印油墨，导电油墨进行印刷的印刷方式。

第三节 印刷产业发展概况

本节从全球印刷市场和国内印刷市场两个层面介绍印刷产业的发展概况。

一、全球印刷市场概况

在经济增长乏力和数字与网络技术颠覆替代的双重压力下，2010—2015年全球印刷市场增长处于徘徊状态。

1. 全球印刷市场规模

尽管全球印刷销售总额从2010年的8062亿美元增长到2015年的8243亿美元（年平均增长率0.4%），但从印刷承印物实际生产量来看，全球印刷市场的规模却处于萎缩状态。根据斯密瑟·匹勒（Smithers Pira）（下同）的测算，2010年全球印刷生产总量折合50.5万亿A4印张，而2015年全球印刷生产总量估计为49.1万亿A4印张。价值量和实物量产生的增长差别来源于印刷增值服务，特别是数字印刷产品与服务所带来的低印量和高附加值。

2. 全球印刷市场结构

如果将全球印刷市场细分为出版物印刷（包括报纸、期刊、图书、字典等）、商业印刷（包括宣传册、广告页、票据、证卡、账单、办公印刷品等）、包装和标签印刷（包括标签、纸盒、纸箱、柔性复合材料、塑料、金属等），2010—2015年期间，上述三个细分市场的变化是不同的，2010—2020年全球印刷市场规模及增长预测如表1-1所示。

表1-1　　2010—2020年全球印刷市场规模及增长预测（金额单位：亿美元）

	2010年	2014年	2015年	2010—2015年平均增长率	2016年	2020年	2015—2020年平均增长率
全球市场规模	8062	8139	8242	0.4%	8364	8765	1.5%
出版社印刷	2109	1823	1785	-3.3%	1744	1555	-2.7%
商业印刷	2580	2508	2519	-0.5%	2540	2547	0.2%
包装和标签印刷	3373	3809	3939	3.2%	4079	4663	3.4%

2015年全球印刷市场结构中出版物印刷、商业印刷、包装和标签印刷所占全球印刷市场总额的比例为：出版物印刷22%，商业印刷31%，包装和标签印刷47%，如图1-3所示。

3. 全球印刷市场布局

西欧、北美是全球印刷市场中的成熟市场，亚洲是近20年来快速发展的新兴市场。三个区域在全球印刷市场的份额在80%以上。2010—2015年期间，全球印刷区域市场也在发生着细微的变化。从年平均增长率看，这期间印刷市场快速增长的区域有中东（4%）、非洲（2.9%）、东欧（2.8%）、亚洲（2.2%）和拉丁美洲（2%）。大洋洲印刷市场处于停滞状态（0%），而西欧和北美印刷市场则在萎缩，五年间分别下降的速度是1.7%和1.1%。

2015年全球印刷市场区域份额分布从大到小分别为亚洲36%、北美26%、西欧

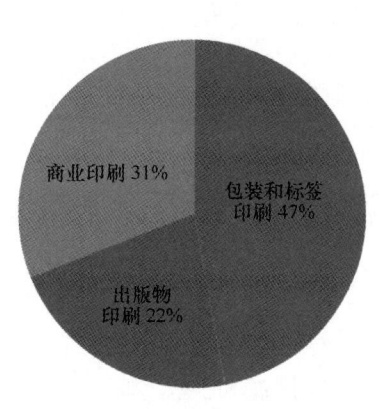
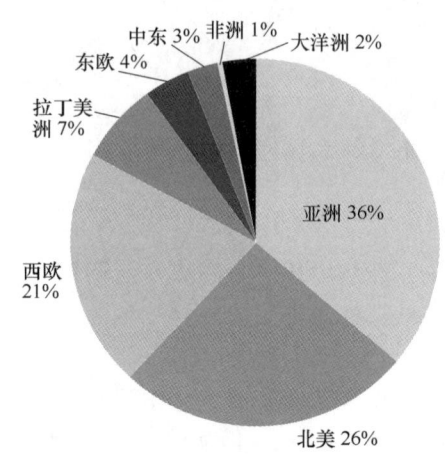

图 1-3　2015 年全球印刷市场结构　　　　图 1-4　2015 年全球印刷市场分布

21%、拉丁美洲 7%、东欧 4%、中东 3%、大洋洲 2%、非洲 1%、如图 1-4（见彩插）所示。

4. 全球印刷市场预测

2016 年至 2020 年全球印刷市场缓慢增长，到 2020 年全球印刷市场的规模将可达 8765 亿美元。

2016 年至 2020 年全球印刷市场结构的变化将继续。出版物印刷总量还将进一步萎缩（年平均下降速度 2.7%），商业印刷总量基本稳定，而包装和标签印刷总量则会保持持续增长（年平均增长速度 3.4%）。而到 2020 年，出版物印刷、商业印刷与包装和标签印刷占全球印刷总量的比例将分别为 18%、29% 和 53%。全球印刷市场的增长动力主要来自包装和标签印刷市场。

2016 年至 2020 年的北美、西欧印刷市场将可能停止下滑，如表 1-2 所示。亚洲印刷市场将因为其规模（39%）和增长速度（2.8%）成为带动全球印刷市场增长的主要力量。

表 1-2　2010—2020 年全球印刷市场区域布局及变化预测（金额单位：亿美元）

区域	2010 年	2014 年	2015 年	2010—2015 年平均增长率	2016 年	2020 年	2015—2020 年平均增长率
西欧	1909	1769	1751	−1.7%	1754	1747	−0.2%
北美	2282	2158	2161	−1.1%	2166	2151	−0.1%
亚洲	2706	2936	3020	2.2%	3090	3364	2.8%
拉丁美洲	516	557	569	2.0%	588	638	2.7%
东欧	264	295	303	2.8%	309	333	2.4%
中东	177	205	215	4.0%	228	284	6.7%
非洲	85	94	98	2.9%	104	128	6.3%
大洋洲	124	124	124	0.0%	123	119	−0.8%
全球	8062	8139	8242	0.4%	8364	8765	1.5%

二、我国印刷业发展概况

2004年至2013年，伴随中国经济的高速发展和跌宕起伏，中国印刷业经历了一个规模快速扩张、结构急剧变化的过程。这一时期，中国印刷业全行业主营业务收入以17%的年平均速度增长，行业整体规模扩大了近四倍。如同中国经济总量2007年超越德国、2010年超越日本，成为世界第二大经济体一样，中国印刷业的总量在同期也先后超越德国、日本，成为世界第二大印刷市场。我国印刷业得益于国民经济、文化市场的刚性需求以及全球一体化的融合发展，取得了长足的发展。

1. 中国印刷业整体规模

2004年12月，中国印刷业的企业总数达4.1万余家，行业资产总额2206亿元，主营业务收入1681亿元，从业人员127万人。其中，规模以上印刷企业（全部国有企业及年主营业务收入500万以上的非国有企业）5139家（占全行业企业总数的12%），资产总额1596亿元（占全行业资产总额的72%），主营业务收入1166亿元（占全行业主营业务收入的69%），从业人员数量63.5万（占全行业从业人员总数的50%）。

从2004年到2013年，中国印刷业的企业总数增长了62%，行业资产总额增长了2.26倍，主营业务增长了3.96倍，从业人员增长54%。截至2013年12月底，中国印刷业的企业总数近6.7万家，行业资产总额7200亿元，主营业务收入8338亿元，从业人员195万人。其中，规模以上印刷企业（年主营业务收入2000万以上企业）5021家（占全行业企业总数的8%），资产总额4538亿元（占全行业资产总额的63%），主营业务收入5954亿元（占全行业主营业务收入的71%），从业人员数量91万（占全行业从业人员总数的47%），如表1-3所示。

表1-3　2004—2013年中国印刷业规模构成变化

年份	企业单位数/家	资产合计/亿元	主营业务收入/亿元	全部从业人员/万人
2004	41241	2206	1681	127
2013	66693	7200	8338	195
增长幅度	62%	226%	396%	54%

根据国家新闻出版总局公布的数据，2014年，全国共有印刷企业10.5万家，从业人员339.4万人，实现印刷总产值10857.5亿元，全行业资产总额11763.0亿元，利润总额714.2亿元，印刷对外加工贸易额866.2亿元。2015年印刷复制（包括出版物印刷、包装装潢印刷、其他印刷品印刷、专项印刷、打字复印、复制和印刷物资供销）实现营业收入12245.52亿元，增长4.30%；增加值3226.95亿元，增加4.79%；利润总额871.97亿元，增长7.0%。2016年印刷复制（包括出版物印刷、包装装潢印刷、其他印刷品印刷、专项印刷、打字复印、复制和印刷物资供销）实现营业收入12711.59亿元，增长3.81%；利润总额882.70亿元，增长1.23%。

2. 中国印刷业产业结构

在全行业整体规模高速增长的同时，中国印刷业的产业结构也在发生显著的变化，包装装潢及其他印刷在行业的地位进一步提高，成为驱动行业高速发展的引擎。

2004年中国印刷业规模以上印刷企业主营业务收入1166亿元。其中，出版物（书、报、刊）印刷占32%，本册印刷占6%，包装装潢及其他印刷占54%，装订及其他印刷服务占5%，记录媒介的复制占3%。

2013年中国印刷业规模以上印刷企业主营业务收入5954亿元。其中，出版物（书、报、刊）印刷占16%，本册印刷占6%，包装装潢及其他印刷占75%，装订及其他印刷服务占2%，记录媒介的复制占1%，如图1-5所示。

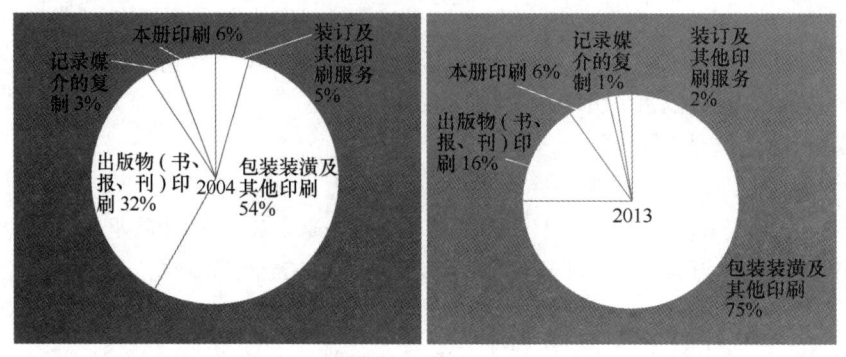

图1-5　2004—2013年全国规模以上印刷企业主管业务收入构成变化

由2004年与2013年对比发现，出版物（书、报、刊）印刷占规模以上印刷企业主营业务收入总量的比重由32%下降到了16%；而包装装潢及其他印刷占规模以上印刷企业主营业务收入总量的比重由54%提高到75%。这表明，中国印刷业的加工产品中包装（功能材料）类印刷品已经占据主导地位，而信息媒体类印刷品的比重在降低。

针对我国印刷产业"十三五"期间乃至今后较大时期内的发展趋势、行业产业重大技术需求、重大战略举措等关键问题，为促进我国印刷产业顺利实现转型发展和升级，引导我国印刷产业健康发展，中国印刷及设备器材工业协会（以下简称印工协）在充分调研、广泛讨论的基础上，于2014年2月正式启动了中国印刷产业技术发展路线图的制定工作。一方面期望可以更好地引导行业企业发展，使各企业能够充分了解国内外印刷产业发展的总体趋势、主要技术路径，解决企业发展定位等战略问题，正确应对急剧变化的社会对行业企业发展带来的机遇和挑战；另一方面拟为国家和地方政府部门制定相关产业政策提供参考，更加充分地了解印刷产业在我国经济和文化建设中的重要地位，给予印刷产业发展所必需的政策和资金支持，共同推动我国印刷产业健康发展。

第四节　印刷产业发展趋势

一、印刷产业发展总体趋势

支撑印刷产业发展的技术体系不断演进发展，从技术发展的总体趋势来看，主要表现为：印制方式多样化、生产过程绿色化、技术支撑网络化、装备制造智能化、服务产业专业化，印刷业呈现智能化、数字化、绿色化和融合化的发展趋势。印刷产业的内涵和外延也已经非常丰富，印刷产业及其支撑（或服务）的其他产业也非常多，印刷产业所覆盖的领域也非常广泛，在此主要说明印刷产业中的印刷装备及器材产业、数字印刷产业、绿色印刷产业和依赖印刷技术支撑的印刷传媒产业、包装印刷产业、印刷制造产业的发展现状、发展目标方向及其技术路线，如图 1-6 所示。

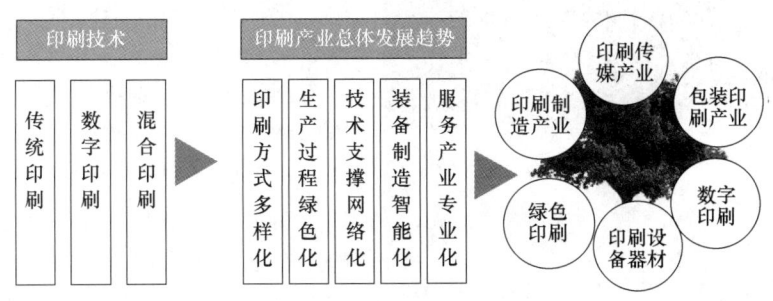

图 1-6　印刷产业发展趋势

印刷产业作为传统媒体时代信息记录、复制的最主要甚至是唯一手段，承载着人类社会文明传承和文化传播的重要使命。当今社会是信息社会，尽管信息获取、复制、记录传媒和呈现的方式多样化了，但是印刷作为一种特殊的制造工艺和生产方式，在包装、装饰装潢、新兴产业领域，尤其是印刷电子、新能源（太阳能电池）、新兴显示器件、增材制造等方面拓展出了更加开阔的应用领域，焕发出更加旺盛的生命力。

二、印刷传媒产业发展趋势

印刷传媒产业专指服务于传媒产业（信息传播和信息记录）的印刷产业。传媒产业的发展经历了一个漫长的历史过程，大致可以把人类信息传播历史阶段分为无出版非印刷时代、出版全印刷时代、出版靠印刷时代、出版多样化时代和未来的泛媒体时代。

① 原始信息记录与传播时代（无出版非印刷时代）。上溯到远古时期，信息记录主要是甲骨文、竹简、绢帛，信息传播非常缓慢，甚至是口口相传。

② 出版全印刷时代。这一时期发明了纸张，发明了雕版印刷、活字印刷术乃至工业时代的代表胶印机，信息复制技术获得了空前发展。

③ 出版靠印刷时代。这一时期是在传统工业和电气化时代，印刷已经比较发达，同时出现了广播电视，信息传播在这一时期超越了空间限制，并成为重要的信息传播方式，但由于广播电视播出时间和设备限制，人们获取的知识和信息主要依赖于纸媒体。

④ 出版多样化时代。这一时代特点是互联网和电子阅读技术快速发展，人们获取信息可以随时随地，纸媒体阅读和电子媒体阅读互补且长期并存。

⑤ 未来泛媒体时代。这一时代意识互联、万物信息交互已经成为可能，人人、人机、机机之间交互没有任何障碍，获取信息和交互信息如同呼吸空气一般，万物互交。万物之间信息自由交互成为基本状态。

通过信息传播历史的辩证分析，对印刷传媒产业现状和发展就会有一个更加理性的认识。印刷作为目前纸媒体的一种最主要的加工方法，为人类社会发展、文明传承、文化传播和科技进步做出了巨大贡献，没有印刷就没有近现代文明、文化科技发展和社会进步。

当前，因为互联网和移动阅读的裂变式发展，印刷传媒产业的社会需求、产业生态环境正在发生重大变革，产业链也发生了很大变革，如图 1-7 所示。

⑥ 传统的编印发产业链。编即内容加工，印即印前、印刷和后加工，发即出版发行。今天，传统产业链发展已经"碰到了天花板"，支撑传统产业发展的基础即印前图文信息

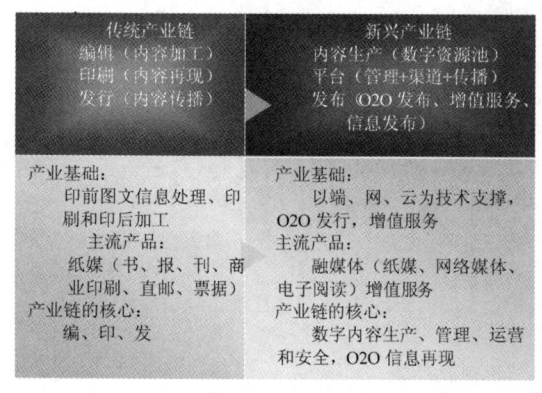

图 1-7 印刷传媒产业的产业链发展和演变

处理、印刷和印后加工技术，已经发展迟缓。主流产品——书、报、刊、直邮、票据、商业印刷物等的市场需求已趋于饱和并不断被新兴媒体所替代。支撑产业链发展的核心技术——编辑、印刷、发行已经非常成熟，难有大的突破和创新。

新兴产业链是一个以内容为核心的新的生态圈，现已经基本形成并表现出良好的发展势头。新兴的产业链体现为内容为王和数据为王的产业核心，产业链构成主要包括内容生产（数字资源池建设）、云平台建设（主要包括内容端管理、运营、服务和安全）、O2O 混合发布（纸媒和网络媒体、电子媒体）和增值服务。支撑新兴产业链的基础是传统印刷媒体（纸媒）产业基础和新兴媒体融合发展的新鲜血液。新兴产业链是以端（生产、服务）、网（连接、物流、信息）、云（内容、平台、数据）为基本技术支撑架构，支撑 O2O 混合出版、增值服务、内容的管理与运营，主流产品为融媒体（纸媒、网络、电子）O2O 混合发行、增值服务。产业链的核心是数字内容生产、管理、运行和安全，以及 O2O 混合模式的发展与运营。

需要说明的是印刷媒体产业的传统产业链和新兴产业链不是替代与被替代的关系，而是延展、丰富和倍增的关系，传统产业链只是新兴产业链的一个有机的组织部分，新兴产业链内涵更丰富、外延更广更大、涉及领域更多。

传媒产业的业态变迁，可以基于"载体＋传播渠道"二元因素分析。从载体上看，传统纸媒体主要是围绕着"一本书"构建产业链和生态圈，印刷处于该产业链的中心位置，而新兴媒体主要是围绕"纸介质＋电子存储和终端显示"构建产业链，纸媒体自然就不是唯一的霸主甚至将来不是主要载体。从传播渠道上看，传统的纸媒体有一套相对封闭、官办的发展渠道，而新兴媒体的信息传播渠道主要是互联网、移动互联网。印刷传媒从传统的单一的编印发生态圈向着信息采集、处理、存储、管理、传播和呈现的全方位多元化方式发展。

三、包装印刷产业发展趋势

商品包装是现代社会生产、生活不可或缺的重要组织部分。印刷包装产业是支撑包装产业的核心产业之一。改革开放 40 年以来，我国商品包装经历了不重视包装、普遍重视包装，到后来出现了过度、奢靡包装，包装印刷也经历了这个过程。导致了今天的因过度包装造成的资源浪费、环境污染和过度消费问题。总体上来讲，尽管包装产业发展势头被认为比较乐观，但也受到科技发展、新技术应用、国家出台相关政策以及消费需求和消费观念变化等众多因素影响，也在发生深刻变化。目前过分强调包装的精美程度，采用了复杂的印刷工艺和印后加工工序，由此带来了严重的资源浪费和环境污染问题，正在受到越来越多的指责和诟病，国家和地方也纷纷出台相关政策法规进行整治。新的包装印刷产业逐渐向"包装"本源的功能发展，向着绿色化、功能化、信息化和安全可靠方向发展。绿色化包括节能、环保、可回收、可降解、可重复应用和减量化；功能化主要指以实现物品安全运输为目标,信息化主要是以二维码、RFID标签进行物品编码、管理和跟踪服务,进而实现其他增值服务和大数据新业务;安全可靠主要指物品运输安全和信息管理安全,如图1-8所示。

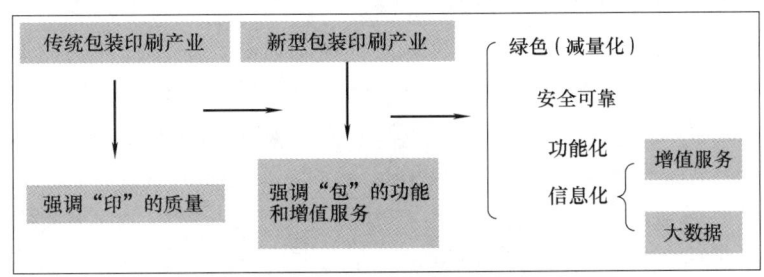

图1-8 包装印刷产业发展趋势

包装印刷产业的发展也正在由传统产业链向新兴产业链演进,如图1-9所示。

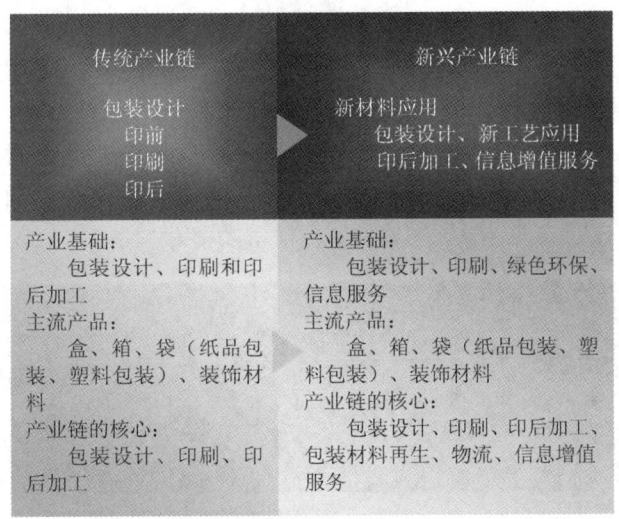

图1-9 包装印刷产业的产业链发展与演进

传统产业链主要由包装设计、印前、印刷、印后几部分组成,产业基础比较简单,产业基础主要是包装结构、装饰和平面设计,以及印刷工艺和印后加工处理。主流产品是盒、箱、袋、标签、装饰装潢材料等,使用的材料主要有纸、塑料、玻璃、木材和金属材料等。传统包装印刷的产业链核心主要由包装设计、印刷、印后加工构成,生产形式主要以委托加工为主。

新兴产业链由新材料(环保、可回收、可降解、高阻隔等)应用,包装设计、新工艺(印刷、表面处理、复合)应用,印后加工、信息增值服务(物品编码、物品溯源、数据资源、大数据应用)几部分构成。新兴产业链的产业基础是新材料新工艺、包装设计、印刷、绿色环保、信息服务,主流产品主要还是盒、箱、袋、标签、标识、装饰装潢材料等,产业链的核心是新材料、新工艺、包装设计、印刷、印后加工、废弃物回收、物流配送、信息增值服务。

与传统产业链相比,新兴产业链明显拉长,更重视包装本源的功能实现、绿色环保、数据获取和数据增值服务。

四、印刷制造产业发展趋势

印刷制造产业是指在物品制造流程中加入一个或多个以印刷工艺为特征的加工处理过程，以实现图案化表面处理或增材制造的一种特殊制造业。这种特殊的制造方法最早主要用在家具表面贴纸、包装材料和建材生产中。近年来，随着新材料、新工艺和新装备技术的发展，印刷工艺被更广泛地应用在印刷包装产业（如装饰建材、纳米制版、陶瓷印刷、家具建材）、电子信息产业（如 PCB、柔性电路、电子电路、器件）、太阳能电池、新兴显示器件、集成电路制造以及高端制造业（如 3D 打印、生物医疗、传感器）等。

印刷制造产业正在从狭义的以印刷喷涂工艺为主向更加广阔的增材制造、复合工艺方向发展。传统产业链主要包括成像、制膜、印刷喷涂，加工精度要求为普通印刷、精细加工。新兴产业链主要包括新材料、新工艺开发与应用、制膜、功能印刷、3D 打印，属于纳米制造、精密加工和增材制造范畴。

图 1-10 给出了印刷制造产业从传统产业链到新兴产业链的变迁和支撑产业发展的基础、核心技术和主要产品。传统产业链的产业基础是制膜、成像、涂布、丝印、凹印和精细加工，主流产品主要有光学膜、显示器件、光栅印刷、印刷电路等，产业链的核心技术是精密成像、涂布、丝印、精细加工。新兴产业链的产业基础是新材料、精密印刷、3D 打印、精密加工，主流产品主要有显示器件、太阳能电池、电子器件、光学膜、电子封装，产业链的核心是新材料、精密表面处理、精密功能材料、3D 打印、精密加工。

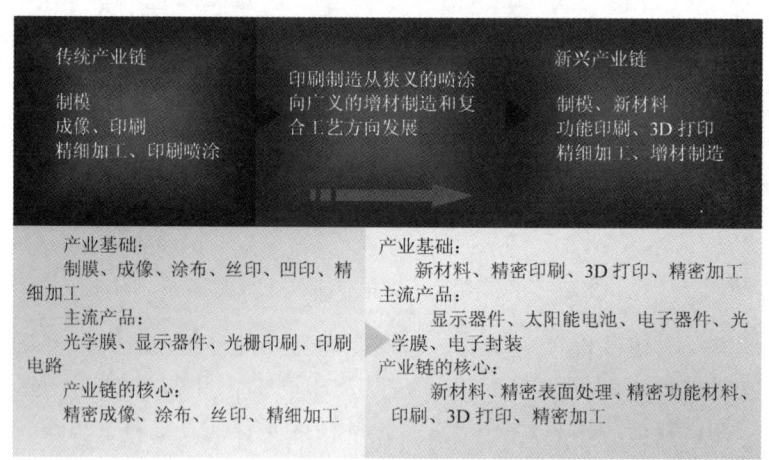

图 1-10　印刷制造产业的产业链发展与演进

五、印刷装备产业发展趋势

印刷产业的发展归根到底要靠印刷装备制造业的支持，没有强大的印刷装备制造业，就不可能有强大的印刷产业。改革开放以来，在印刷装备制造方面，我国印刷装备制造业发展很快，已经建立起比较好的发展基础，但总体上在参与国际竞争和自主创新能力方面都比较弱。同时，行业产业发展普遍缺乏战略研究，以往只有规划，而轻视对产业发展前景和市场的前瞻性、战略性宏观研究。

据《2015—2020 年我国印刷设备行业市场调查研究报告》显示，与国外相比，我国主要在印刷材料、印刷设备稳定性、印刷精度方面存在差距。其中，与欧盟相比，主要差距在印刷数字化、印刷设备的主要技术指标、印后设备的多机组联线技术、印刷机设备的自动化水平等方面；与美国相比，主要差距在柔版印刷机和数字印刷机的制造、应用推广方面；与日本相比，主要差距在占领印刷设备的高端市场，包括不干胶标签印刷机、数字印刷机、单张纸胶印机等。但是我国已经建立起完备的印刷装备制造体系、印刷设备与器材出口东南亚等国家，具有性价比优势。

目前，印刷装备制造业正处于转型发展关键时期，这一时期全球范围内的制造业总的发展方向为"从制造到消费逐渐转型向从消费到制造"，对我国来说还存在由技术跟随为主逐渐向技术创新为主转型。如图 1-11 所示，印刷装备制造业产业链也正在从传统业态向新兴业态发展演进。传统产业链为产品介绍、订单签约、组织生产、安装调试；新兴产业链为用户需求、解决方案、组织按需生产、安装调试、在线实时服务。传统的产业基础为设计、制造、装调，主流产品为机械设计、装配、调试、电气控制软硬件系统，产业链的核心为图纸设计、生产制造与装配工艺。新兴业态的产业基础为系统解决方案、技术集成、制造、平台（端、网、云）、服务（增值），主流产品是印刷装备、跨界服务、增值服务，产业链的核心为个性化、高端复杂、互通互联（装备在线）应用需求。

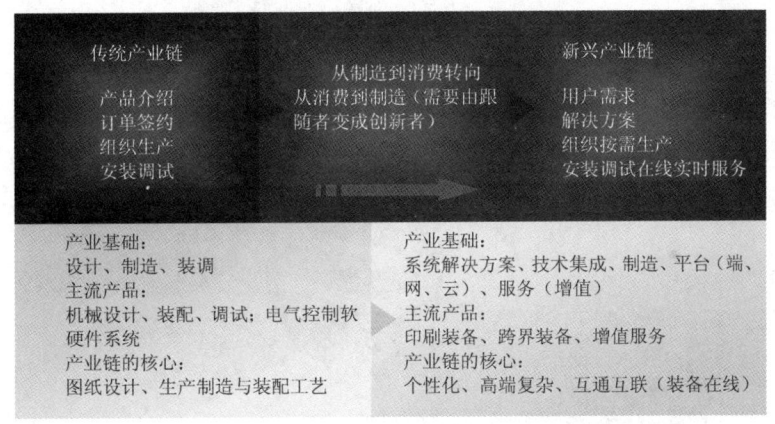

图 1-11　印刷装备制造产业的产业链发展与演进

第五节　中国印刷产业技术发展方向

经过广泛调研与论证，我国印刷产业被划分为印刷传媒、包装印刷、印刷制造、数字印刷、印刷设备与器材、绿色印刷六个主要产业板块，并明确了各产业板块的主要研究领域，如图 1-12 所示。

经过对国内外影响印刷产业技术发展的众多因素进行综合研究和分析，从支撑产业发展的条件延伸到技术层，再从技术层上升到支撑产业发展的产品层，最后到产业层，构成一个完整的我国印刷产业技术路线图的体系架构，如图 1-13 所示。

支撑印刷产业不断衍生发展的技术体系框架如图 1-14 所示。

图中显示支撑印刷产业技术不断发展的动力源泉是印刷技术（PT）、装备制造技术

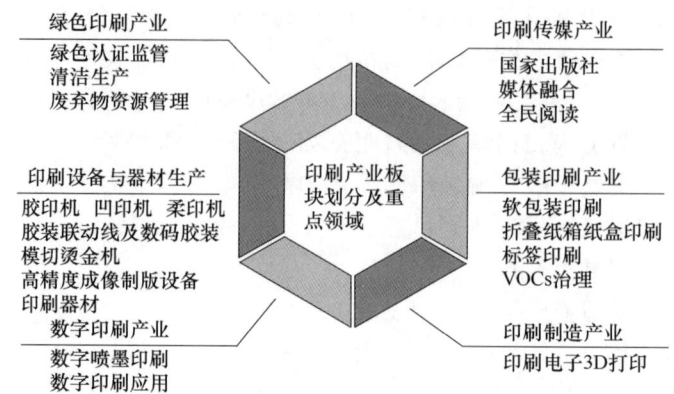

图 1-12　印刷产业板块划分及重点领域

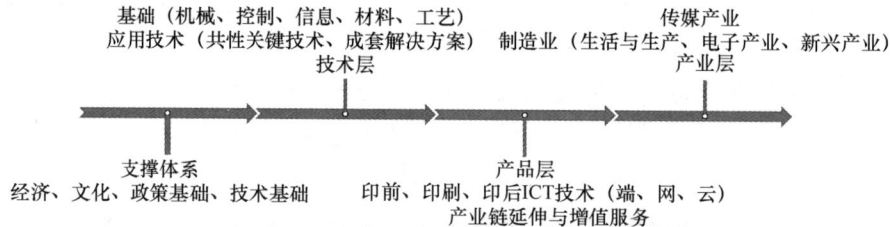

图 1-13　印刷产业技术路线图的体系框架

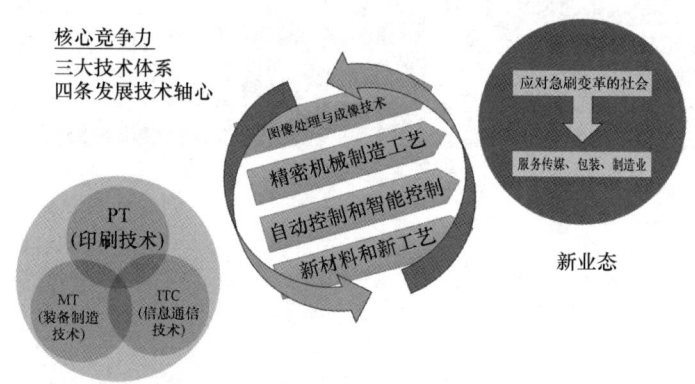

图 1-14　印刷产业的技术体系框架

(MT)、信息通信技术（ICT）及其向后融合渗透，形成产业发展的技术基础，进而形成图像处理与成像技术、精密机械制造及工艺、自动控制和智能控制技术、新材料和新工艺四大核心技术轴线，共同建立起印刷产业的技术体系和核心竞争力。印刷产业发展一方面要坚持立足印刷产业已经建立起来的技术基础和核心竞争力，另一方面也要勇于冲破传统印刷产业的羁绊和束缚，以更加开放的思想和更加先进的技术，建立更加适宜产业发展的生态系统，更好地服务国家经济建设和社会发展的实际需要。

一、印刷产业技术发展的保障条件

产业基础层主要涉及国家经济、文化、产业政策以及已有的产业发展基础和技术基础，包括国家相继出台的媒体融合发展、中国制造 2025、"互联网＋"等指导意见和发展规划，以及"十二五""十三五"时期我国印刷产业技术发展和在国际竞争中所处的地位等。在分析清楚我国印刷产业发展支撑条件的前提下，在技术层面对印刷产业技术发展路径进行进一步分析，主要涉及基础技术部分（机械、电气控制、信息处理和软件、器材与材料、印刷工艺等）和应用技术（重点是影响和制约印刷产业发展的共性关键技术和技术壁垒、技术解决方案等）。在技术层支撑下的是产品层，涉及印前、印刷、印后设备和成套生产线，以及基于互联网的端、网、云技术平台，产业链的延伸、衍生和增值服务。在产品层上是产业层，只有好的产品，先进、高效的经营管理，才能支撑健康的产业发展。传统的印刷产业主要是印刷装备、器材制造产业和印刷生产产业，新的印刷产业根据最新发展情况，一方面可以分为两个产业领域——传媒产业和制造业，其中传媒产业以纸媒体（书、报、刊和商业印刷）为基础，融合跨界发展；制造业指以印刷特殊的图案化和增材制造为基础发展起来的包装、装饰装潢、电子信息、新能源和其他新兴产业；另一方面，也可以分为印刷产业本身（如印刷装备、器材、数字印刷、绿色印刷等）和印刷支撑的其他产业（如传媒产业、包装产业、制造业等）。

要保证印刷产业技术发展，需要从产业层面、技术层面、人才层面和政策法规层面共同提供支持和帮助。

① 产业层面 主要研究应用好政策、法规，鼓励企业间合作、兼并重组，联合进行技术创新和服务模式创新，共建产业发展公共平台和生态系统，带动产业持续发展。

② 技术层面 继续提高国产印前、印刷、印后产业和设备制造技术，解决好生产端技术问题；建设印刷物联网和工业互联网共享系统；构建云服务数据、资源和服务平台，重视数据处理和数据资源开发应用、增值服务拓展，建成基于端、网、云的新一代印刷产业技术支撑体系。

③ 人才层面 培养现代企业管理和运营人才，在技术人才方面重视培养软件架构设计与开发人才，培养跨界和跨境合作的人才，培养高级技能人才。

④ 政策法规层面 支持印刷绿色化和以人为本的发展理念，努力为印刷产业发展争取到良好的政策支持和必要的项目经费，以及税收减免和发展平台的支持，政策层面鼓励和支持企业之间跨界、跨境合作或兼并重组。

二、印刷产业技术发展的两个维度

印刷装备制造及印刷生产过程所应用的技术可以从两个维度来表述：一个维度是宽度或广度，主要是指印刷产业集成应用了光、机、电、信息、材料等多个学科的先进技术，所涉及的技术领域非常广博，产业发展依赖于众多领域的先进技术及综合应用水平，发展趋势是涉猎领域将会越来越宽、越来越庞杂；另一个维度主要指技术成熟度，在相关领域里，每项技术的发展过程均可分为五个阶段：上升期、火速发展期、下降期、爬坡期、稳定应用期。其中，上升期和快速发展期属于理论研究阶段，在这两个阶段新的技术理论从出现到快速成长，并很快到达巅峰。下降期是到了快速发展期的顶端，理论工作者对该项技术的关注程度逐渐降低，技术在产业上的应用尚未成熟，受关注程度进入下降期。爬坡期是随着新技术在产业应用中逐渐成功，产业技术关注程度再次增加，并进入一个持续发展的爬坡期。稳定应用期是随着基本产业技术的成熟，应用技术研究进入稳定应用期。

对国内印刷产业来说，应将视野放在技术的上升期和快速发展期，关注技术原始创新,把主要精力放在爬坡期,注意新技术的应用推广,把定力和信心放在技术稳定应用期,相信一个成熟的产业不会轻易地在短时间内消失,从而增强信心,进而在国际竞争中获得持续的发展动力。

三、我国印刷产业技术发展图谱

目前,全球制造产业正处于新一轮科技革命和产业变革的关键时期。传统制造业以产品制造(生产)为导向,正面临着全球化、城镇化、可持续发展、人口变化、产品生产周期缩短、消费行为改变、产业政策变化等一系列严峻挑战。为了克服这一挑战,各发达国家先后竞相提出发展制造业战略措施,例如,2011年美国提出先进制造战略(制造业再回归),2012年德国提出工业4.0,2013年法国提出新工业法国,日本提出产业振兴计划,2014年韩国提出制造业创新3.0,我国提出中国制造2025规划。这些战略措施普遍突出了互联网、智能制造对传统制造业的提升改造,其中比较典型的为德国工业4.0,目的是提高品质、节省成本、客户导向生产,目标是以应用物理系统(CPS)技术为主导,并引领应用市场,产生的重要影响是重构产业价值链、商业模式、服务与生产分工。在2020—2025年,工业4.0计划实施后,生产效率因产品差别不同可提高30%～50%,节能20%～25%,实现都市生产与绿色生产。

(一)我国印刷产业发展的环境与条件

在全球经济和科技技术发展、变革,以及我国经济发展进入新常态的大背景下,我国先后出台了一系列重大改革措施和战略部署,其中直接或间接影响印刷产业发展的改革措施和战略部署主要有媒体融合、中国制造2025、互联网+、供给侧改革等。

1. 媒体融合

2014年被称为中国新闻发展史上的"媒体融合元年"。2014年8月18日,中央深改组召开第四次会议,审议通过《关于推动传统媒体和新兴媒体融合发展的指导意见》(以下简称《指导意见》)。当下,以互联网、移动互联网为信息传播途径和手段的新兴媒体呈现裂变式发展,已经对传统纸媒体发展带来巨大冲击甚至颠覆。传统媒体与新兴媒体如何发展成为当下几乎全社会关注的焦点。

新兴媒体倒逼纸媒体发展,《指导意见》中明确提出以需求为导向,强调传统纸媒的规模化生产不适应信息化时代的个性化需求,如"报""纸"分离,内容呈现方式多样化,文化产业对纸媒的依赖性减弱,传媒产业发展集团化和管道化等。指出未来传媒产业发展方向是坚持先进技术为支撑、内容建设为根本,推动传统媒体和新兴媒体在内容、渠道、平台、经营、管理等方面的深度融合。

传统纸媒体要生存发展,必须坚持与新媒体相互融合,把长期积累起来的内容生产优势、传播公信力优势与新媒体的数字技术、多媒体传播、多元交互等技术优势充分结合起来,才能赢得用户、赢得市场,才能提升传播力、公信力、影响力和舆论引导能力。

《指导意见》的出台,对传统纸媒体发展带来了重大机遇。首先,要运用全新的互联网思维,就要适应新兴媒体平等交流、互动传播的特点,树立用户观念,改变过去媒体单向传播、受众被动接受的方式,注重用户体验,满足多样化、个性化的信息需求。

其次,必须综合改革,协同创新。传统纸媒要与新媒体融合发展,不仅需要进行技术升级、平台拓展、内容创新,而且需要对组织架构、管理体制、经营机制进行改革,推动传统纸媒和新媒体深度融合。

推动媒体融合发展，要探索将数字化、信息化技术和人工智能运用到信息采集、处理、传播的全流程中；要坚持一体化思维，通过全程管理、流程优化、平台再造，实现各种媒介资源、生产要素有效整合，实现信息内容创作、技术应用、平台终端构建、管理方法实施等共融互通，从而推进媒体融合向纵深发展。

2. 中国制造2025

中国制造2025规划是我国主动应对新的历史时期，提升我国制造业水平，实现由大变强的一项重要国策，其核心要义是一条主线、四大转变和八项战略措施。一条主线是以体现信息技术与制造技术深度融合的数字化、网络化、智能化制造为主线。四大转变是由要素驱动向创新驱动转变；由低成本竞争优势向质量效益竞争优势转变；由资源消耗大、污染物排放多的粗放制造向绿色制造转变；由生产型制造向服务型制造转变。八项战略措施是推行数字化网络化智能化制造；提升产品设计能力；完善制造业技术创新体系；强化制造基础；提升产品质量；推行绿色制造；培养具有全球竞争力的企业群体和优势产业；发展现代制造服务业。

中国制造2025是在学习、借鉴德国工业4.0的基础上提出的。德国工业4.0的要义是"智慧工厂+智能生产"，其实现基础是标准化、模块化、智能化、信息化、网络化，但基于我国制造业发展水平参差不齐，有专家指出今后较长时期内是处于工业2.0的转型期、工业3.0的普及期和工业4.0的示范期三个阶段。

3. 互联网+

"互联网+印刷+包装"将成为印刷业互联网应用的重点。通过提供物联网应用服务，主动把控印刷品的互联网"入口"，实现产品信息溯源验证、信息搜索发现和数据挖掘，我国印刷产业将会迎来一个互联网时代发展的高潮。

对互联网+印刷、智慧型印刷生产模式和产业链的研究，有利于印刷企业在激烈的国际竞争形势下提高竞争力，赢得部分市场；有利于印刷企业在国内两化融合的背景下，逐渐实现印刷制造向印刷"智造"的转变；有利于印刷企业在行业低迷、微利的情形下，实现转型道路的清晰化，对尽快推动印刷企业转型发展具有重要的指导作用。

传统纸媒体必须看到，互联网改变的是整个游戏规则。它所带来的不仅仅是通路、不仅仅是平台，而是一种全新的传播规则，它把过去相对割裂的、局部的、分散的社会资源通过互联互通形成了新格局，在传统社会被闲置、被轻视、被忽略的一盘散沙式的各种资源和相关要素由于互联网的互联互通而被激活，成为种种现在和未来社会可以创建的新的价值、新的力量和新的社会结构，并由此带来了一系列社会规则和运作方式的深刻改变。由于它互联互通的特点，传统媒体不仅面临着价值折损的巨大压力，而且面对整个媒体生态根本性和结构性的变化，媒体的市场边界、资源配置方式、价值形成方式、传播方式、渠道类型、营销方式、盈利模式等都发生了根本性的变革。

这就是互联网给社会带来的改变，这种改变不是不痛不痒的局部性变动，而是一场全局性、革命性的改变。要想适应并嵌入这种改变中，要想实现真正的媒体融合，就要求传统媒体必须进行一场彻底的自我革命，在观念、战略、体制机制、组织结构、人员构成、内容生产方式、经营管理方式、运营模式、盈利模式、企业文化等方面来一次整体变革。在互联网互联互通的结构下、在实现连接的过程中寻找到新的价值产出的最主要的方向和逻辑。

4. 供给侧改革

2015年下半年，政府提出在适度扩大总需求的同时，着力加强供给侧结构性改革，要在供给侧和需求侧两端发力促进产业迈向中高端。要大力推进市场取向的改革，更加重视供给侧调整，加快淘汰僵尸企业，有效化解过剩产能。供给侧结构性改革作为一条主线，是中国经济下一步长期稳定发展的一个核心问题。

供给侧相对于需求侧而言，需求侧有投资、消费、出口三驾马车，供给侧则有劳动力、土地、资本、创新四大要素；供给侧结构性改革旨在调整经济结构，使要素实现最优配置，提升经济增长的质量和数量。

从三驾马车到供给侧改革，这种话语变化勾勒出中国经济的演变，消费在国民经济所占比重越来越大，对供给侧的要求越来越高，在倒逼压力之下，"供给侧改革"的效果直接关系到中国经济转型是否能够平稳落地。经济结构性改革分解为四个关键点，包括化解产能过剩、消化房地产库存、降低企业成本、发展股票市场。经济结构性改革，任重而道远，非一日之功。

供给侧管理强调通过提高生产能力来促进经济增长，而需求侧管理强调可以通过提高社会需求来促进经济增长，两者对于如何拉动经济增长有着截然不同的理念。需求侧管理认为需求不足导致产出下降，所以拉动经济增长需要刺激政策（货币和财政政策）来提高总需求，使实际产出达到潜在产出。供给侧管理认为市场可以自动调节使实际产出回归潜在产出，所以根本不需要所谓的刺激政策来调节总需求，拉动经济增长需要提高生产能力，即提高潜在产出水平，其核心在于提高全要素生产率。在政策手段上，包括简政放权、放松管制、金融改革、国企改革、土地改革、提高创新能力等，从供给侧管理角度看，本质上都属于提高全要素生产率的方式。

市场是否出清是供给侧管理和需求侧管理的核心区别。需求侧管理认为市场无法出清，因此需要采用政策刺激的方式来恢复需求，而供给侧管理则认为市场可以通过价格调整等方式来自动出清，当前产出可以自动回归潜在产出。例如，假如现实运行中某行业存在了所谓的过剩产能，则需求侧管理认为需要通过种种政策手段刺激社会需求，令需求扩张去迎合现有产能，而供给侧管理则认为需要通过价格、产能整合、淘汰等方式来清理过剩产能，因为过剩存在本身就是不合理的。

(二) 我国印刷产业技术发展图谱

综合国内外印刷产业发展现状及未来趋势，在广泛调研和讨论的基础上，给出了我国印刷产业技术发展图谱，如图1-15所示。

根据我国印刷产业技术发展图谱，加速推进印刷产业技术创新，提升国际竞争力，具体可通过以下四个主要途径组织实施与落实。

第一，政府引导，协会支持。制定相关法律法规，加强政策引导和资金扶持，引领行业向智能化发展；搭建技术创新平台，制定相关标准，积极推动政、产、学、研、用协同创新；引导和支持印刷装备行业两化融合水平的提升，为智能化工厂提供技术和设备支撑；进行智能工厂重大作用和积极意义的宣传贯彻，提高行业认识；市场主导，企业唱戏；树立示范，重点突破；统筹规划，分步实施。

第二，市场主导，企业唱戏。以市场为主导，以满足印刷企业的需求，提高行业工艺

第一章　印刷发展综论

图 1-15　我国印刷产业技术发展图谱（2016—2025 年）

和管理、生产水平为主要的发展和研发方向；依靠创新驱动，以行业内骨干企业为主，积极推进和探索智能相关设备和解决方案。

第三，树立示范，重点突破。在重点领域如书刊、包装等，积极帮助并树立采用智能化的企业，作为行业示范，为进一步推广提供探索和依据。

第四，统筹规划，分步实施。智能印刷工厂建设需要印刷企业从上到下统一认识，统筹规划，逐步探索和逐步完善，印刷企业进行智能化改造，不仅仅是生产改造更是管理改造，这是一个渐进过程，不可能一蹴而就。

四、我国印刷产业发展的对策与措施

今天，在新一代信息技术、人工智能、新材料、绿色环保等科技浪潮冲击下，我们必须理性地看待未来发展并尽可能做出相对科学的判断和选择。印刷产业技术发展路线图是对印刷产业发展对总体趋势和路径所做的战略性研究，在实际使用中并不能完全代替印刷企业层面的实际工作和个性化发展道路。因此，印刷生产企业和印刷装备制造企业在发展过程中，应根据自己的实际情况做出尽可能科学的选择。需要注意的是我国印刷企业不要轻言放弃中低端印刷产业，需要有一份坚守和信心，不要让后来者轻易取而代之。同时，在技术上不要过分强调机械主导，这样往往限制信息技术、自动化和智能化技术人才的成长和能力最大化使用，并要注意培养技术综合、视野开阔、务实、创新的复合型人才，在

21

营销模式上要积极利用互联网平台和资源，积极开拓国际市场、提高国际竞争力等。

（一）认清形势，主动适应印刷产业变革

1. 适者生存，变化成为常态

据新闻出版广电总局发布的《2014年新闻出版产业分析报告》，出版物印刷即图书、期刊、报纸印刷，2014年主营收入1701.02亿元，较2013年增幅下滑3.86%。互为佐证的是，2011—2014年全国规模以上印刷企业年主营业务收入的构成变化，书报刊印刷占主营业务收入的比重从2011年的23%下降至2014年的16%，包装装潢及其他印刷所占比重则从67%增至76%。

事实上，尽管增长速度放缓，由两位数步入一位数，印刷总量仍然在增长，只是不同企业因适变能力的不同，感受也会不同。比如，随着印刷品的多样化、个性化，以及印刷效率的高要求，部分印刷企业和印刷设备器材供应商出现了不适应，难以为继。

这是一个技术发展日新月异的时代，是一个竞争激烈的时代，变化已然成为常态。适者生存，跟不上发展步伐的企业势必被淘汰。

2. 数字技术、网络技术的发展改变传统商业模式

首先，数字技术的发展及应用，使按需印刷、个性化定制成为现实。其次，建立在网络印刷、云印刷等网络技术基础上，以电子商务为核心的商业模式将成为未来印刷业下订单的常态，其已是发达国家的主流商业模式。再次，互联网的发展，倒逼传统产业转型适应。比如，需方仅需提供设计图，通过淘宝网，便可征集到加工厂家，完成产品的个性化定制。网络环境的日益成熟，将催生新的商业模式。

3. 绿色印刷促进产业转型升级

"十二五"规划纲要中明确提出节能减排的约束指标，据此，无论中央还是地方层面均加大了相关法律规定的建设力度，对VOCs（挥发性有机物）排放进行治理。

北京市于2008年1月1日、2月1日分别出台针对大气污染排放、油墨行业的标准；2010年5月印刷行业被九部门明确列入大气污染防控范围，同年，广东省包装印刷VOCs排放标准正式实施；2013年9月环保部发布《大气污染防治行动计划》（又称十条），该计划亦被称为史上最严厉的大气治理计划；2014年2月环保部以分区、分阶段为原则细化十条，对京津冀提出最严格要求，"十条"被细化为22项政策措施，在其中的挥发性有机物整合整治方案中，石化、包装印刷、表面涂层等行业被列为考核重点。

目前，包装印刷行业被视为除石化行业以外的VOCs排放大户，重点控制对象为凹印、丝印、印铁制罐等领域。以凹印为例，制版公司电镀排放污水处理率不足50%，挥发的有害物质没有得到有效的回收，成为大气污染源。当前，VOCs治理已成为关乎行业企业生死的头等大事，有关方面需要高度重视。由此不难预见，绿色印刷产业及相关技术、产品将得到快速发展。

4. 印刷制造业转型升级成为新常态

从全球范围来看，诸如海德堡、惠普等印刷制造业的巨头都在积极转型，这将引领新的市场变化。纵观它们的转型方向和路径，大致可以归纳为以下几点：

① 由传统工艺向数字化技术、印刷电子领域转转型。

② 守住主业优势，通过瘦身向专业化发展；对跨界业务及非主营业务的发展则与领先企业合作，在全球范围内进行战略性重组，与合作者优势互补。

③ 打造产业联盟或产业集群,并通过资本运营获得更大的竞争优势。

从上述国际大品牌印刷设备制造商的转型分析中不难看出,由传统制造向服务制造及智能、绿色制造转型已成为一个重要趋势。

5. 质量兴业,建立科学的数字化质量检测与质量管理系统

印刷数字化质量检测的关键是实现印刷品质量的科学可度量和100％全检。视觉技术可替代人眼,科学地数字化度量印刷品的图案、颜色、信息、文字的印刷品质,进而建立数字化的质量标准;同时应大力发展高速高动态范围视觉成像技术、高速智能图像处理技术等关键视觉检测技术,打造印刷品的高精度、高速、100％全检的数字化检测设备。

印刷数字化质量管理的关键是数字化(可视化)质量信息的建立、分析、评价。利用宽带网大数据存储技术实现印前、印中、印后全部质量缺陷数据的可视化存储和100％可追溯;大力发展大数据深度学习技术,实现质量数据的数据统计、分析和挖掘。

总之,应进一步利用视觉技术实现印刷数字化和100％印刷品品质科学检测,并利用宽带网大数据技术实现100％产品质量信息存储可追溯和分析挖掘,实现现代印企科学、便捷的优化品质管理。

(二) 积极争取国家对印刷产业支持

在争取国家对印刷产业支持方面,首先,突出发展印刷产业的历史责任。传承中华印刷文明,发展印刷产业对国民经济和文化建设、解决就业、有效抵御外国产业垄断等方面有着极其重要的地位和作用。其次,强调发展印刷产业已经建立的优势地位。我国印刷装备制造业经过几十年发展已经建立并初步具备成为印刷强国的产业基础,肩负着我国由印刷大国向印刷强国转变的历史使命。再次,强调印刷产业发展面临的严峻形势。目前印刷产业转型、升级遭遇多重前所未有的压力和挑战,面临国外产品及企业用各种形式对民族工业的冲击,急需国家从产业政策层面给予支持。

在积极争取国家支持印刷产业发展方面,主要集中在支持产业转型、扶持新技术研发、支持产业整合、推动产业联盟、支持跨界融合、建立合作共赢发展的机制,支持跨境技术合作,加快新技术引进、消化吸收和创新。在支持的具体形式上,在以下几个方面提供重大项目扶持:印刷装备制造强基创新工程、印刷产业信息化工程、绿色印刷及新材料、新工艺创新工程、智能印刷工厂示范工程、重大技术改造项目等。

(三) 积极推进印刷产业界合作

1. 优化整合,提升产业国际竞争力

印刷行业企业尤其是印刷装备及配套器材企业,要充分认识到"新一轮科技革命和产业变革正风起云涌,全球科技创新呈现出新的发展态势和特征,消除在中低端同行恶性竞争,企业兼并重组、建立联盟合作机制,推进专业化分工,实现优势互补、互为支撑的新产业发展模式"。

2. 构建开放的技术标准体系

加强标准化建设,走产业上游标准化、模块化,产业下游个性化,建立开放技术体系(机械、ICT 软硬件、端到云的技术支撑与服务架构体系),减少资产重复投入、压低生产成本、缩短产品上市时间、满足个性化需求,向未来生成式生产方式发展。

3. 构建开放共享平台,化解信息化、智能化技术挑战

印刷产业发展需要积极与互联网结合,建设共享信息化平台,掌握信息入口、保障信

息安全，加速推进我国印刷产业信息化进程。加快制定印刷信息化和智能化标准，实现虚拟设计与现实生产融合，加速推进印刷装备制造业跨越发展。

复习思考题

1. 举例说明我国印刷技术发展历史上重要的人和事件。
2. 德国古登堡对印刷技术发展的主要贡献是什么？
3. 什么是印刷？传统印刷五大要素是什么？
4. 谈谈对印刷产业发展趋势的认识。
5. 印刷产业技术发展的总趋势是什么？
6. 浅谈对印刷产业发展技术的认识，并重点说明感兴趣的三个方面。
7. 了解我国有代表性的印刷企业现状，并举例说明其中三个感兴趣的印刷企业的主要技术特点和业务范围。

参 考 文 献

[1] 宋明昌. 中国出版传承发扬中华文明 [J]. 中国出版，2014（13）：6-14.

[2] 印刷术. 百度百科. https：//baike.baidu.com/item/％E5％8D％B0％E5％88％B7％E6％9C％AF/152326？fr＝Aladdin.

[3] 印刷术的发明. 中国网. http：//www.china.com.cn/aboutchina/zhuanti/sdfm/2009-01/21/content_17163395.htm.

[4] 印刷. 百度百科. https：//baike.baidu.com/item/％E5％8D％B0％E5％88％B7/368780？fr＝Aladdin＃7.

[5] 邓广铭. 邓广铭全集 [M]. 河北教育出版社，2005（6）：178-180，343.

[6] 国家新闻出版广电总局发布2015年全国印刷复制业总体情况 [J]. 中国包装，2016，36（10）.

[7] 中国印刷及设备器材工业协会. 中国印刷产业技术发展路线图（2016—2025）[M]. 北京：科学出版社，2016：1-26.

第二章 印前处理

印刷过程常被划分为印前、印中和印后三个阶段。随着网络技术和计算机硬件的飞速发展，印刷原稿的图文内容越来越多样化，印刷产品的时效性要求越来越高。目前印刷和印后过程逐渐成熟，特别是新型数字印刷机的推广和普及，印刷三个阶段中的印前承担了更多的任务并扮演更重要的角色，人们希望在印前阶段就基本确定了最终的印品质量。

所谓印前，通常是指从收到客户提供的原稿图文到制作成印版的阶段，其具体涵盖的内容随着整个印刷的发展也在不断改变，目前数字化印前主要包含文字、图形、图像等页面内容的数字化制作或采集（原稿制作），单个页面中各项内容的组合排列（排版），由印版以及印后加工参数决定的单页面在印版范围的位置分配（拼大版），以及针对制版机的页面点阵化（RIP）。图2-1列出了整个印刷流程的主要步骤，虚线框内的步骤可被定义为印前阶段。

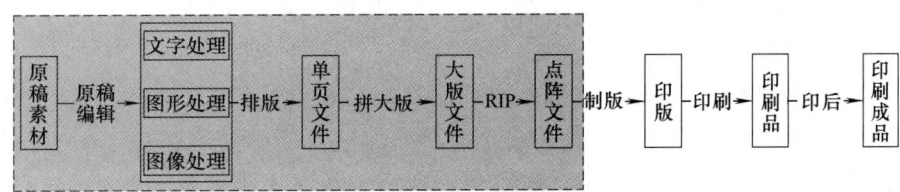

图 2-1 典型印刷流程中的印前阶段

从以上流程图可以看出，客户提供一定量的原稿素材并提出对最终印刷成品的要求，印刷公司接单后首先编辑原稿，根据素材类型这部分主要分为文字、图形、图像三个内容进行处理；然后将编辑后的文字和图形图像等要素，综合处理成一系列单页文件，在单个页面中排列文字图形图像的过程就称为排版；把几个单页文件，根据印刷机版面大小和折页方式分配到一个大版文件上的过程就是拼大版；由于印刷呈色过程是将连续调图文转换成半色调油墨印刷，因此所有图文需要先通过图像栅格化处理（Raster Image Processor，RIP）成为二值点阵再进行制版，而以上这些步骤可统称为印前过程。可以看出，印版上的网点和点阵的精度主要取决于印前阶段，而高质量的印版基本保证了印刷机上的油墨准确转移，这就是印前占据越来越重要地位的原因。

第一节 文字信息处理原理与方法

文字是原稿的重要内容之一，字体、字号、版式等参数的选择对页面的布局和风格影响很大。印前文字处理过程，是指利用文字信息处理系统对文字进行录入，并根据版面设计的要求，组成规定版式的工艺过程。目前，随着办公自动化的发展，印刷流程中往往不单独设定文字处理模块，文字的录入以及版式的设定多由作者或编辑直接完成，印前人员做部分格式上的修改。不过对于印刷公司来说，由于存在很多外单，字体不匹配的问题经常出现，已成为印前文字处理的主要问题。试想一下页面上所有宋体文字变成黑体对页面风格和版面布局的影响有多大，更何况外文呢？因此文字信息处理的重点是掌握文字的主要特征，如文字的字体、文字大小、行距等，存储字形的字库导入、删除，以及页面文字编辑的其他格式要点。

一、文字的主要属性

在进行页面设计时，文字的属性选择对于版面风格影响很大，例如标题常选择显著的黑体字，正文选择阅读性较好的宋体字，一些诗句会用到斜体，某些强调的语句会加粗、下划线或者彩色标注。文字属性主要包括表示文字风格的字体、文字的大小，版面设计时会在这些属性的基础上辅以其他特征进行编排。

（一）文字的字体

文字的字体是一种规范了的文字书写体，不同的字体代表了不同的书写风格。在中国除了汉字，还有蒙文、维吾尔文、藏文、朝鲜文和哈萨克文等民族文字，加上各种外文字体，使得印刷中涉及的字体种类非常多。本节主要分析汉字和几种常见的外文字体。

对于汉字来说，字体的种类有很多，用于印刷的基本字体有宋体、黑体、楷体和仿宋体四种（见图2-2）。宋体，是为适应印刷术而出现的一种汉字字体。笔画有粗细变化，而且一般是横细竖粗，末端有装饰部分（即「字脚」或「衬线」），点、撇、捺、钩等笔画有尖端，属于衬线字体（serif），常用于书籍、杂志、报纸印刷的正文排版。宋体是生而俱来的印刷体，产生于雕版，成型于明朝。黑体字又称方体或等线体，没有衬线装饰，字形端庄，笔画横平竖直，笔迹全部一样粗细，常用于文章中的标题。楷书也叫正楷、真书，是由隶书逐渐演变而来，更趋简化，横平竖直。这种汉字字体端正，是现在通行的汉字手写正体字。仿宋体是一种采用宋体结构、楷书笔画的较为清秀挺拔的字体，笔画横竖粗细均匀，常用于排印副标题、诗词短文、批注、引文等，在一些读物中也用来排印正文部分。

宋体　常用于书报正文排版
黑体　常用于文章中的标题
楷书　汉字手写正体字
仿宋体　宋体结构楷书笔画

图2-2　印刷中的基本汉字字体

隶书字体	方正舒体
微软雅黑	方正姚体
幼圆字体	华文新魏
华文琥珀	华文彩云

图2-3　文字排版中的其他字体

为了美化版面，现在印刷中也采用许多新的艺术字体，如隶书、雅黑、幼圆、魏碑、华文新魏等，如图2-3所示。目前在计算机排版中大约有84种字体供选择，较多的字体使得人们在设计版面时有较大的自由度，从而表现出不同的风格。

在我国的书刊印刷中，常用的外文字体有四种，它们是衬线体（Times New Roman）、非衬线体（Arial）、等宽字体（Courier New）和变宽字体（Century），如图2-4所示。此外，每一种字体又分为Regular、Bold、Italic、Bold Italic四种字体族，这四种字体族分别指正常字体、粗体、斜体和粗斜体，如图2-5所示。

衬线体：Times New Roman
非衬线体：Arial
等宽字体：Courier New
变宽字体：Century

图 2-4　外文字体

Regular：Word Processing
Bold：**Word Processing**
Italic：*Word Processing*
Bold Italic：***Word Processing***

图 2-5　外文字体族的风格

（二）文字的大小

版面中的文字大小是区分文字内容层次和风格的重要方式，国际上通用的文字表示方法是点数制，在国内则是以号数制为主，点数制为辅。

国内文字的号数制是从活字排版印刷沿袭而来的，虽然活字排版已被计算机录入代替，但活字对字体大小的定义仍被沿袭到计算机排版对字体的定义上。号数制是采用互不成倍数的几种活字为标准的，根据加倍或减半的换算关系而自成系统，可以分为四号字系统、五号字系统、六号字系统等（图 2-6）。字号的标称数越小，字形越大，如四号字比五号字大，五号字又要比六号字大。为适应各种印刷品的需要，又增加了七号、小五号、小四号、小二号等种类（图 2-7）。具体字号之间的关系如下：

四号序列：一号、四号、小六号；
五号序列：初号、二号、五号、七号；
小五号序列：小初号、小二号、小五号、八号；
六号序列：三号、六号。

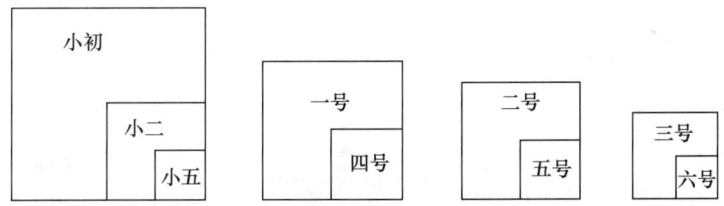

图 2-6　加倍或减半的活字系统

外文字体大小主要采用点数制，1 点即 1 磅（Point）等于 1/72in，即 0.35146mm，点数越大，字体越大。1985 年 6 月，文化部出版事业管理局规定每一点（1p）等于 0.35mm，误差不超过 0.005mm，如五号字为 10.5pt，即 3.675mm，点数制与号数制的对应关系如表 2-1 所示。

二、计算机字库

现在的文字编辑和排版都是在计算机中完成，而计算机中的文字首先需要分配对应的代码，例如通过输入码对要查找的文字进行选择，通过字形码存储文字的字形外观，所有文字的字形保存到一个称为字库的文件上，一般一个字库包含一种字体的所有文字。在 windows 系统中，所有字体的字库文件都保存在系统目录下的 fonts 文件夹中，如果要增加或删除某些字体，可以直接在该文件夹中进行添加或删除相应字库文件。

文	字	处	理

五号

文	字	处	理

四号

文	字	处	理

三号

文	字	处	理

二号

文	字	处	理

一号

文 字 处 理

初号

文 字 处理 72点

图 2-7 号数制文字大小实例

表 2-1　　　　　　　　　　　　号数、点数制尺寸对照表

序号	号数	点数	尺寸(mm)	序号	号数	点数	尺寸(mm)
1	1英寸	72pt	25.30mm	11	小三	15pt	5.29mm
2	大特号	63pt	22.14mm	12	四号	14pt	4.94mm
3	特号	54pt	18.97mm	13	小四	12pt	4.23mm
4	初号	42pt	14.82mm	14	五号	10.5pt	3.70mm
5	小初	36pt	12.70mm	15	小五	9pt	3.18mm
6	一号	26pt	9.17mm	16	六号	7.5pt	2.56mm
7	小一	24pt	8.47mm	17	小六	6.5pt	2.29mm
8	二号	22pt	7.76mm	18	七号	5.5pt	1.94mm
9	小二	18pt	6.35mm	19	八号	5pt	1.76mm
10	三号	16pt	5.64mm	—	—	—	—

基于字形描述机理角度，文字的字库可以分为点阵字库和矢量字库。点阵字库中的每个文字类似于一幅固定分辨率的二值点阵图，如图 2-8 所示，有笔画通过的区域置 1（显色），空白区域置 0（无色）。由于是位图的缘故，点阵字体很难进行缩放，特定的点阵字体只能清晰地显示在相应的字号下，否则文字只能强行放大从而导致字形损失，产生马赛克式的锯齿边缘。因此，点阵字库现在计算机系统中应用较少，特别是印刷复制应尽量避免点阵字库。不过，由于在显示和输出中运算简单，一些仪表显示屏上采用点阵字库较多。

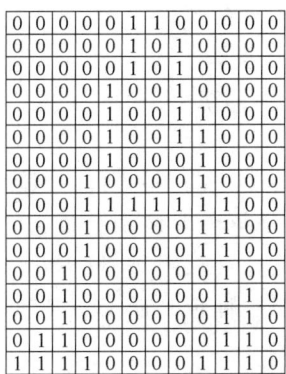
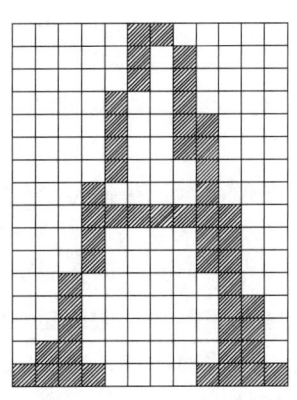

图 2-8　点阵字库（字符 A 的点阵位和像素图案）

矢量字库是目前显示和输出设备的主要形式，其本质是将文字字形采用矢量曲线的形式进行描述存储，因此可以无损放大或缩小，文字的边缘始终是光滑的。根据所采用矢量类型和描述机理，矢量字库主要有 Postscript 字体、TrueType 字体和 OpenType 字体等。在计算机系统的字体文件夹中，这些字体分别以不同的图标表示。其中 TrueType 主要应用在屏幕显示及普通打印上，Postscript 是由 Adobe 开发的用作印刷的精细字体标准，但与应用程序的兼容性稍差。而 OpenType 兼备 TrueType 与 postscript 的优点，并提供一些新特征，如连笔字、分数字等，可以为文字排版添加新的效果。总体上，如果想要一种打印效果好，并且在屏幕上易阅读的字体，则可以考虑使用 TrueType 字体。如果需要大

型字符集用于语言覆盖和精细的版式，则可以考虑使用 OpenType 字体。如果需要打印专业质量的出版物（如有光泽的杂志）或进行商业打印，则 Postscript 字体是一种很好的选择。

三、计算机印前文字处理

文字在印刷品、出版物中的作用是提供读者阅读和欣赏的信息。出版物的形成，除去对原始文字信息进行语法、体例、风格等编辑性处理以外，必须进行技术性处理和加工，才能满足出版、印刷、多媒体和网页制作等对文字信息的要求。

技术性文字信息处理的内容包括：
① 字体、字号、颜色、排列方向、边框、底纹的设置和处理。
② 文字缩放、变形、图案填充、装饰、剪裁等处理。
③ 字/行/段的间距、首行缩进、对齐方式、换行/分栏/分页设置、排版禁则/页尾标题/跨页控制、连字处理、页眉/页脚/题注/脚注/尾注设置、文字统图处理。
④ 繁体/简体转换、拼法/语法检查和校正字数统计、查询、目录/纲要生成。

在出版物中，按照出版物的设计风格样式和技术规格等要求，文字必须以某种要求的属性和特征，安排在页面及版面合适的位置上。现在一般采用交互式的软件进行文字排版，常见的如 Microsoft Word 软件，是目前国内外文字编辑和排版的最常用软件，如一般版式的书籍和期刊多采用该软件，但对于版式较为复杂、图文内容较多的印单，则需要更为专业的排版软件，如方正飞腾、Adobe Indesign 等。

在本节的内容中，需要学会使用 Microsoft Word 软件进行一般的文档编辑，重点掌握不同字体、字号、对齐方式、图像绕排、插入表格等功能。

第二节　图像信息处理原理与方法

彩色复制原稿，图像可以说是最重要的部分，好的图片可以让读者快速了解描述的内容，也能更好地吸引读者和消费者。目前大部分彩色图像都是通过数码相机或扫描仪获取，由于这些设备的成像原理与印刷机相差很大，如果不进行处理直接印刷或打印，显示器上看到的鲜艳、清晰的图片，在印刷后往往呈现偏色、低反差等问题，因此根据印刷机特征进行图像处理是整个印前阶段的重要内容。

印前领域中的图像处理，主要是对客户提供的图片素材进行颜色、层次、清晰度以及内容等方面的修改，常称作修图或调图，多在 Adobe Photoshop 软件上完成。处理后的图片会通过屏幕打样或数码打样查看印刷的效果，合格的图片将排版置入页面中进入下一流程。本节重点介绍数字图像的基础知识以及较常用到的几种图像处理技术。

一、图像的基础知识

现代印刷中采用的图像基本都是数字图像，在进行图像处理介绍前需要了解数字图像的一些基本概念和主要指标。

首先需要理解数字图像的概念。我们现实中看到的景物被称为连续调图像，通过成像形成的连续调图像有摄影照片、照相底片、彩色画稿等，这些图像的深浅变化与颜色变化都是连续的，图中没有跳跃性变化，变化是无级的。而在数字化复制流程中，连续调图像需要被数字化才能更好地存储、处理和传播。数字图像由二维的元素组成，每一个元素具有一个特定的位置 (x, y) 和幅值 $f(x, y)$，这些元素就称为像素。数字图像是像素组成的二维排列矩阵。对于单色（灰度）图像而言，每个像素的幅值（亮度）用一个值来表示，通常数值范围在 0~255 之间，0 表示黑、255 表示白，其他值表示处于黑白之间的灰度。彩色图像可以用红、绿、蓝三元组的二维矩阵来表示。通常，三元组的每个数值也是在 0~255 之间，0 表示相应的基色在该像素中没有，而 255 则代表相应的基色在该像素中取得最大值。最常见的数字图像就是相机或扫描仪采集的图像，其每个坐标位置用一个像素表示，原场景中该位置的明暗对应该像素值的大小。

在印刷流程中，存在半色调图像的概念，其本质也是一种数字图像。半色调图像是在连续调图像的基础上经过加网点阵化，用网点来表示颜色深浅和色彩的图像（图 2-9）。由于网点在空间上是有一定距离的呈离散型分布，并且由于加网的级数总有一定的限制，在图像的层次变化上不能像连续调图像那样实现无级变化，故称加网图像为半色调图像。常见的有经过加网的阳片、胶片、印刷图像等。

针对数字化图像，以下基本概念需要区分和理解。

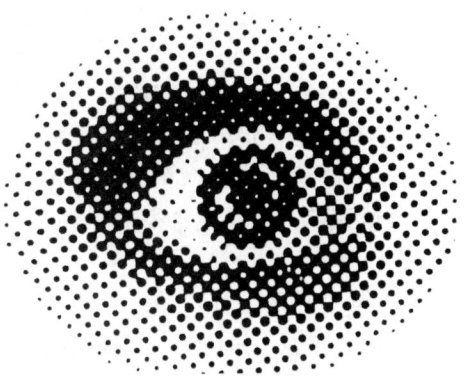

图 2-9　半色调图像

（1）像素　表示图像信息的最小单元。像素的基本属性有：①原色通道数（用于表示像素颜色的原色量，例如用 RGB 颜色空间表示颜色的通道数为 3；用 CMYK 颜色空间表示颜色，通道数为 4）；②每个通道的灰度值；③以行列号表示的位置属性。

（2）颜色位深度　指以多少位的二进制数字表示像素的颜色信息。每个像素的颜色位深度值为像素的原色通道数与单通道位深度值的乘积。例如，颜色位深度为 1，表明每个像素只能用计算机的"0"和"1"表示两种颜色，通常是黑与白，称为二值图像。如颜色位深度为 8，则每个像素具有 8 个颜色位，$2^8 = 256$ 表示单通道图像的 256 个灰度等级。RGB 彩色图像有三个通道，若颜色位深度为 8，则每个像素位深为 24，存在 2^{24} 种颜色。

（3）图像分辨率　指图像的精细程度，以每英寸（或每厘米）的像素数表示。由于数字图像在显示的过程中可以任意缩放，数字图像的分辨率常以"图像的长（像素数）×宽（像素数）"定义。显然，图像分辨率越高，像素点越精细，图像也越清晰。图像文件所需的存储空间也越大，编辑和处理所需的时间也越长。

（4）图像颜色模式　定义并记录数字图像颜色信息的方法。数字图像的颜色模式有多种，如二值图、灰度图、RGB、CMYK、CIELAB 等模式。

（5）dpi（dots per inch，点/英寸）　是指每英寸上所能印刷输出的网点数。

（6）lpi（line per inch，线/英寸）　指印刷品在水平或垂直方向上每英寸的网线数，即加网线数，也称挂网线数。

（7）ppi（pixel per inch，像素/英寸）　图像分辨率的单位，即在图像中每英寸所表达的像素数目。图像的分辨率越高，所打印出来的图像也就越细致、精密。

以下区分几个图像大小和分辨率的概念。图像的大小（pixel）/图像的分辨率（dpi）=输出的尺寸（长×宽）。例如：一张 900×900 的清晰图片，以 300dpi 的分辨率来印刷，能印刷的尺寸为 900 除以 300，等于 3inch，即可以印刷出 7.6cm×7.6cm 的清晰图片。

扫描分辨率=印刷网线数×2×放大倍率。例如：当印刷网线定为 175lpi 时，若要将影像以原尺寸排版打印，最好用 350dpi 的分辨率去扫描该图像。

图像分辨率 dpi 与加网线数 lpi 既有联系又有区别：图像分辨率要高于印刷分辨率，一般是 2×2 个以上的像素生成 1 个网点，即 lpi 是 dpi 的 1/2 左右。印刷 200lpi 分辨率的图像需要 400dpi 左右的图像文件支持，目前大部分印刷稿件要求的彩色图片分辨率不低于 300dpi。

二、常见的图像处理操作

为了提高数字图像的印刷效果，需要根据印刷机以及印刷材料的情况对数字图像进行调整，本节参照 Photoshop 软件简单说明印前处理中比较常见的方法。Photoshop 软件中调整图像颜色及其他特效的命令有很多，例如曲线、调整色阶、亮度/对比度、色平衡、色相/饱和度等，以及包含模糊、锐化、扭曲、像素化、渲染等功能的滤镜，这些需要经过一段时间的学习。

对图像"调整色阶"，其实就是扩大照片的动态范围（动态范围指相机能记录的亮度范围），查看和修正曝光，实现调色、提高对比度。"亮度/对比度"，可以对图像的色调范围进行简单调整，图像中每个像素会相同程度的改变，在使用时亮度和对比度分为两个控制条，可进行分开操作。

"色平衡"的主要功能是调整图像色彩失衡或是偏色的问题，如果要更改图像的色相或是调整饱和度就可使用"色相/饱和度"，二者容易产生混淆。实际上，"色平衡"是利用渐进的调整方式改变图像色彩，包含"青色-红色""品红-绿色""黄色-蓝色"三个控制条的分步操作。例如调整"青色-红色"平衡轴，图像中每一个颜色会按照调整的"青色-红青色-红色"顺序增加红色或青色，但在"品红-绿色""黄色-蓝色"方面不会变。"色相/饱和度"则是直接改变图像中的色相或饱和度，例如调整色相，相当于将所有颜色直接旋转某个色相角，从而造成整体色相改变。

限于章节，下面仅以 Photoshop 中的"曲线"功能为例，介绍下通过曲线调整所产生的图像颜色改变。Photoshop 中的"曲线"是一个功能强大的命令集，是印前调图人员应用最频繁的对话框之一，可通过"图像→调整→"打开，或者直接调用快捷键"ctrl+M"，对话框外观如图 2-10 所示。

对话框中的横坐标表示图像的原始输入值，纵坐标表示调整后的输出值，可以通过拖拽曲

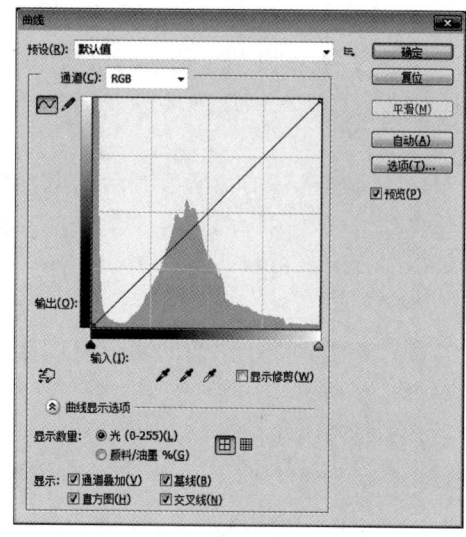

图 2-10　PS 中的曲线对话框

线控制图像颜色的输入/输出变化。对话框上部的"通道"命令，既可以调节图像的单一通道，也可以从色平衡的角度调整所有通道。

"曲线"对话框中的"设置白场""设置灰场""设置黑场"也比较有用。以"设置白场"为例（图 2-11，见彩插），点中该标志后，在图像中偏白的位置点击一下，该处以及比该处亮的颜色值都将被调整为最亮的值。通过拖拽曲线，可以调整图像各处的颜色分布，背景的直方图会明显发生改变。

Photoshop 软件中调整图像颜色及其他特效的命令还有很多，例如调整色阶、亮度/对比度、色平衡、色相/饱和度等，以及包含模糊、锐化、扭曲、像素化、渲染等功能的滤镜，这些需要经过一段时间的学习才能掌握，本节不再阐述。

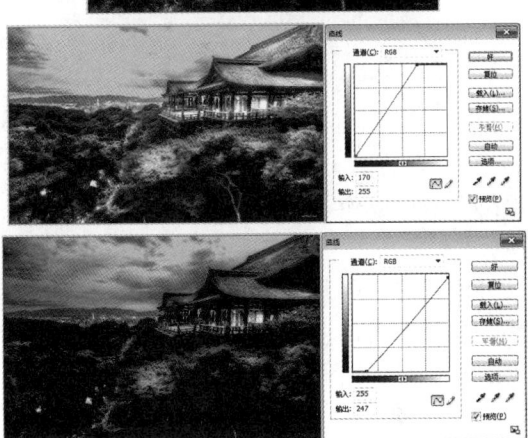

图 2-11　PS 中通过"曲线"工具调整图像实例

第三节　印前中的图形设计

原稿中的内容常分为文字、图形、图像，有时候图形和图像看起来区别不大，但实际上二者在生成、描述、存储、处理以及输出等方面存在较大差异。本节重点分析矢量图形的特点，并简要介绍几种图形编辑软件。

矢量图形通常是由计算机图形软件绘制而成的，具有某种形式特征和填充效果的二维或三维画面视觉信息体。矢量文件中的图形元素称为图元。每个对象都是一个自成一体的实体，它具有颜色、形状、轮廓、大小和屏幕位置等属性。点、直线、矩形、圆、椭圆、圆弧、Bezier 曲线和样条曲线等都是组成图形的基本图元。每个基本图元由输入的形体特征参数（几何坐标参数）和属性数据（包括色彩、线型以及点符的大小等）来定义。

矢量图形最大的优点是无论放大、缩小，还是旋转，都不会失真，而且无论放大多少，文件大小不变，一次制作就可以在任意情形下使用。最大的缺点是难以表现色彩层次丰富的逼真图像效果，常用于图案、标志、文字等设计。

如图 2-12 所示，（a）和（b）分别为图像软件 Photoshop 和图像软件 Illustrator 画的两个圆，可以看出在一定距离观看都相对平滑，但经过放大后，图像中的圆出现明显锯齿，而图形则仍然平滑。实际上，这是由于图形和图像的成像原理形成的。图像中的圆，其轨迹是依赖于像素数的，例如现实中的一个直径为 500mm 的圆成像到 500×500 像素的图像中，每个像素对应 1mm×1mm 的区域，当进一步放大像素时必然会出现矩形锯齿，如果成像到 5000×5000 像素，每个像素则对应 0.1mm×0.1mm，显然高分辨率图像放大时不容易失真。对于图形则不同，在描述一个圆时，可理解为先找到圆心位置，然后在半

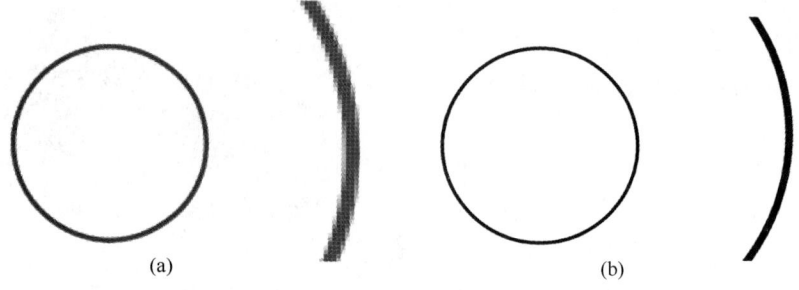

图 2-12　图像和图形的区别
(a) Photoshop 中画的圆及局部放大图　(b) Illustrator 软件中画的圆及局部放大图

径距离上描点成像，其相当于始终通过计算来描点，而不是图像中的一次成像不再改变的特点。

目前常用的矢量图像软件有 Illustrator 和 CorelDRAW 等，其中 Illustrator 软件是 Adobe 公司推出的基于矢量的图形制作软件，主要应用于印刷出版、海报、书籍排版、专业插画、互联网页面的制作等，由于 Adobe 公司在图像处理有 Photoshop，排版方面有 Indesign，PDF 文档方面有 Acrobat 软件，Illustrator 作为图形软件与其他 Adobe 公司软件有较好的兼容，因此在印前领域应用非常广泛。CorelDRAW 软件是加拿大 Corel 公司的矢量图形制作软件，是平面设计领域的主流软件，为设计师提供了矢量动画、页面设计、网站制作、位图编辑和网页动画等多种功能。在印刷公司，客户原稿的图形一般都是设计师已完成的图形作品，印前工作人员根据公司内部的印刷条件进行必要调整，很少会从创意和内容方面进行修改，因此 Illustrator 软件用的相对多。关于这些图形中不同的矢量曲线原理，以及相关软件的详细功能，将在图形学等相关课程中展开。

第四节　组版和印版制作

一、计算机排版

排版也称为组版，是指将图文按照出版物的要求组合形成单页的过程。当前市场上可用的排版软件较多，但较为常见的是 Adobe 公司的 Indesign、Quark 公司的 QuarkXPress 以及北大方正公司的飞腾和方正书版。当然 Microsoft Word，Illustrator 等软件有时也用来进行简单排版，但与以上专业排版软件相比在效率和便利性方面有差距。目前在印前领域，由于 Adobe 公司一系列软件良好的表现以及相互间的兼容性，Adobe Indesign 是印前最为主流的排版软件。

页面排版的主要工作是将原稿中的文字、图形、图像等素材准确美观地排列到一个页面上，做到层次清晰、内容准确、美观大方。以书刊排版为例，在排版前首先要对页面进行设置，确定页面大小以及四周的空白。书刊中单个页幅面的大小称作开本，即一张全开的印刷用纸裁切的页数，常见的有 32 开（多用于一般书籍）、16 开（多用于杂志）、64 开（多用于中小型字典、连环画）。由于全开纸的大小不同，所以不同全开纸即使开本相同，实际尺寸也不同，这一点要注意。书刊页面四周的空白也有一定规则，页面的全部幅面形式叫版面，中间的图文内容被称作版心，版心以外的空白按照上、下、左、右顺序分别称作天头、地脚、订口、切口四部分，如图 2-13 所示。

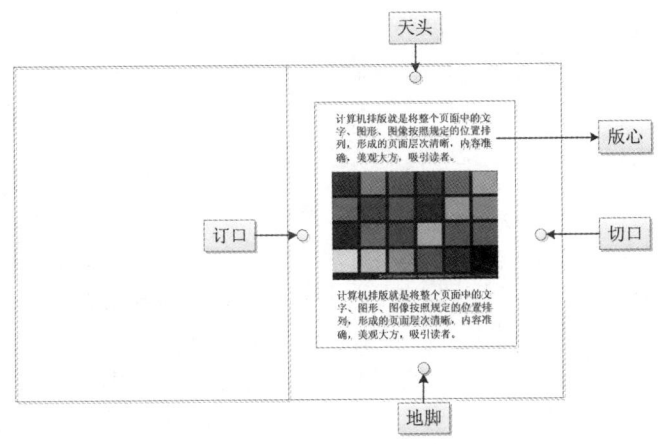

图 2-13　版面结构

印前流程中需要采用专业的排版软件进行排版，像 Microsoft Word 之类的软件在普通办公中应用较多，但在专业排版时，其效率不能满足印刷出版需求。以 Adobe 公司推出的 Indesign 排版软件为例，其最主要的任务是编辑文字格式、置入处理好的图像和图形，而针对各要素的进一步处理并不频繁。

Indesign 中进行文字编辑时，首先选择文字创建工具，包括"文字"工具、"直排文字"工具、"路径文字"工具和"垂直路径文字"工具四种。例如使用"文字"工具，在页面上方单击并拖动鼠标绘制文本框，如图 2-14 所示，然后就可以将需要编辑的文字置入到其中，并且可以改变文本框形状调整文字布局。

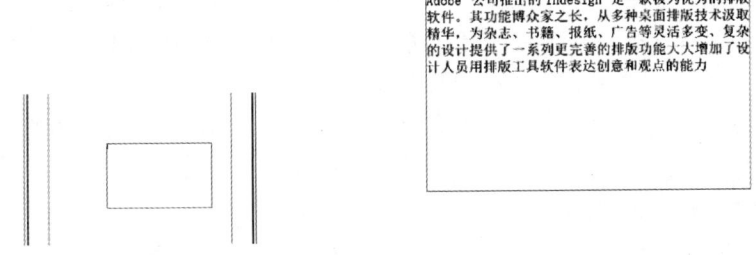

图 2-14　创建一个文本框并填入文本

文字置入是最常用的功能，它可以置入 Word 文本、文本文件、Excel 表格。在已创建的页面中置入文字时，执行"文件—置入"命令，选择要置入的文件，文本框中就会自动灌满文字，如图 2-15 所示。

Indesign 排版时置入图像与传统 Word 软件不同，由于印刷中的图片往往分辨率高、尺寸大，因此 Indesign 更多是采用"链接"的形式将图像置入到版面中，图像的原始文件实际上并未复制到文档中，只是在版面中添加了该文件的屏幕分辨率版本，然后创建指向原始文件的链接，在导出或者打印时，使用链接查找原始图像，根据原始图像的完全分辨率版本创建最终输出。另外，Indesign 软件不编辑位图图像，只通过"自由变换"工具、"选择"工具和"直接选择"工具调整图像的大小或隐藏图像，如果对内容修改，需要对原图在 Photoshop 中编辑后重新置入。

二、拼 大 版

印刷过程中，印版一般为四开、对开或者全开，而单个页面往往是 16 开、32 开等，因此一个印版可以放置多个书籍页面，拼大版的主要工作就是在整个印版幅面上如何放置多个单页页面并添加必要的控制条、规矩线等内容控制印刷过程。拼大版时，重点要考虑印刷版面的幅面、折页顺序、裁切设置等因素，尽可能做到只需最少的印刷时间、

图 2-15　选择置入文本

最少的纸张用量和最少的后工序处理完成客户所需的成品。

在现代数字化流程中，拼大版都采用专业数字化拼大版软件完成，用户根据印版和纸张幅面设定单个页面的排列位置和顺序，已完成排版的单页文件（多为 PDF 格式）会自动发送到对应的大版位置，只要参数设置准确，拼大版过程快速而准确。目前，市场上常用的专业拼大版软件有：Kodak 公司的 Preps、海德堡公司的 Signastation、北大方正的文合拼大版软件等。各种软件在操作上有所区别，但基本原理都比较类似，下面介绍典型的拼大版数字流程，并分析主要的知识点。不同的拼大版软件流程略有不同，但大致操作流程如下：

① 首先创建新的折手模板，其中包含定义印刷版面大小，输入印刷幅面和纸张的尺寸；定义装订方式，如普通胶订、骑马订、自由式装订等；定义印刷方式和折页方式，如自翻版印刷、对翻版印刷、单面印刷等选项，而折页方式需要与印刷方式对应。

② 打开折手模板，将排版的单个页面源文件导入。

③ 添加角标等辅助标识。角标包括套准标、对版线、标识页面内容的文字标以及印刷过程中控制油墨的色标和梯尺标、裁切标、折页标等。

④ 保存拼大版输出文件。

最终形成的大版文件，与实际印版尺寸相比对，要预留一部分空白，这部分空白被称为纸张的"叼口"或"咬口"，咬口的尺寸随印刷机的不同有所改变，一般在 8～12mm。实际大小要根据印刷机与操作人员的水平具体确定。咬口的对面为拖梢，一般有 5mm。此外，一张完整的大版除了版面内容外，还要有内外角线、十字线、色标、裁切线等，这主要是为检查印刷故障并控制印品质量。

拼大版过程中，每个页面的位置以及方向主要取决于大版的折页方式，下面通过图例简单说明几种折页方式下的页面布局。例如经常用到的套版就是正反面印刷，纸张的正反面对应不同的 CTP 印版，正面印刷后纸张进行翻页，采用另一个印版印刷反面。套版的特点是印刷纸张只需要一个咬口，16 个页面的布局如图 2-16 所示，可以通过手折进行验证。

对于自翻版，则只需要一套CTP印版，印刷品的正反面拼在同一张CTP版的左（正）右（反）两边，把纸张左右翻转印另一面，对折后经过裁切可以产生两份双面印品，如图2-17所示。同样自翻版也只需一个咬口。

对翻印刷也叫天地翻，只需要一套CTP印版，印刷品的正反面拼在同一张CTP版上的天（正）地（反），一面印好后，把纸张上下翻转后印另一面，经过裁切同样得到两份一样的印品，如图2-18所示。对翻印刷纸张需要两个咬口，印刷品一定要在纸张的上下居中。

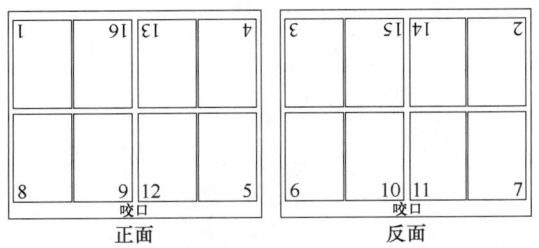

图 2-16　套版页面布局

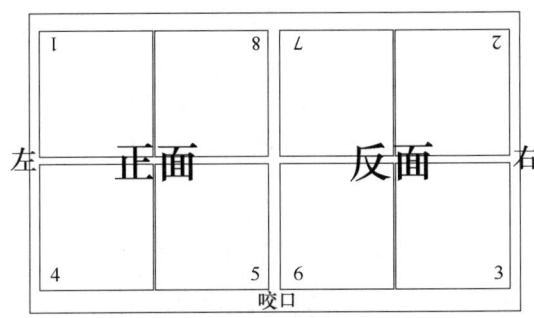

图 2-17　自翻版是左右翻转

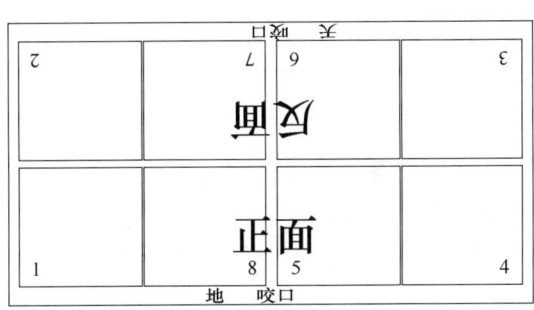

图 2-18　对翻印刷（自反咬口）

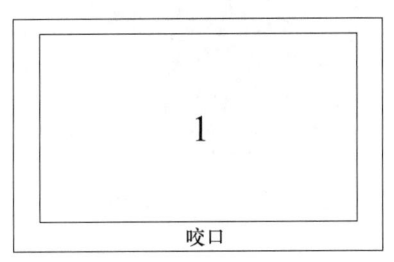

图 2-19　单面印刷

最为简单的单面印刷，只需要一套CTP印版，正面印刷、背面空白，多用于包装产品、海报、广告等，单面印刷只需一个咬口，如图2-19所示。

传统印刷中最为常见的是双面印刷，采用套版形式，纸张的正反面都进行印刷，并且所印刷的页面都不相同，因此其需要两套CTP印版，多用于书刊、杂志印刷。印刷过程中，正面印完后，有的印刷机型可以自动翻转印背面（如八色印刷机），有的需要重新装版走纸（如四色机），然后完成背面印刷。

三、印刷色彩复制原理

（一）色彩与色彩原理

彩色印刷的核心是颜色信号在不同媒介上的传递，例如显示器上一幅照片被印刷出来，照片的颜色信息首先被表示成显示器的RGB信号，然后被转换到印刷机的CMY（K）信号，两组不同信号对应相同的视觉感受。RGB和CMY（K）是印刷中涉及最多的颜色空间，也是大部分彩色设备的工作空间。RGB（红绿蓝）被称为色光加色三原色，CMY（青品黄）被称为色料减色三原色。

1. 色光加色三原色与计算机色彩

关于色光加色混合的颜色形成机制，其物理本质就是几个基本的颜色光线直接进行混合并被人眼所感受到的过程。R、G、B加色三原色的使用特征是这三种不同原色的色光被直接混合相加，并由此产生一种新的色光，并被人眼直接接收。其最基本的特征是越加越亮，而且R、G、B等量相加可以产生灰白色。图2-20（见彩插）所示就是它们的基本混合关系。

三原色的选取源自于人眼视觉上的三维特性，任取三个不能相互表现（也就是线性无关）的色光，把它们按一定的比例搭配混合，几乎就可以形成人眼能识别的一切色光。而这种不相关特性表现最明显的颜色就是R、G、B这三种单色光。在这里之所以将R、G、B三原色构成的色彩空间称为计算机的颜色，是因为计算机系统中的输入输出设备，例如显示器、数码相机、扫描仪等，都是使用R、G、B来生成颜色和表示颜色的。显示器使用R、G、B数值来驱动R、G、B电子枪发射电子，分别激发荧光屏上的R、G、B三种颜色的荧光粉发出不同亮度的光线，并通过相加混合产生各种颜色。而数码相机和扫描仪则通过吸收景物或原稿经反射或透射而发送来的光线中R、G、B的成分，并用它来表示原稿的颜色。

图2-20　R、G、B加色特征

2. 色料减色三原色与印刷色彩

印刷中使用的CMY三原色的色料，也就是油墨，通过减色法原理产生在印刷品上看到的五彩斑斓的颜色。CMY三色减色法原理如图2-21（见彩插）所示。当然有一个前提，那就是光线必须照射在印刷品上，而且应该是白色的日光。如果是别的颜色的光线照射在印刷品上，那么我们就只能看到一个变了色的印刷品。可以看出，原色油墨相混合以后，将会吸收光线中更多的成分，使得着色物体表面越"混"越暗，直到黑色为止。

图2-21　C、M、Y减色法

色料（如印刷油墨）减色混合的物理过程是：照在原色色料上的光线中的一部分成分被吸收，而反射另一部分成分，然后将各反射成分再相加混合来产生新的颜色。它是选择吸收后留下的结果，可以认为减色混合是被照射体呈现颜色的机制。图2-22（见彩插）展示了油墨吸收了白光（看作R+G+B）中的某一部分并反射剩余部分，从而形成特定颜色的过程。

在前面的论述中，大家已经知道减色混合呈现颜色的原理。在这里我们提出几个有趣的问题来澄清一些基本的概念：

（1）为什么我们在印刷中要使用Y、M、C（黄、品红、青）油墨而不用R、G、B（红、

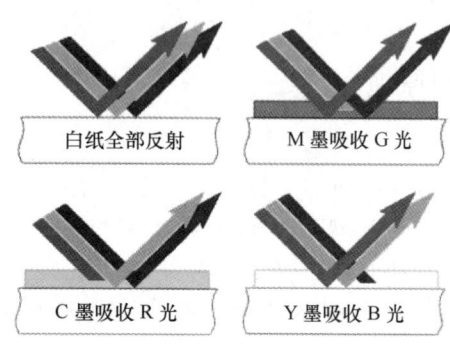

图2-22　黄、品红、青三原色油墨
选择性吸收的呈色原理

绿、蓝）油墨

从图 2-22 中我们可以看出，如果将白色的日光看成是由红、绿、蓝相加而成的，那么，黄、品红、青三种基色各自只能从白色中吸收一种对应的红、绿、蓝成分，而反射出另外两种成分，例如，黄油墨将吸收白色中的蓝成分。而如果改用红、绿、蓝油墨，它将吸收白色中的红、绿、蓝成分中的其他两种成分，例如红油墨将吸收白光中的绿、蓝成分而只反射红成分。所以用黄、品红、青做基色，则在重叠时可以有最大的反射光线的亮度范围，呈色色域较大。而用红、绿、蓝油墨做基色，由于其吸收性太强，白色光线将很快被吸收完，图像会很快变黑，所以呈色的色域非常之小。因此，黄、品红、青是减色法呈色系统的理想三原色，混合起来能产生最多的颜色组合。在加色混合体系中恰恰相反，红、绿、蓝能用最少的基本色产生最多的颜色组合。

（2）为什么黄、品红、青的减色空间中又多了一个黑色（K）

问题来自油墨本身。由于油墨要满足黏稠度、粘接性、风干速度的要求，所以不可能做得很纯，油墨的反射率光谱特性达不到理想的状态。这样，把等量的青色、品红色和黄色油墨混合在一起产生的绝不是纯黑色，而是咖啡色，因此，在印刷中就必须使用第四种颜色，即黑色油墨，来增强印刷品黑色浓度、暗调层次和对比度。

需要说明的是，CMYK 颜色空间是和设备或印刷过程相关的，同样的一组 CMYK 颜色值用不同的油墨、不同的印刷机、不同的纸张，甚至不同的给水和给墨量都会产生不同的颜色。另外，CMYK 具有多值性，也就是说对同一种具有相同绝对色度的颜色，在相同的印刷过程前提下，可以用多种 CMYK 数字组合表示和印刷出来。这种特性给我们的颜色管理带来很多麻烦，但同样也给我们的控制带来了很多的灵活性。

（3）颜色的分解与合成

一张彩色的照片或者图片如何成为大量复制的彩色印刷品呢？这里涉及的就是颜色的分解与合成，如图 2-23（见彩插）所示，印刷的色彩一般是由一定量的青、品、黄、黑墨叠合而成的。颜色分解的原理可以直观地从传统的照相制版工艺认识到，如图 2-24 所示（见彩插）。

在传统的印刷工艺中，因为滤色片的特性是只允许本色光通过，而吸收的其他两种原

彩色原稿

C 分色片

M 分色片

Y 分色片

图 2-23 颜色的分解

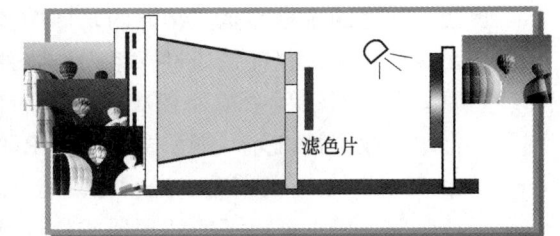

图 2-24 基于照相制版工艺的分色加网

图 2-25 颜色的合成

色光，分别经过 R、G、B 滤色片分色以及网屏加网，可分别得到在感光胶片上记录下来原稿相应位置的 C、M、Y 颜色信息的加网分色片，用它来晒版、将印版装机印刷，就可以通过叠印得到大量复制的印刷品，如图 2-25（见彩插）所示。

对于自然界千变万化的颜色，其印刷复制的基本原理如图 2-26（见彩插）所示。而在实际印刷中，需要通过彩色结构的底色去除 UCR（Under color removal）工艺或者非彩色结构的灰成分替代 GCR（Gray Color Reduction）工艺生成 K 版来减少相应彩墨的用量并稳定整个色彩复制过程，如图 2-27 所示，彩色印刷复制的所有颜色都可以看作是一定比例 C、M、Y、K 油墨混合而成的。

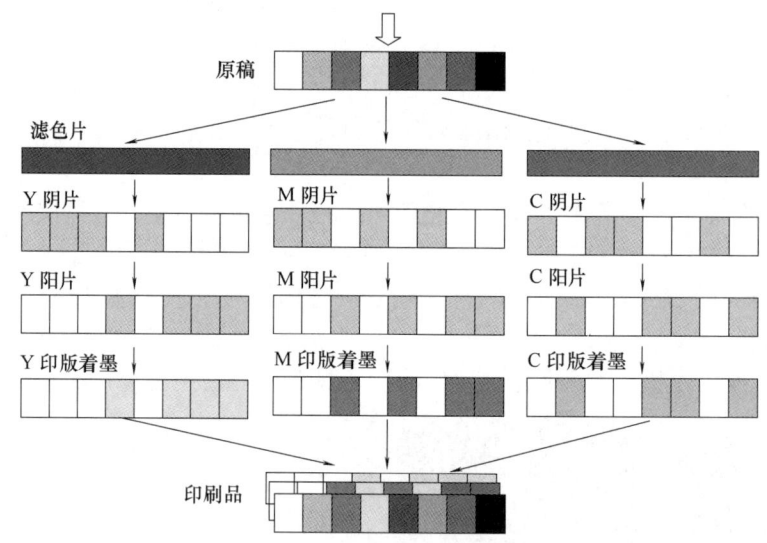

图 2-26 印刷色彩复制原理

（二）半色调（加网）处理

现实中看到的场景都是连续调的，即颜色的深浅是连续渐变的。对于印刷中的各种数字设备，颜色再现过程都是通过一系列点阵的多少（或大小）来表示颜色深浅，也就是说连续调原稿在印刷流程中被处理成半色调图像进行复制。目前，几乎所有的数字输出设备，如打印机或照排机等，都需要有一个 RIP 来驱动。RIP 是"光栅图像处理器"（Raster Image Processor）的简写，通常指的是把组版生成的 PS（Postscript）文件经过解释运算，转变成光栅点阵数据的处理器或处理软件。它是印刷行业的一种重要软件或设备，通过 RIP 输出的图像就由各种设备的"机器点"采用点阵的方式来生成。我们可以将机器点分成以下几种：

（1）二值机器点　指那些只具有两种输出状态的设备成像点，例如喷墨打印机打印点、激光照排机上的曝光点等。

（2）多值机器点　是在二值机器点的基础上增加一级或两级以上的成像点的大小变化，例如可以控制激光曝光点的大小由一级变成二级或三级，从而控制激光印字机和激光照排机成像曝光点的大小，可以使用相同分辨力的设备打出更高分辨力的效果。

（3）具有连续调表现能力的机器点　如显示器屏幕像素点，无论是 CRT 或 LCD（液晶），它们都是由 RGB 三色荧光点组合成一个像素点，由于三色荧光点的亮度直接受屏幕 RGB 颜色驱动值的控制，其组合出来的色调和亮度都会发生变化。

如上所述，印刷是由我们称之为数字阶调机器点的基本成像单位构成的，而且只有黑白两色。对机器的操作而言，黑和白实际就是打印或者不打印、曝光或者不曝光、着墨或者不着墨两种状态。那么，如何由这些黑白机器点来产生中间调效果呢？在目前的印前处理中，使用的方法是通过一个称之为"加网"的处理过程，对这些黑白机器点进行排列组合来呈现明暗变化的"网点"，其过程如图 2-28 所示，以使之能够从宏观上体现连续中间调的效果。这样，我们就能够用一个二值过程去模拟一个连续色调的外观。

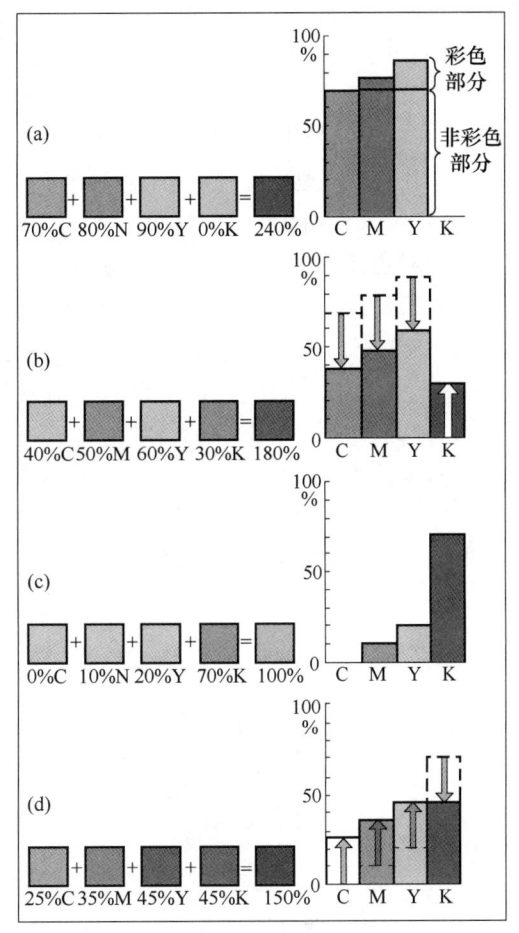

图 2-27　以多色复制的赭色为例说明黑版的生成
（a）彩色结构　（b）基于底色去除（UCR）的彩色结构　（c）非彩色结构（或 GCR：gray component reduction）　（d）采用底色增益（UCA）的彩色结构
注意：此图用于解释原理而非实际准确的替代量

而所谓的"网目调"，就是专指用黑白两色的机器点进行加网后形成的深浅调子。网目调加网方法目前主要有两种：调幅加网和调频加网。

1. 调幅网点的网目调表现原理

与传统制版中用网屏照相加网方法相类似的是调幅加网，它生成中间调的方法是使用机器点阵列构造一种称之为"网点"的呈现深浅明暗程度的基本单元。如图 2-28 所示，一个网点可以由不同大小阵列的机器点构成，其中包含以下方面的网目调表现因素：

（1）网点大小　在图 2-28 中用黑色

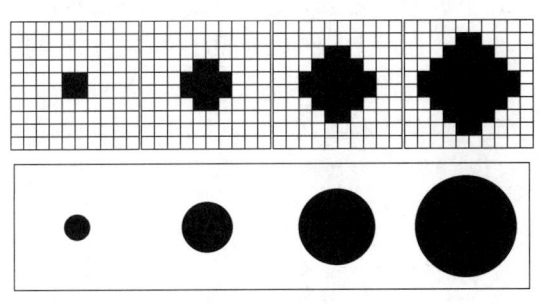

图 2-28　不同大小的圆形模拟网点和数字网点

轮廓线描绘出的激光打印点的集合就构成了网点的胞格形状。在一个网点中，聚集在一起的"黑色"机器点（打印点）越多，构成的调幅网点就越大，在用油墨进行印刷时反映的颜色就越深。相反，黑色打印点越少，调幅网点就越小，反映的油墨颜色就越浅。

（2）构成一个网点的机器点有多少　一个网点中所包含的机器点越多，这个网点所能体现的深浅层次的级数就越多。例如比较常用的由 8×8 机器点阵列构成的网点能够体现出 64 级灰度，而由 16×16 机器点阵列构成的网点，则能体现 256 级灰度。灰度级越多，能够体现彩色图像层次和清晰度的能力就越强。

（3）机器点的大小　它是由输出设备的输出分辨力决定的。例如激光照排机的输出分辨力为 1270dpi，则机器点的大小约为 20μm，如果输出分辨力为 2540dpi，则机器点的大小约为 10μm。而普通激光打印机的输出分辨力在 300～600dpi，机器点就大了许多。

（4）网点中机器点的分布形状　它是指一个调幅网点中着墨点的形状，着墨机器点不同的分布形状形成不同的网点形状。网点形状的不同会带来印刷中的阶调变化和网点扩大等参数的不同，对印刷和打印效果有一定影响。图 2-29（见彩插）显示了网点分布的加网角度不当造成的印刷龟纹缺陷问题。

图 2-29　调幅网点的印刷龟纹现象

2. 调频网点的网目调表现原理

调频加网使用的呈色单元要么直接就是由机器点组成，比如彩色喷墨打印机的一个调频网点就是一个墨滴单元；要么就是由一定数量的机器点组成，比调幅加网的网点还要小得多，并且只有黑白两色，比如由照排机发出的调频网点就是这样构成的。调频网点除了上述的单元较小和具有黑白两色的特点外，其最大的特点是网点是按照离散规律随机分布的。图 2-30 所示就是这两种加网方法对一个明暗渐变过程的表现方式的微观区别，其中最明显之处是：调频网是通过对固定大小的"网点"进行分布密度和分布频率的变化来呈现出网目调灰度外观，而调幅网是通过网点的不同大小来呈现出网目调的外观，如图 2-31 所示。

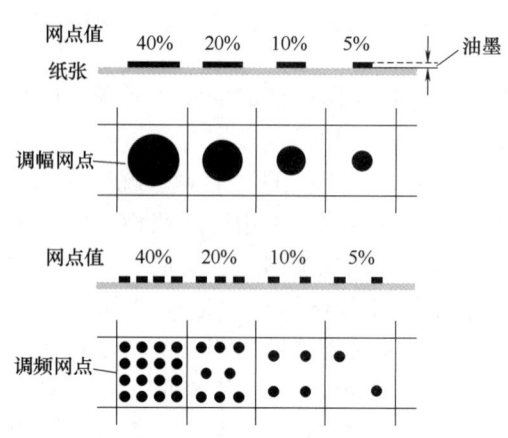

图 2-30　调幅网点和调频网点呈现网目调的不同机理

四、印版制作

印版是所复制图文内容的模具载体，传统印刷中，油墨先转移到印版然后被压印到

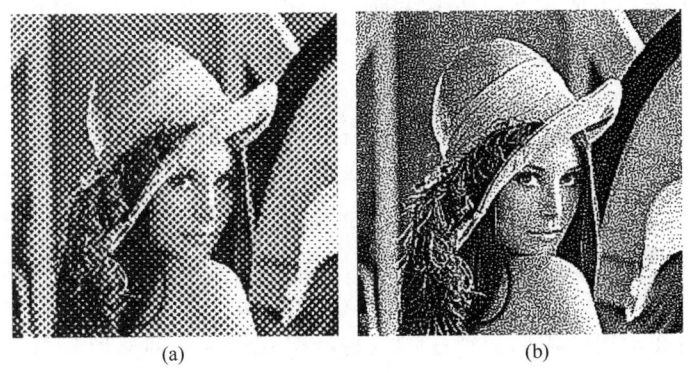

图 2-31　为采用调幅加网和调频加网两种方式获得的印刷稿图像
(a) 调幅加网　(b) 调频加网

承印物上，因此印版被认为是影响复制精度最重要的原因之一。同时，印版也是印刷技术进步的重要衡量标准之一，从活字印刷到现代胶印、柔印等，以及当前多种无版数字印刷，印版形式的改变是印刷原理进步的最核心要素。本节主要分析传统印刷的制版方式，包括凸版印刷、平版印刷、凹版印刷和丝网印刷的制版工艺。

（一）凸版制版

凸版制版（Letterpress plate making）的方法有多种，可由照相底片晒在金属版材上，经腐蚀得到凸版印版；也可由照相底片在感光性树脂上晒制成凸版；还有用电子雕刻机雕刻成凸印版；对已制成的凸版能用浇铸等方法复制成凸印版。在使用中根据要求选择制版方法。

铜锌凸版是将准备好的正阴像底片晒到涂有感光层的铜或锌版材上，经过紧膜、显影后，用三氧化铁或硝酸腐蚀空白部分使之下凹，形成浮雕一样的图文的印版。

感光性树脂凸版（photopolymer relief plate）是以合成高分子材料作为成膜剂，不饱和有机化合物作为光交联剂而制得具有感光性能的凸版版材。感光性树脂在紫外光的照射下，分子间产生光交联反应，从而形成具有某种不溶性的浮雕图像。它与照相排版技术相结合，既提高了制版速度，又能废弃铅合金印版，使冷排更完善，为凸版印刷开创了新途径。

电子雕刻凸版是用凸版电子刻机直接雕刻版材形成印版。

目前使用最多的凸版印刷工艺是柔性版（flexography）印刷。柔性版印刷具有独特的灵活性、经济性，并对保护环境有利，符合食品包装印刷品的卫生标准，这是柔性版印刷工艺在国外发展较快的原因之一。从中国目前的情况来看，胶印比较普及，凹印也在包装行业占领了很大市场，而柔版印刷这种技术相对来说起步比较晚，跟国际整体技术水平还有一定的差距。但是，近些年来的确也取得了很大的进步，窄幅标签柔印机已逐渐接近国外先进水平。本节将主要介绍柔性版制版工艺。

1. 柔性版制版工艺流程

从原稿设计和制版工艺角度来看，柔版印刷工艺自成体系，有其自身的独特之处，传统的柔版制版工艺流程基本如下：原稿→电子分色或照相→正阴图→背曝光→主曝光→显影冲影→干燥→后处理→贴板。

跟胶印制版相比,主要存在以下几方面的差别:

① 可再现的色值范围,胶印为1%~99%（或2%~98%）,柔印为3%~95%。

② 网点扩大（50%处）,胶印为15%~20%,柔印为30%~40%。

③ 加网线数,胶印一般可以达到175L/in,而柔印加网线数一般不超过150L/in。

2. 分色片的尺寸变形

柔性版最明显的特点是具有弹性而且版材有一定的厚度,当柔性版安装到圆柱形滚筒上之后,印版沿着滚筒表面产生了弯曲变形（distortion）,这种变形波及到印版表面的图案和文字,使得印刷出来的图文不是设计原稿的正确再现,甚至发生严重的变形。柔性版装到滚筒上之后在滚筒的周向上产生的这种静态变形（拉伸变形）总是避免不了的。为了对印刷图像的变形进行补偿,必须要减少晒版负片上相应图文的尺寸。制版前设计原稿或分色时应该考虑到印版的伸长量,应在原稿中的周向长度尺寸中减去相应值以作补偿,这样印刷出的产品才会符合尺寸要求。

缩版率除了跟印版滚筒的半径、双面胶的厚度有关外,还跟版材的厚度有关,平面曝光制作柔性版时,一般采用下面的公式来计算分色片的缩版率:

$$\text{缩版率（百分比）} = K/R \times 100\% \tag{2-1}$$

式中,R为版滚筒的印刷长度;K为系数。其中K取决于所用版材的厚度。举例来说,当版材的厚度为1.70mm时,K值为9.89mm;而当版材的厚度为2.29mm时,则K值为13.56mm。

3. 柔性版网点传递规律

(1) 网点扩大的原因　印刷中的网点扩大是不可避免的,造成网点扩大的原因主要有两个:一个是机械原因,即在压印的一瞬间,印版网点上的油墨会因为挤压的作用而产生一定的变形,从而造成网点扩大;另外一个是光学方面的原因,也就是说网点扩大是由于光的反射作用而引起的,光线在网点墨膜的边缘部分发生散射,从而在视觉产生相当大的网点扩大。光学网点扩大取决于油墨的透明度和纸张的平滑度、吸收性能等。

(2) 柔性版网点传递规律　在柔性版印刷中,由于所用的感光树脂版的弹性比较大,而且在印刷过程中又需要施加一定的印刷压力,尽管在柔性版印刷中采用轻压力印刷,但还是会导致印刷品上图像网点的扩大、图像的伸长,并引起色彩和层次复制的变化。在实践中,通过测定并绘制相应的柔版印刷特性曲线可以看出,柔性版印刷过程中的网点扩大十分严重,10%以下的网点难以控制,因此,对于高光区应作特殊处理,应该尽量放平网。对于网点扩大的补偿,可以在扫描图像时进行,也可以在照排机上完成,最好在照排机上完成,曝光后生成的小网点的边缘形状比较整齐,质量比较好。

(3) 影响因素

① 加网线数的影响。加网线数越高,则网点扩大越严重。

② 印刷压力的大小。印刷压力越大,网点扩大越严重,反之则网点扩大程度越小。所以,在柔版印刷中应该尽量保持"零压力"。

③ 网点形状。不同形状的网点,如圆形网点、方形网点、链形网点和椭圆网点,它们在不同阶调下的网点扩大情况也不相同。在柔性版印刷中常用链形网点,对于高光区的小网点,采用调频网点（FM）效果最好。

4. 柔性版的制作

目前，柔性版印刷中所采用的版材基本上都是固体感光树脂版，其感光机理是：感光树脂在一定的光量照射下，分子迅速分解，产生活泼而极不稳定的高能态基团（游离基），高能态基团再引发含不饱和键的树脂发生聚缩反应。柔性版的制版过程主要包括以下几道工序：

（1）对版材进行背面曝光，目的是固化底基，从而确定印版上浮雕的高度，即浮雕的深度。

（2）将印版与阴片放到一起，用紫外光进行正面曝光，在印版上形成图文部分，并使之固化。

（3）将印版置于溶剂中刷洗，目的是刷去版材上未曝光部分，使图文部分形成浮雕。

（4）将印版放在烘干器中烘干，促使印版中吸收的溶剂尽快挥发，使印版的厚度恢复到原来的标准值。

（5）后曝光及去黏处理，对烘干后的版材进行后曝光及去黏处理，能够进一步固化字肩及底基，并改善柔性版的印刷性能，提高柔性版的耐印力。

5. 柔性版制版过程中应注意的问题

（1）大面积实地尽量不要跟小字、网点等细部放在一块版上，即使是同一色也要尽量分成两块版，如果实在无法分开（比如印刷机色组数量的限制等原因），可以考虑适当地局部进行垫版。

（2）尽量避免大面积多色实地色块叠印。

（3）文字规格不能太小，阴文字更是如此，否则，当印刷品压力变化时，印刷出的图文呈现较大的变形量，使阳图文变粗、阴图文变细或糊死。

（4）独立细线条的宽度应大于 0.2mm。

（5）在柔性版印刷中，网纹传墨辊上的着墨孔的雕刻角度一般是 45°，因此，在采用普通型网纹传墨辊印刷时，印版应避免采用 45°的网线角度，避免出现印刷品龟纹。

（6）避免沿印刷滚筒的水平方向设计宽而长的条杠和实地，那会引起机器振动。理想的是斜线、曲线、波线及其他不规则的曲线。

（7）版面上避免设计较大的圆形图案。因为当印版发生弹性拉伸或弹性压缩时，会使规则的几何图案变得不规则，圆形变成了椭圆形。

（8）避免严丝合缝的精确套印要求。

（9）原稿设色要考虑到印刷机最多能印几色。

（10）在运用油墨叠色时，不宜用两块大小相等的色块相叠印，以避免套印不准而影响印刷质量。可以在较大面积的实地色块上利用其局部地方叠印文字或图文以及叠印局部的色块。

(二) 平版制版

1. 平版制版技术简介

平版印刷（lithography）的印版与凸版印刷、凹版印刷的印版都不同，平版印刷的印版上印刷部分和空白部分几乎在同一平面上，其之所以能印刷，是靠空白部分具有良好的亲水性能，吸水后能排斥油墨，而印刷部分具有亲油性能，能排斥水而吸附油墨。印刷时便利用这一特性，先在印版上用水润湿，使空白部分吸附水分，再上油墨，因空白部分已吸附水，不能再吸附油墨，而印刷部分则吸附油墨，印版上印刷部分有油墨后便可印刷。

现今采用的平版印刷,大部分采用将印版上的图文先转印到橡皮布的滚筒上,再由橡皮布转印到纸(承印物)上的间接印刷方法,这种平版印刷叫胶印(offset printing)。橡皮布有弹性,能印制精细的图文。

平版制版历史上经历的主流制版工艺有蛋白版制版、平凹版制版、多层金属平版制版等。

蛋白版制版又叫阴图晒版,它是以高分子蛋白与 $Cr_2O_7NH_4$ 混合成感光液,使用阴像底片晒版,见光部分为印刷要素,印刷图文以硬化的蛋白膜作为基础。蛋白版印刷部分的基础是感光胶层,胶层上涂有脂肪性强的显影墨,形成亲油性的印刷部分。印刷部分微高于空白部分,基础仅是硬化的胶层,所以这种印版的耐磨性与耐印力低,不能适应高速印刷机的要求。此外,图文容易扩张,所以现在较少使用。其优点是操作简单,成本低。

平凹版印版是使用聚乙烯醇与重铬酸盐混合作为感光液,用阳图底片晒版制作印版的,所以又称聚乙烯醇版,其工艺也叫做阳图晒版。该制版方法为增强图文部分的耐印力,使图像凹下 $3\sim5\mu m$,就叫平凹版(deep-etched plate)。平凹版的工艺过程比蛋白版复杂,但印版上图文质量精细,耐磨性好,耐印力在3万~5万印,曾是国内平版的主要晒版方法。随着预涂版(PS版)的普及,平凹版正在被逐步取代。

多层金属平版(multi-metal plate)是由两层或三层不同的金属组合而成的平版印版。印刷部分和空白部分分别选用不同的金属,印刷部分采用亲油性的金属,如铜等,空白部分采用亲水性的金属,如铬、镍等。多层金属版按金属层数可分为双层金属版和三层金属版。由于多层金属版的印刷部分是铜,它的亲油性很好,空白部分是铬,具有良好的亲水性和较高的耐磨性,这样能缩减印刷时对水分温度的传递,使印到纸张上的油墨层显得厚实,有光泽、鲜艳,提高了印刷品的质量。耐印力可高达100万印,适合印数大的胶印轮转机使用。多层金属版在制作上比较复杂,需要一整套电镀设备,又要使用许多有色金属,成本也比较高,所以在使用方面受到一定限制。

预涂感光版简称PS版,是pre-sensitized plate的缩写,是指预先在版上涂布了感光层然后销售给印刷厂使用的印版。它是用重氮或叠氮、硝基等感光剂与树脂配制成的感光胶,涂布在版基上,干燥后可存放备用,所以叫预涂感光版。使用PS版晒版时,可省去从磨版到烤版等一系列工序,直接与底片密接曝光、显影等即可,具有操作简单、耐印力强、性能稳定、质量好等优点。PS版胶印是目前最主流的平印工艺。

2. PS版成像原理和制版工艺

预涂感光版按照感光层的感光原理和工艺,分为阳图型PS版和阴图型PS版。

(1)阳图型PS版 阳图型以P(positive)表示,即P型,用阳图底片晒版。阳图型的感光剂中的重氮化合物见光分解后,用稀碱溶液显影而被溶解,露出铝版基,形成印版的空白部分,即非图文部分,而未见光部分的感光层未发生任何变化,不被稀碱溶液所溶解,仍留在版面上,构成印版的亲油印刷部分。

此外,也有用叠氮化合物分解出氮烯基或通过氢原子转移等改变溶解性的,在这种感光液中加有线型酚醛树脂等高分子化合物,使图文基础牢固,而不需要亲油性基漆补强,所以这类版材又称为内型。

(2)阴图型PS版 阴图型以N(positive)表示,即N型,它用阴图底片晒版。阴图型的感光剂,一般是用重氮化合物见光后交联或聚合,成为不溶于显影液的物质,而未见光部分溶于显影液,因此,曝光后显影可除去未感光层,露出版基,构成亲水性的空白部分,而见光部分的不溶性物质具有亲油性,成为图文基础,由于该部分耐磨性小,耐印力较低,为了改进这一弱点,在图文上涂布补强基漆,所以这类版材称为外型。

预涂感光版的晒版工艺流程为:曝光→显影→除脏→烤版。

预涂版的曝光方法与平凹版曝光相同,晒版光源可用具有近紫外光波段的光源。

显影可用手工显影,也可用 PS 版显影机进行显影。手工显影用长绒刷,将显影液倒在版面均匀刷洗,并不断更换新鲜药液。用 PS 版显影机显影,把晒好的印版放入机器,印版自动前进,边移动边自动喷液进行显影,然后用水冲洗,烘干后印版从机器输出。

版面上不需要的部分或脏点,可用除脏液把它除去,操作时可用小毛笔蘸上药液在版面上擦涂,然后用水冲洗清洁。

预涂感光版的感光层本身具有颜色,在铝版上显示比较明显,一般不用上墨,即可直接上机印刷,如果不立即印刷,则要存放起来,室内光线太强时,印版上的图文部分会感光,所以也需要上墨,上墨的方法可以用圈墨方法,也可用墨辊滚墨方法。

烤版的目的是要提高印版的耐印力,一般预涂版的耐印力为 10 万印左右,如经过 230℃温度烘烤 10min,印版耐印力能提高 4~5 倍。烤版有专用的 PS 版烤版机。

3. 无水平版(waterless printing plate)成像原理和制版工艺

通常的平版印刷是根据油水不相混合的原理,进行制版和印刷的。在印刷时要用水来润湿版面上的空白部分,使其不吸附油墨,但这部分上水后,水的因素会造成印品色泽降低,纸张伸缩影响套印等弊病。

干式平版是不用水润湿版面进行平版印刷的方式,或者叫无水平版,过去用平凸版制版法,制成版面图文比空白部分高 25~30μm。印刷时用凸印着墨法,不用版面着水,称为干胶印,现今在铝板上形成排斥油墨的空白部分,进行制版印刷。

如图 2-32 所示,无水平版是在铝版基上利用硅橡胶成硅树脂作为斥油性的空白部分。它的图文部分为铝版基或其他亲油基础,而空白部分则使用硅橡胶或硬化的硅树脂感光层。

无水平版不使用润版液,避免了由于纸张吸水导致的纸张变形、套印不准、印品光泽度差等问题。

(三)凹版制版

凹版上图文部分低于空白部分,空白部分处于较高的同一平面上。在四大印刷中,凸版、平版和孔版都是以网点面积的大小或线划的粗细疏密来表示图像层次,只有凹版能同时利用着墨面积率和墨层厚薄的变化来体现层次,因而所能体现的层次也更丰富。

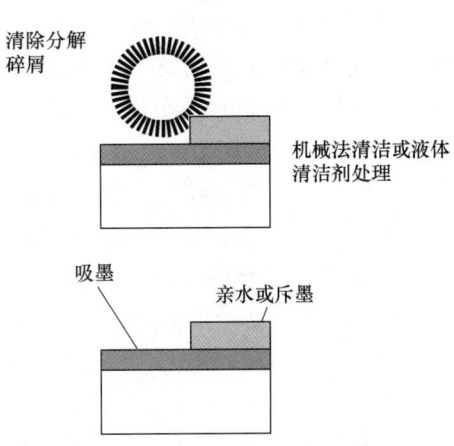

图 2-32 无水胶印原理示意图

而且，区别于凸版和平版，凹版的图文是直接制作在印版滚筒上的，印刷时需要先将凹版滚筒安装在印刷机上。

从制版工艺角度看，凹版主要分为腐蚀凹版和雕刻凹版两大类。

腐蚀凹版包括影写版、加网凹版和道尔金加网凹版，这三种凹版都拥有垂直网孔。

影写版国内又称照相凹版（photogravure），其网孔大小相同，深浅不同，主要通过墨层厚度变化体现原稿的浓淡层次，如图2-33（a）所示。它是用敏化的碳素纸晒白线网屏，再晒连续调阳图底片，底片的不同层次使透光率不同，因而导致感光层不同程度的硬化；之后将碳素纸上的感光层过版转贴到铜滚筒上，用温水浸泡溶去未感光胶层；然后用氯化锡溶液腐蚀，由于感光层具有不同的硬化度，腐蚀液渗透强弱不同，使腐蚀时间的长短不同，形成不同深度的凹陷，从而得到影写版。

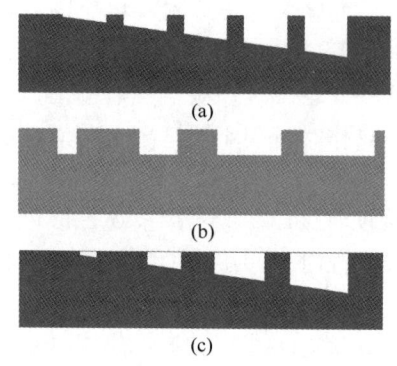

图 2-33　腐蚀凹版
（a）影写版　（b）加网凹版
（c）道尔金加网凹版

加网凹版的网孔深浅相同，大小各异，它是通过网孔着墨面积的变化来体现原稿层次的，如图2-33（b）所示。加网凹版是用网目调阳图底片直接在涂有感光层的滚筒上曝光，经冲洗后腐蚀得到的凹版。加网凹版的制版工艺与影写版相比，具有操作简单、稳定可靠、效率高等优点，但它有丢失高光部分的缺陷。

道尔金加网凹版具有大小和深浅都变化的网孔，它通过着墨面积率和墨层厚度的变化来体现浓淡层次，如图2-33（c）所示。道尔金加网凹版是影写版和深度相同的加网版这两种工艺的结合，它在感光的碳素纸上先用网目调阳片晒出大小不同的网格，再用连续调阳片晒出不同厚度的硬化感光层，并把感光层过版到印版滚筒上，再腐蚀得到凹版。这种工艺操作简单、稳定可靠、效率高、能更好地表现层次。

雕刻凹版有手工或机械雕刻凹版、电子雕刻凹版、激光雕刻凹版和电子束雕刻凹版。

手工雕刻凹版是用各种刻刀在铜版上雕刻而成的，可以直接刻出凹下的线条，也可以在铜版上先涂一层抗蚀膜，划刻抗蚀膜露出铜版表面，再进行化学腐蚀，如图2-34（a）所示。机械雕刻凹版是利用彩纹雕刻机、浮雕刻机、平行线刻版机以及缩放刻版机等机械直接雕刻，或划刻铜表面的抗蚀层再腐蚀制成凹版。手工或机械雕刻的凹版线条细腻，版纹精巧，主要用来印刷需要防伪的纸币、债券等。

电子雕刻凹版（electronic engraved gravure）是20世纪60年代出现的方法，利用光电原理，以照相底片为原稿，直接输出计算机中的页面信息，利用电子电路控制雕刻机，在铜印版滚筒表面上直接雕刻出面积和深度同时发生变化的倒锥形网孔，制成凹版。如图2-34（b）所示。电子雕刻凹版是目前使用最广泛的凹版，被广泛用于包装产品的印刷。激光雕刻凹版（laser engraved gravure）和电子束雕刻凹版是近几年新发展的非接触凹版雕刻新技术。

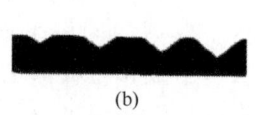

（a）　　　　　　（b）

图 2-34　雕刻凹版
（a）手工雕刻凹版　（b）电子雕刻凹版网点

接下来，我们将主要介绍目前使用最多的雕刻凹版制版工艺。

1. 电子雕刻凹版系统构成和制版工艺

（1）电子雕刻凹版系统构成

早期的凹版电子雕刻机是由原稿滚筒（或叫扫描滚筒）、印版滚筒、扫描头、雕刻头、传动系统、电子控制系统等组成，如图 2-35 所示，电子雕刻机的结构和工作原理类似于电子分色机。

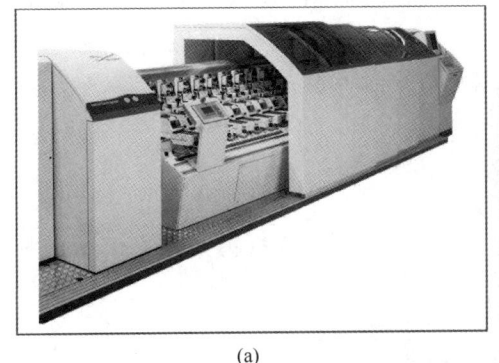
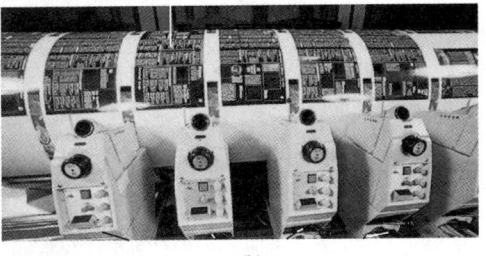

图 2-35　电子雕刻凹版设备

（a）凹版电子雕刻机　（b）凹版电雕机扫描部分　（c）凹版电雕机雕刻部分

利用扫描头对图像原稿进行光点扫描采样，将原稿图像的浓淡色调转换成光量的强弱，经过光电转换把代表原稿图像信息的光信号转换成模拟的电信号，再通过处理电流信号控制雕刻头在铜滚筒上进行雕刻。

电子雕刻机工作时，原稿滚筒和雕刻滚筒同步运转，雕刻系统同时沿着滚筒轴向移动，用尖锐的钻石刻刀或激光在印版滚筒上雕刻出网孔。雕刻系统由扫描系统通过计算机来控制，铜滚筒上形成的规则网孔是计算机的一个附加信号生成的，该信号能使刻刀连续有规则地振动。网孔的大小及深度由原稿的密度来决定，由扫描密度的光信号大小转换成电信号大小后输入电子计算机，经过一系列的计算机处理后，传递变化的电流和数字信号控制和驱动电雕钻石刻刀，在镜面铜滚筒表面上雕刻形成大小和深浅都不同的凹版网孔；并可以在计算机上调整原稿密度和网孔深度之间的数量关系。刻刀振幅决定网孔深度，刻刀形状和角度决定网孔形状。

如今,全数字化的凹版电子雕刻机通常被看作是数字印前处理系统的一种输出设备,因而不再包括原有的扫描部分。它与数字印前处理系统组成凹版雕刻系统,具有灵活的图文输入、处理和雕刻功能的凹版电雕系统。印前处理后的数字图文信息经过解释后送到电子雕刻机,电雕机根据数字信号控制刻刀、激光或电子束雕刻得到凹版。

(2) 电子雕刻的凹版制版工艺

电子雕刻凹版的制作过程包括准备印版信息、准备印版滚筒(包括车、磨等)、安装印版滚筒、测试、雕刻和镀铬。

① 准备印版雕刻信息。如果使用早期模拟电雕机,需要制作扫描底片,采用的是连续调的乳白片,造价昂贵,底片质量很难控制。到20世纪80年代,电子雕刻机加入电子转换组件,因此大多使用分色加网的底片制版。而在数字凹版电雕系统中,雕刻图文信息全部在数字印前处理系统中准备,无需任何底片。

② 安装印版滚筒。雕刻前清除版面的油污、灰尘、氧化物,再用吊车将印版安装在电子雕刻机上。

③ 测试。根据原稿的要求和油墨的色相,结合印刷产品特点制定试刻值,例如,装饰印刷的纸张比较粗糙,吸墨性强,雕刻深度须在 $45\sim50\mu m$ 才能达印刷要求。通过测试各阶调层次,确定雕刻层次曲线以及确定雕刻线数和点形。

④ 雕刻。雕刻系统运转,印版滚筒表面被雕刻成深浅不同的网孔。

⑤ 镀铬。在印刷过程中,由于油墨中可能存在杂质,纸面的不光洁以及尘沙,都可能带到印版滚筒上,又经钢片刀刮墨,使印版表面磨损、粗糙而起脏,为了防止凹版滚筒的磨损,加强滚筒表面的耐磨性,以增加耐印力,采用镀铬的方法提高其硬度。同时,版面镀铬后还可以长期保存,不易受空气氧化及其他化学气体的影响。镀铬完成后需用细砂纸将版面打光,再用冷水冲洗,然后干燥。

(3) 电子雕刻凹版的特点 电子雕刻凹版具有如下特点:
① 不用碳素纸和化学腐蚀,质量稳定,无公害。
② 采用电子雕刻,层次稳定。
③ 配有褪缝功能,可制得无边缘凹版,提高印刷精度和质量。
④ 可由同一底片雕刻多块相同凹版,减小了复制凹版之间的质量误差。

2. 激光雕刻凹版制版工艺

激光雕刻凹版制版技术包括两种技术:一种是1995年出现的激光刻膜腐蚀制版技术,另一种是2001年面世的激光直接雕刻锌滚筒技术。

激光刻膜腐蚀制版技术是采用激光雕刻保护层加腐蚀的工序,先在加工好的印版滚筒表面喷一层保护胶,这种胶可以保护滚筒表面不被腐蚀。之后使用计算机控制激光在涂胶的滚筒表面成像,通过激光使图文信息网孔部分的保护胶气化。再通过腐蚀工序使网孔部分被腐蚀,而有保护胶的部分则不被腐蚀,从而得到代表图文信息的网孔。

激光直接雕刻锌滚筒技术是利用高强度激光熔化铜滚筒表面的锌镀层,从而得到凹形网孔。之所以要在铜滚筒表面镀锌,是因为铜是非常好的导体以致热能在铜表面太容易扩散,不能形成雕刻网孔。激光直接制版技术的诞生,使凹印制版更轻松、更随意、更有效地制造出高清晰度的边缘效果,尤其对细小的文字有非常好的表现力,同时又不需要化学腐蚀等不易人为控制的工艺过程。

3. 雕刻凹版制版工艺

雕刻凹版是凹版印刷中最早的制版工艺，它是使用手工或机械方法在各种版材上雕刻得到凹形图文的总称。雕刻凹版多采用钢板，也有铜板和锌板。

雕刻凹版的印品油墨量大，因此能进行厚实的印刷。由于凹版印刷时压力较大，使纸张有凸印的效果；雕刻凹版能印刷很精细的清晰的线条，凹版刻线能极细，甚至可印 0.02mm 的细线，而其他印刷方法不可能印到如此精细的程度，所以证券等贵重印刷品，以及创作铜版画等都采用这种特殊的印刷方法。此外，这种印刷品具有细腻、精致、优美的线条层次，是格调高雅的高级印刷品。雕刻凹版原版的雕刻，要有高超的技术，制版、印刷也要有特殊的设备、机械和技术。

(1) 手工雕刻凹版　手工雕刻凹版工艺有雕刻法和腐蚀法两种。

用雕刻法手工制作凹版时，需要先将雕刻图文转印或描绘在版材上，再利用刻刀、刻针等雕刻工具直接雕刻制成凹版。手工雕刻凹版有直刻法、针刻法和镂刻法三种。直刻法是将图像轮廓转印到版材上，用雕刻刀手工雕刻，直接制成图像凹版。针刻法是使用刻针等工具在金属版材上手工雕刻得到凹版图像的工艺。镂刻法是用压花铲和压花辊的工具在版材上滚压形成均匀细微的砂目，直接得到凹版用作底纹版。

用腐蚀法制作凹版则是在板材上涂布防蚀膜，然后雕刻防蚀膜得到图文，再用腐蚀液腐蚀得到凹版。腐蚀法有蚀刻法和蚀镂法两种。蚀刻法是将防蚀膜涂布于版材，用蚀刻针手工刻绘去掉防蚀膜，再用化学腐蚀得到凹版。蚀镂法是将树脂或沥青撒在版面上，加热使之固着，用防蚀剂刻画阴图，再腐蚀得到图像凹版。

(2) 机械雕刻凹版　机械法雕刻凹版是用精密的雕刻机械，通过机械性的移动，刻制平行线、彩纹（由波状线、弧线、圆、曲线、椭圆等组合成的花纹）等几何花纹的凹版。雕刻机是钻石刻针或钢刻针与金属版材或涂布在版材上的防蚀膜接触刻绘的。主流雕刻机械有平行线雕刻机、彩纹雕刻机、浮凸雕刻机和缩放雕刻机。

(四) 孔版制版

孔版印刷的印版印刷部分是由孔洞组成的，油墨可以通过网孔转移到承印物上形成印迹，非图文部分是不能通过油墨的，从而形成印刷品的空白部分。

孔版印刷使用的印版有誊写版和丝网版两大类。

誊写版是在特制的蜡纸上，用铁笔刻划出文字图画，或用打字机打字，或用电火花扫描制成印版。用誊写版印刷，俗称"油印"，它是 1886 年由爱迪生发明的，曾经是各单位最常见的办公用文件的复制方法之一，主要用来复制办公用的文件。

丝网印版（screen stencil）版面呈网状，由漏空图文的膜层、丝网、网框组成。近年来丝网印刷有较大发展，广泛用于印染、标牌、线路板的印刷，也可用于彩画及少量地图等的复制。

根据建立膜层方法的不同，丝网制版（screen platemaking）有照相丝网制版和数字直接成像丝网制版两大类，另外还有红外线丝网制版法、腐蚀法丝网制版和电镀法丝网制版等非主流工艺。

1. 丝网制版的设备及器材

(1) 丝网　丝网是丝网印刷制版的基本材料，它是感光胶膜的承载体。一般要求丝网具有薄、强、网孔均匀、吸水性小、伸缩性小、回弹性好、耐磨耐腐蚀的特点。

丝网按照编织使用的材料分为绢网、丝绵混纺丝网、的确良（Dacron）丝网、尼龙丝网、涤纶丝网、维尼龙（Vinyon）丝网、不锈钢丝网、铜丝网等。不同材质的丝网具有不同的耐久性、强度、弹性。绢丝网可以提供高精度，不锈钢丝网则提供很好的耐印率。

按照编织方法又分为平纹织网、斜纹织网、拧织网等。织法不同则网厚不同，可以提供不同的墨层厚度。需要墨层薄的图文，大多采用斜纹织网。

丝网的规格一般用丝网目数来表示，即每平方厘米的网孔数目，目数越高，丝网越密，网孔越小。需要墨层厚的图文，选用拧织的低目数绢网或尼龙网。

丝网一般为黄色、橙色、红色、深红色等。丝网一般不用白色，以防止晒版时产生光的散射，影响图像质量。而且由于感光材料都是在蓝紫光及紫外光部分有较大的吸收峰，所以丝网也不用绿色、蓝色、紫色。

选择丝网时，要综合考虑成本、透墨性、耐印率、印品精度要求、承印物表面状态等，选择不同材料、目数、编织结构的丝网。

（2）网框　网框是指支撑丝网用的框架，由金属、木材或其他材料制成。木质网框可以采用云杉、柏、白松、美杉、娑罗木等，金属质多用铝或钢。网框要轻便，并有足够抗张强度。

（3）绷网机　绷网机是将丝网绷紧在网框上的专用设备。绷网机上装有绷网夹，绷网夹夹住丝网的边缘，用压缩空气牵动，在一定的张力下，丝网粘贴在框架上，如图2-36所示。

（4）丝网晒版机　丝网晒版机是专供晒制丝网印版的设备。晒版时，为了使丝网与底片紧密接触，须在丝网上放一块厚的海绵，同时在海绵和丝网之间加一块黑色绒布，防止透过丝网射到海绵上的光又被海绵反射到丝网上，如图2-37所示。

图2-36　绷网机

2. 直接法丝网制版

直接法丝网制版（direct stencil）是把感光液直接涂布在绷好的丝网上，经曝光、显影制成丝网版。直接法是最为广泛的一种丝网制版方法，其特点是成本低、工艺简单、耐印率好，但多为手工操作，质量差，有一定的技术难度，如图2-38所示。直接法丝网制版的工艺步骤如下：

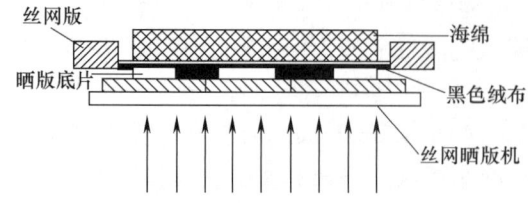

图2-37　丝网晒版机晒版示意图

图2-38　直接法丝网制版

（1）绷丝网　剪裁尺寸比网框四周稍大的丝网，把丝网的四边固定在绷网机上，将其拉紧，用张力计测定绷网的张力，网框放在张紧的丝网下面，把黏合剂刷涂在网框的四周，待其干燥后，再从绷网机上卸下网框。

（2）丝网清洁处理 用20%的氢氧化钠溶液对绷好的丝网进行脱脂处理，然后用水冲洗干净，目的是为了加强感光胶与丝网的黏牢和提高耐印力。

（3）涂布感光液 将感光液放入不锈钢槽中，把网框倾斜放置，槽与丝网端接触，一边槽倾流出胶液，一边慢慢地把槽往上提，沿着丝网进行涂布。重复涂布、干燥多次，直到胶膜达到要求的厚度，10～30μm厚。涂布感光胶要求涂布的膜层厚薄均匀，不起泡，无砂粒和裂纹等。

（4）曝光 把阳图底片和丝网的胶膜密合在一起，放入专用的丝网晒版机，抽真空后曝光。曝光时间取决于感光液的性能、光源、灯距等因素。

（5）显影 把曝光后的丝网框浸入水中，用水枪喷射冲洗丝网面，将未曝光的胶层刷掉，形成漏空的图文，晾干后再进行一次全面曝光，使胶膜的牢度增加，提高耐印力。

（6）干燥 显影后要立刻干燥，还应避免温度过高而引起图膜松弛变形。

（7）修版 丝网版干燥后，对印版的质量进行检查。

3. 间接法丝网制版

间接法丝网制版（indirect stencil）是先在涂有感光液的胶片上制版，再转拓到丝网。其工序主要有曝光、活化处理、显影、冲洗、转拓、涂胶、去除片基和修整。间接法工艺复杂，印品质量好，图文边缘光洁，不需要专用的晒版机，但耐印率差，成本高，如图2-39所示。间接法丝网制版的工艺步骤如下：

图2-39 间接法丝网印刷

（1）曝光 感光胶片密合阳图底片在平版晒版机上进行晒版。

（2）活化处理 曝光后，感光胶片的受光部分胶膜硬化，在1.5%～3%的过氧化氢溶液中浸泡1～2min，对胶片进行活化处理。

（3）显影 用温水显影，使感光片的片基上形成版膜，再用冷水冲洗。

（4）转拓 将显影后的胶片、胶膜向上平铺在桌面上，再在胶膜上放置绷好丝网的网框，并在丝网上放吸水纸，用橡胶辊滚压，即可粘着。

（5）涂胶 将专门配置的胶或直接制版法使用的感光胶，用笔涂填网框的四周，再用热风干燥。

（6）去除片基 剥离感光片的片基，即得丝网印版，经必要的修整，即可印刷。

4. 直接间接混合法丝网制版

直间法丝网制版（direct/indirect stencil）是先把感光胶层用水、醇或感光胶粘贴在丝网网框上，经热风干燥后，揭去感光胶片的片基，然后晒版，显影处理后即制成丝网版。其工序包括粘贴感光胶片、干燥、剥离片基、晒版、显影、修整，如图2-40所示。

图2-40 直接间接法丝网版

直接间接法具有直接法和间接法的特点，操作也比较简单，耐印力和清晰度也介于两者之间。

5. 喷墨法丝网直接制版法

喷墨法丝网制版是采用数字喷墨成像的丝网直接制版技术。数字图文信息经印前系统处理后传输到数字喷墨机，通过程序控制喷墨头，向涂有感光胶的丝网版喷射不透明染料，在丝网版上形成的不透明染料图文起到传统工艺中阳图底片的作用；再进行正常曝光、显影、干燥硬化和修整，就可以得到丝网版。喷墨法丝网版输出精度可以达到600～1000dpi，加网线数可以达到150lpi，如图2-41所示。

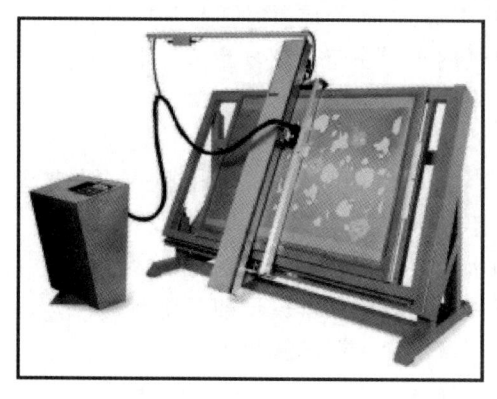

图 2-41　喷墨丝网制版机

6. 激光丝网制版法

激光丝网直接制版也是一种计算机直接制版技术。它是采用高能量的激光对网版上的光硬化型感光层进行曝光，见光部分感光胶硬化形成空白部分，未见光部分感光胶则在显影时被冲洗干净，透出网孔形成图文部分。也可以使用光分解型感光胶。

激光成像丝网制版能直接接受数字印前系统输出的图文系统信息，是制版速度最快的方法，而且可以制作大幅面丝网印版。但激光丝网制版只适用于金属丝网，多用于纺织和陶瓷印刷。

第五节　打　　样

传统印刷往往需要先制作印版后进行印刷，一旦印版存在问题，将会浪费大量的人力物力。为此，印刷流程中添加了打样工艺，即在印刷页面制作完成之后，在正式印刷之前，模拟印刷机的状态进行预印刷的过程。

由于打样过程能够很大程度上预测印刷后的实际效果，因此在印刷前可以很大程度避免内容的印刷错误、颜色的失真、成品尺寸的偏差，并减小印刷的风险与成本，这些对保证印刷质量意义重大。具体来说，打样的作用有：

（1）为客户提供标准的审批样张　样张是一个专业制版公司的成品，客户签样才标志着整个制版环节的完成。

（2）为印刷提供基本的控制数据和标准的彩色样张　"只有客户签样后才可以上机印刷"是印刷行业确保印刷内容和质量、区分双方责任的原则。签字后的样张也是印刷工人根据需要对印刷环境进行调整的依据。

（3）质量检查的根据　通过样张能够全面检查印前从原稿到印版各工艺环节的质量，发现已存在或可能在印刷中出现的错误，以便对出现的错误进行校正，降低生产的风险。

目前主要存在三种打样方式：机械打样、数码打样和屏幕打样。机械打样一般是在平压平的印刷结构下模仿圆压圆的印刷过程，在较早以前的印刷工艺中起到很大作用。目前随着数字印刷和色彩管理技术的发展,后两种打样技术成为主流。

一、传统机械打样

机械打样的实质就是模拟印刷,它是最传统的也是最可靠的一种打样方法,如图 2-42 所示。机械打样在仿照印刷条件(如纸张、油墨、印刷方式等基本相同)的情况下,将印版安装在打样机上,进行印刷,得到样张。工作流程一般为:图文输出(得到原版)→晒制印版→模拟打样→签样→印版的制作。但打样机一般都是单色或双色机(一次运行只能得到一种或两种颜色),自动化程度不高,需要很高的操作技能和经验,而且必须事先制作印版。

机械打样的优点是:效果基本等同于印刷品,能够很好地完成打样的目的。缺点是:打样效率低,需要恒温恒湿环境控制,必须在印版制作完成后才能进行,万一出错,又要重新制作印版,成本较高。这种打样方法曾在中国、日本等国家应用广泛,但随着 CTP 直接制版技术的普及,已逐步退出市场。

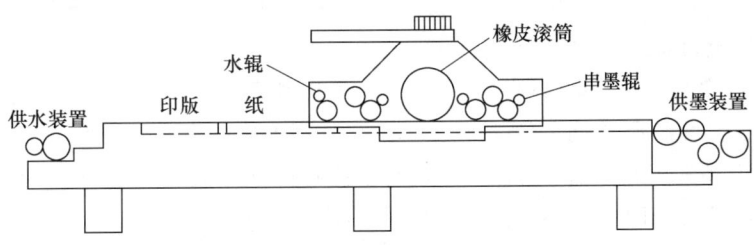

图 2-42 传统胶印机械打样机结构

二、数码打样

数码打样如同计算机彩色喷绘一样,直接将数字页面转换成彩色硬拷贝可采用喷墨打印、染料升华、热蜡转移、彩色静电照相等成像技术,如图 2-43 所示。随着计算机图像处理和模拟、控制技术的进步,尽管纸张和呈色剂都与实际印刷不完全一样,但数字硬打样已经可以做到与实际印刷品效果非常接近,高质量的产品(如染料热升华)可达到 95% 以上完全一致。

数码打样的作业程序是:系统设定电子文件的验收→拼大版选择打样材料→数码打样。数码打样打一套对开四色版仅需 15~30min,一套数码打样软件可以控制多台数码打样机,生产效率很高。

目前,数码打样系统由数码打样输出设备和数码打样控制软件两个部分构成。其中,数码打样输出设备是指任何能以数字方式输出的彩色打印机,如彩色喷墨打印机、彩色激光打印机、彩色热升华打印机、彩色热蜡打印机等,但目前能满足出版印刷要求(如打印速度、幅面、加网方式和产品质量等)的多为大幅面彩色喷墨打印机,特别是 HP、Epson(图 2-43 见彩插)等公司开发的喷墨机型。数码打样软件则包括 RIP、彩色管理软件、拼大版、控制数据管理和输入输出接口等几部分,主要完成图文的数字加网、页面的拼合与拆分、油墨色域与打印墨水色域的匹配、不同印刷方式与工艺的数据保存、各种设备间数据的交换等。数码打样软件是系统的核心与关键,直接决定了数码打样取代传统打样的进程。目前行业内应用较多的打样软件有 GMG、Best ScreenProof、Oris Color Tuner 以及北大方正开发的系列软件。

总之，数码打样相对于传统打样，具有以下优势：

① 彩色图像再现性能高。彩色图像再现性能包括图像（线条文字）的阶调范围（亦称反差）、实地或饱和色的密度或色度、灰平衡、层次曲线的还原性（包括亮调、中间调、暗调）、层次再现和网点扩大率再现以及细腻的质感等。由于传统打样机在速度、压力、压印方式等方面均与实际印刷不同，因此传统打样模拟实际印刷时仍存在问题。在实际使用中，印刷机操作人员普遍感到数码打样的样张较易模拟，这是由于数码打样与印刷在整个色空间中的色差要小于传统打样与印刷之间的色差。

图 2-43　一台 EPSON 数码打样

② 图像分辨率高。由于数码打样系统通常采用喷墨打印或激光打印技术，一般输出的是调频网点或连续色调结构，因此只要有 600dpi 以上的输出分辨率，其打样的样张即可达到调幅网点 150dpi 的效果。现在大多数彩色打印机均可达到这样的图像分辨率。新一代数码打样系统的 RPI 可以输出与实际印刷效果一致的调幅网点，因此要求打印机有更高的分辨率。目前，EPSON 喷墨打印机输出分辨率最高可达 2880dpi，HP 喷墨打印机最高可达 2400dpi，输出与实际分辨率效果一致的调幅网点图像是没有问题的。而且，传统打样有可能由于套印不准而造成图像清晰度下降，而数码打样不存在套印不准的问题。

③ 样张输出的稳定性、一致性好。由于数码打样系统是由数码页面文件直接送至打样系统，在输出样张之前，全部由数码信号控制和传输，因此无论何时输出，哪怕时间相隔数周、数月甚至数年，同一电子文件输出的效果是完全一致的。当然这种稳定性的前提是与打印相关的条件，如喷墨的墨滴大小、墨水和承印物等的性能保持一致。对于传统打样技术来说，除了纸张、油墨、CTP 版应该保持稳定（实际上是很困难的）以及机械打样设备的状态（如版台"压力"、纸台"压力"、橡皮布和衬垫的高度、水辊和墨辊的压力等）应保持正常外，传统打样的效果还受环境条件（温度、湿度）、墨量及其均匀性、水墨平衡等诸多因素的影响。打样过程中，相连样张的实地密度都无法保持一致，更不用说对打样效果影响巨大的操作人员水平等人为因素。相对于传统打样，数码打样几乎不受环境、设备、工艺等因素的影响，更不受操作人员的影响，其稳定性、一致性十分理想。因此，数码打样系统可作为网络打样设备来使用，人人可以使用数码打样系统输出样张。

④ 输出速度快。很长时间以来，数码打样系统的输出速度一直是该技术能否普及推广的瓶颈。直到在市场上出现大幅面、高分辨率喷墨打印机后，输出一张大对开（102cm×78cm）720dpi 的样张仍需要 40min 以上，这还不包括 RIP 解释的时间。现在，同样幅面、相同分辨率的样张输出，有多种机型可在 5min 之内完成，这样的样张输出速度，远远快于传统打样的时间（一般单色打样机完成四色大幅面打样需 2h 左右）。数码打样速度的显著加快，主要得益于多喷嘴喷墨打样技术的开发和快速 RIP 打样以及服务器的应用，有

的打样服务器可以同时控制 4 台数码打样机。

⑤ 打样幅面范围广。过去，一般高性能数码打样系统多为 A3（八开）幅面。随着喷墨打印机硬件分辨率和速度的逐步提高、墨盒容量的加大、不停机更换墨盒技术的应用，大幅面输出的喷墨打印机不断涌现，目前已有输出幅宽达 1.5m 的数码打样系统，各种幅面的机型完全可以模拟各种印刷效果。

⑥ 系统成本低。传统打样系统不仅需要昂贵的打样设备（进口单色打样机均在 100 万元以上，国产打样机也需 30 万元左右），而且还需配套的打样室、空调设备等，同时还需要输出分色片、晒版，打样成本十分高昂。而数码打样系统只需彩色打印机、控制计算机以及配套的 RIP 和彩色管理软件。一套大幅面（大对开）的数码打样系统，目前售价不超过 12 万元。虽然耗材（如墨水、专用打印纸）目前还较贵，但输出同样幅面，同样数量的样张，总成本仍比传统打样便宜。随着墨水成本的降低、仿专用打印纸的推广（今后还将使用表面经处理后的普通纸张在喷墨打印机上输出），数码打样系统的成本就可能降至非常低廉的水平。同时，数码打样系统所占空间非常小，更不需要严格的环境条件。由于不经输出分色片、晒版、机械打样等工序，数码打样不仅大大缩短了印前设计、制作、打样的总周期，节省了大量的原材料，而且还可以避免因发现样张错误，需重新返工而造成的工时和材料的浪费。数码打样系统可以在原文件修改后，立即输出样张。

⑦ 人员素质要求宽松。传统机械打样（包括晒版工序）需要经验丰富、素质较高的操作人员，在作业量大时，还需倒班换人，这不仅会带来打样样张质量的不稳定，而且也增加了生产成本。而数码打样系统一般不需要专人，只要制作、设计人员懂得正确使用打样控制计算机即可，在出现明显色差时再交由色彩管理工程师决定下一步工作。另外数码打样系统可以 24h 不间断地工作，所有这些都是传统打样不能比拟的。

⑧ 质量稳定。由于彩色喷墨打印机的油墨与印刷油墨的色域空间不同，所以两者的成品在一些色彩上（如大红色和绿色）会有一点差异，但有些色彩管理软件可针对某种颜色进行调整而不影响其他颜色。现在一些喷墨打印机也对油墨进行了改进，使其更加适应数码打样，如 Epson 7600、9600 系列。如果数码打样的色彩调整得好，其颜色基本可与印刷相匹配，而且数码打样对操作者要求不高，质量稳定，只要色彩调整曲线一致，无论是什么人、什么时候打出的样张都是一样的。传统胶印打样的纸张、油墨与传统印刷相同，色域空间基本不同，但印刷方式不同，叠印率不同，因此二者会有一些小小的差距，但色相是相同的。由于传统打样工序复杂，影响各工序质量的因素又很多，所以颜色质量不稳定，而且操作者要求经验丰富，且不能保证任何时间、任何操作者打样出的样张完全一致，有时环境和人为因素会造成很大差异。

三、屏幕软打样

一般来讲，屏幕软打样就是在屏幕上仿真显示印刷输出效果的打样方法，如图 2-44 所示（见彩插），它可使印刷活件在正式印刷前随时在显示器上进行预览。软打样通过使用显示器色域空间模拟输入设备、输出设备的色域空间来显示印刷品中最终出现的图像的精确样式，即以显示器代替原来的纸张等介质观察最终的印刷效果。屏幕打样的核心是不同颜色信息在不同呈色系统中的表现，其关键是应用色彩管理技术，这将在下一节介绍。

图 2-44 屏幕软打样

与传统打样相比，屏幕软打样具有明显优点：

① 灵活方便、再现直观。使用屏幕软打样可以直接在显示器上仿真显示输出的效果，省掉了硬打样的繁琐工作。

② 成本低、时间短、收益高。软打样没有模拟样张的输出，所以就不需要购买大幅面彩色喷墨打印机、专用纸张和墨水等，从而降低了成本；也不需要对打印机进行线性化校正，大大缩短了输出时间。

③ 减少了打样次数，提高了劳动效率。硬打样在印刷色域与打印色域实现匹配的过程中，要经过无数次的校正才能使色彩匹配，劳动量大。而使用软打样则极大地减少了打样次数和每次打样的劳动量。

④ 屏幕软打样也使存储、归档和检索变得更加简便。使用媒体资产管理系统，可以有效地存储数字样张，防止自然因素的破坏，并且数字样张的检索速度比传统文件查找系统明显加快。

⑤ 屏幕软打样系统还支持随时随地打样的工作流程。当负责核准样张的关键人员出差时，他们可以像在办公室里一样，随时登录系统并对数码样张进行修改。

不过，屏幕软打样同样存在一些技术难点。从目前软打样的应用情况来看，软打样技术在硬件、测试校正和色彩管理等方面已日趋成熟。但是，屏幕软打样技术仍存在很多问题，主要是显示器与印刷品呈色方式的不同、稳定性差以及对环境光源的高要求，因此目前最主要用于调图和第一步看样，客户签字认可多为数码样或实际的印刷样。

第六节　色彩管理

一、色彩管理的意义

彩色复制涉及多种彩色设备，而不同彩色设备的色彩再现能力存在明显差别，图 2-45（见彩插），同一个彩色图像在经过不同彩色设备时往往看起来不一致，那么通过怎样的处理可以让一幅图片在多个设备中达到尽可能一致的视觉效果呢？例如显示器中的一幅图像，通过打印机输出，当显示器色域明显超过打印机色域时，我们该如何将显示器的色域压缩到打印机色域中进行复制；如果打印机色域包含显示器色域，同样也存在 RGB 图像转换到 CMYK 图像的问题，因此色域的处理以及不同颜色空间的转换，都会影响到颜色信号传递的一致性。

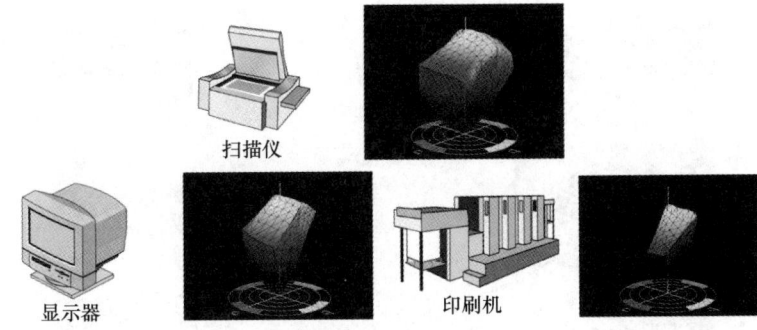

图 2-45　不同设备的色域差别

为实现颜色信息在多种设备间传递的视觉一致性问题，人们提出了色彩管理的概念，核心是降低颜色失真、提高颜色传递精度。早在二十世纪七、八十年代彩色桌面印前系统出现之初，由于多类彩色设备开始普及，彩色图文信息在输出过程中往往涉及不同的彩色设备，如扫描仪 A 产生的彩色照片可能在打印机 X 上输出，也可能在打印机 Y 上输出，我们希望无论在哪台打印机上输出都能得到一致的视觉效果，但现实情况是两台打印机输出的同一图片经常存在明显差异。如图 2-46所示，不同的彩色设备在一起工作，任何两台设备之间都可能产生交集，要实现颜色信息的准确传递就要求设备间的颜色转换非常准确，而这种流程常被称作基于设备的颜色传递流程。

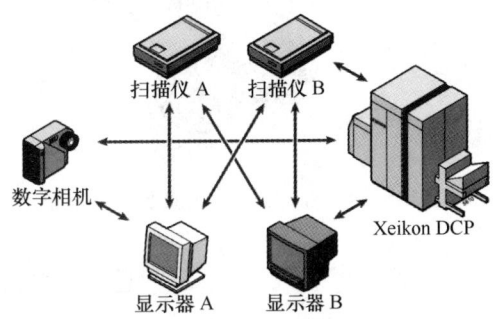

图 2-46　基于设备的颜色转换流程

在基于设备的颜色转换流程中，由于每种设备的颜色模式和工作特性不同，为了执行色彩匹配功能，用户需要根据硬件供货商提供的一系列资料，根据生产经验建立准确的两两匹配关系，颜色信息在设备中传递时非常繁琐，特别随着设备和传递路径的增加，信号的损失也越来越厉害，因此这种工作流程逐渐被替代。为了提高彩色信息在不同设备间的传递问题，1993 年多个知名公司建立了国际色彩联盟（International Color Consortium/ICC），提出现代的色彩管理系统 CMS，通过色彩管理系统建立不同设备间的联系，完成对多个设备的统一管理。现代色彩管理的核心是将每个彩色设备的颜色特性记录到 ICC 特性文件中，选择一个标准颜色空间（如 CIEXYZ 或 CIELAB）作为设备连接空间（Profile Connection Space，PCS），从而将任何两个设备间的连接划分成设备与 PCS 空间的连接，大大提高了颜色传递的效率和准确性。

如图 2-47 所示（见彩插），我们只要保证每台设备与 PCS 空间的转换准确，彩色图像就可以在任何一台设备上精确显示或输出，因此这种思路常被称作独立于设备的色彩管理流程。可以看出在 n 台设备的流程中总共存在 n 种颜色转换路线，每增加 1 台新的设备，只需新建 1 个颜色转换路线；而对于依赖于设备的色彩管理流程，n 台设备存在 n^2 次转换路线，增加 1 台设备就要新增 n 个颜色转换路线。所以，彩色设备数量越多的复制流程，新色彩管理流程的优势越明显。

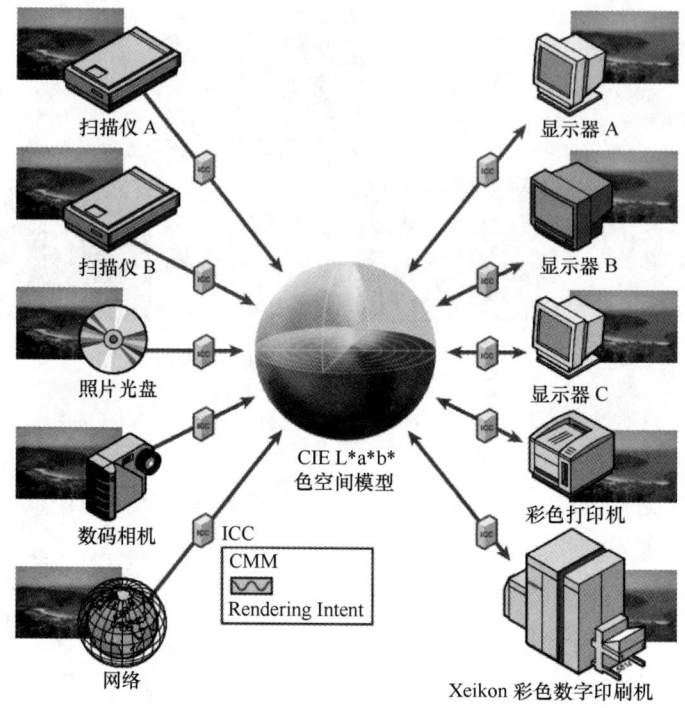

图 2-47　基于 PCS 连接空间的色彩管理

二、色彩管理系统的原理和构成

在独立于设备的色彩管理流程中，需要区分两类颜色空间的概念，即颜色空间划分为设备工作空间和 PCS 标准颜色空间。设备工作空间有 RGB 空间、CMYK 空间等，如扫描仪、数字相机、显示器等设备采用 RGB 工作模式，而打印机和印刷机则采用 CMYK 工作模式。PCS 颜色空间常采用 CIELAB 或 CIEXYZ，现代色彩管理流程中一般采用 D50 或 D65 作为标准光源，因此不同设备中的两个颜色信号的 PCS 值一样时，我们就认为二者是相同的颜色，即色彩管理流程中 PCS 值与视觉感知是一致对应的。

作为对比，设备工作空间颜色值与视觉感知是没有准确对应关系的。我们知道，同一幅数字图像分别在手机和电脑上显示时，尽管图像信号的 RGB 值相同，但往往看起来不一样，这意味着不同设备中相同的设备值往往对应不同的 PCS 值。图 2-48 给出一个色彩管理中调整设备颜色值实现相同 PCS 值的例子，给定一 RGB 值为（12，120，25）的色块，显示在两个不同的显示器中，如图所示两台显示器色域差别较大，显示器 A 在大部分区域超过显示器 B，从而造成这个 RGB 色块在显示时通过测量得到不同的 PCS 值（即看起来不一致）。如果想要在显示器 B 中尽可能产生显示器 A 中的视觉效果，色彩管理思想给出的解决思路是，在显示器 B 的 PCS 色域空间中找到最接近显示器 A 中 PCS 值的点，然后转换成对应的 RGB 值。假定设备色域内 RGB 与 PCS 颜色转换无误差，显示器 B 的 RGB 设备值取（22，255，31），此时产生的视觉感知与显示器 A 非常匹配，也就是说显示器 A 的（12，120，25）与 B 的（22，255，31）匹配。

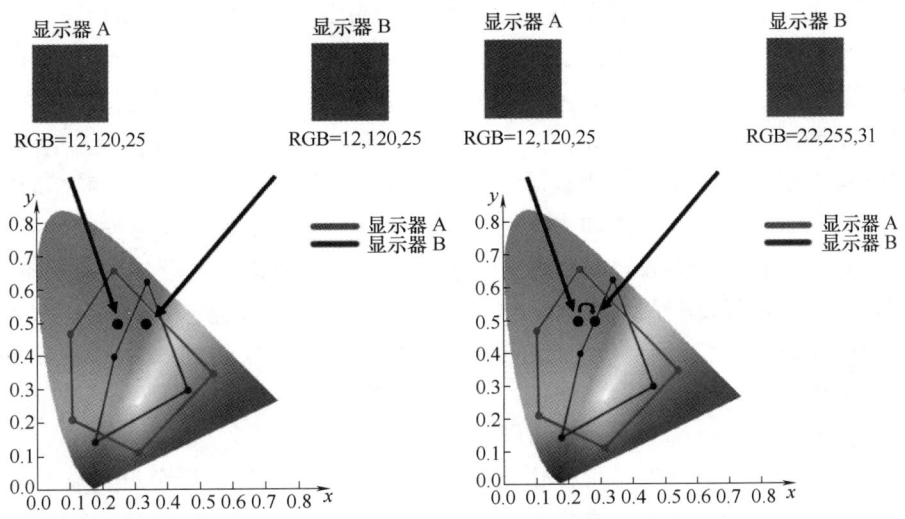

图 2-48　调整设备空间值实现尽可能一致的 PCS 值

现代色彩管理方案中，颜色信号在不同设备间传递都采用 PCS 为桥梁的颜色转换原理，所以只要控制任意两个节点之间的颜色转换就基本可以保证整个流程的准确传递。图 2-49（见彩插）为典型的色彩管理系统流程，所有颜色传递工作由 CMS 控制，通过对比颜色转换两端的色域情况，根据指定参数进行相关运算。

那么什么是色彩管理系统，它包括哪些因素呢？色彩管理系统，可以分为硬件和软件，硬件包含显示器、扫描仪、印刷机等彩色设备，以及密度计、色度计等测量设备，

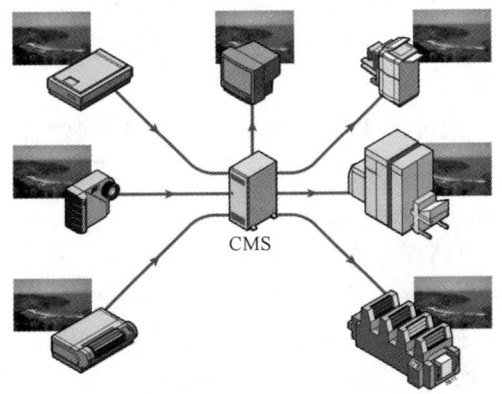

图 2-49　色彩管理系统

而软件部分则是色彩管理系统的核心，包括设备校正模块、设备特性化模块、颜色匹配模块等。总体上，色彩管理系统的作用是针对彩色复制流程中的所有彩色设备，首先将其校正到标准的生产和工作状态，然后通过测量一定量离散色块的 PCS 值建立设备 ICC 文件，最后控制颜色信号在不同设备间的传递过程，而这个过程主要以 PCS 空间为核心，通过 CMS 执行不同设备 ICC 间的颜色转换。

为利于记忆，一些色彩管理专家经常把色彩管理过程形象地称为"1234"步，其中"1"代表一个 PCS 空间，即取 CIELAB 或 CIEXYZ 作为标准连接空间。"2"代表每次颜色转换过程涉及两个设备的 ICC 文件，例如颜色信息从 A 设备传递到 B 设备，则 A 设备中的源 ICC 文件代表颜色信息的来源（Source ICC），B 设备的 ICC 文件代表颜色信息的目标（Destination ICC），中间采用 PCS 连接。"3"代表色彩管理中的三个重要步骤"3C"，分别为"Calibration""Characterization""Conversion"，即校正设备至标准状态、设备特性化（记录设备色彩再现特性，生成设备 ICC 特性文件）、执行颜色转换。"4"代表四个映射意图，分别是可觉察式"Perceptual"，饱和度优先"Saturation"，相对色度的

匹配"Relative Colorimetric"和绝对色度的匹配"Absolute Colorimetric"。

下面通过分析色彩管理系统的"3C"介绍下色彩管理工艺的流程。"3C"中的第一个 C 为设备校正（Calibration），设备校正也称为设备最佳化，即使工作设备处于正常与最佳的工作状态的手段与方法。正如，使用测量仪器时，必须校正以确保测量结果的准确，使用设备前也需要通过一系列的调整，使设备达到最佳状态，以确保工作的顺利与准确。

有些设备可以自我校正，例如扫描仪，而其他设备在被要求稳定的表现之前，则需要手动校正。对于色彩管理而言也是如此，色彩复制技术中所使用的设备如果不能正常而稳定地工作，则会使色彩复制的结果无法预知与控制，因此进行色彩管理技术的首要工作，就是对相应的设备进行校正。当一个设备稳定工作后，只要应用的媒介和外部环境不变，这个设备的工作状态就能够被始终保持一致。对于那些没有校正并且表现不稳定的设备来说，可能每次使用的时候都需要重新做校正。

色彩管理的第二步就是设备特性化（Characterization），即为彩色设备建立特征文件。设备特征文件为色彩管理系统提供将某一设备的色彩数据转换到与设备无关的色彩模式中所要的必要信息，特性化之后的颜色数据主要存储到 ICC 特性文件的标签数据中。特性化过程中，首先将设备调整到标准工作状态，然后测量记录一系列不同设备空间值对应的 PCS 值，将这些一对一的测量样本记录到 ICC 特性文件内，作为颜色转换时采用的基础数据。

通过设备特性化，彩色设备的颜色特性被表征到 ICC 特性文件中。当颜色在不同设备间转移时，色彩管理模块就是采用 ICC 的基础数据进行一系列颜色值的计算，这个过程就是颜色转换"Conversion"。图 2-50（见彩插）给出基于 ICC 文件的色彩转换过程，以 CMYK 印刷机输出相机拍摄的 RGB 图像为例，相机本身包含 ICC 特性文件，该 Profile 文件存储了一定量包含 RGB 值和 PCS 值的色块样本，所拍摄的 RGB 图像先利用相机 ICC 执行 RGB 到 CIELAB 的转换，从而得到 PCS 图像数据；而在印刷机一端，其 ICC 文件存储了 CMYK 和 PCS 值对应的色块样本，同样可以利用 CMS 进行 PCS 到 CMYK 的转换。所以整个流程中两个 ICC 文件的数据始终借助 PCS 为桥梁，从而实现了数字照片与纸质印刷稿的视觉一致性（相同 PCS 值）。

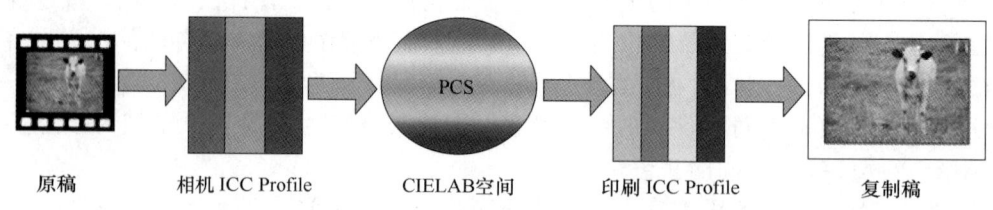

原稿　　相机 ICC Profile　　CIELAB空间　　印刷 ICC Profile　　复制稿

图 2-50　基于 ICC 文件的颜色转换过程

复习思考题

1. 如何理解整个印刷流程中的印前阶段主要步骤？
2. 描述文字大小的点数制和号数制原理是什么？
3. 什么是计算机字库？字库分为哪几类，请列举两种常用的字库类型。
4. 一幅数字图像大小为 $m \times n$ 像素，输出分辨率为 β dpi 时，假设加网时每个像素对应一个输出网点，每个网点由 16×16 个曝光点形成，则输出尺寸是多少？

5. 学习使用 Photoshop 软件进行简单的照片处理。使用"曲线"工具，对偏暗、偏亮或色偏的图像进行调整。

6. 理解图像与图形的区别。

7. 理解版面结构的组成。

8. 理解折页设置时对翻版、自翻版、套版（正反面）印刷的原理。

9. 简述印版制作的类型及特点。

10. 印刷中打样的作用是什么，理解几种打样方式的区别。

11. 理解并掌握色彩管理中的"1234"内容。

参 考 文 献

[1] 王月琴，张静，王旭红. 数字印前图文处理实务教程［M］. 上海：上海辞书出版社，2013.
[2] 金杨. 数字化印前处理原理与技术（第二版）［M］. 北京：化学工业出版社，2016.
[3] 刘武辉，吴莺，张建华. 数字印前技术［M］. 北京：化学工业出版社，2009.
[4] DonnieO'Quinn. 数字印前技术［M］. 北京：电子工业出版社，2001.
[5] Helmut Kipphan. Handbook of Print Media［M］. Springer，2001：87-88.

第三章 印刷工艺与技术

原稿经印前图像处理、制版和打样后，就可以上机印刷了。印刷这一工艺过程就是利用印刷设备使油墨从印版转移到承印物上，形成印刷图文。这一过程中，不仅涉及不同类型的印刷设备，同时，还有承印材料、油墨以及工艺等。

随着时代发展和技术进步以及人们对印刷品消费需求的转变，印刷也在发生着变化。大印量的长版书刊印刷下降，小印量的短版书刊活件大幅增加；传统报纸逐渐被新媒体取代；包装印刷和数字印刷高速增长。同时，印刷业面临环保压力。适应于上述变化，传统设备的制造商在提高设备自动化水平的基础上，使设备更环保节能，能够兼容短版或更多承印材料规格和类型等，并大力发展数字印刷。

本章将对印刷设备、材料和不同的印刷方式加以介绍。

第一节 印刷设备及材料

一、印刷设备

一般，常规印刷形式包括凸版印刷、平版印刷、凹版印刷和孔版印刷等，不同印刷形式其设备在设计制造上有所不同，但设备构成亦有共同点。

（一）印刷机的组成

印刷机的主要结构包括以下几个部分：输纸（料）部分、输水部分（胶印机独有）、输墨部分、印刷部分、收纸（料）部分。

除此以外，印刷机一般还包括动力传动系统、对承印材料进行定位控制的定位部件、承印材料在印刷机内部进行传递的传纸（料）部件以及实现墨量控制、自动套准、自动检测承印材料故障、张力控制等的控制系统。

（二）印刷机的分类

印刷机常见分类如下：

（1）按承印材料幅面分类　根据承印材料的最大幅面可将印刷机分为全张印刷机、对开印刷机、四开印刷机、八开印刷机等。

（2）按印刷机适应的承印材料形式分类　按印刷机适应的承印材料形式可将印刷机分为单张纸印刷机和卷筒纸印刷机。

（3）按印刷色数和面数分类　按同一印刷过程中的印刷色数可将印刷机分为单色、双色和多色印刷机。而根据同一印刷过程中印品印刷面的情况又可将印刷机分为单面和双面印刷机。

（4）按印版结构分类　根据所采用的印版结构可将印刷机分为凸版印刷机、平版印刷机、凹版印刷机、孔版印刷机等。

（5）按压印形式分类　根据印刷机施加压力的形式不同可分为平压平式印刷机、圆压平式印刷机和圆压圆式印刷机。平压平式印刷机的压印机构和印版版台均为平面；圆压平式印刷机的压印机构为圆形滚筒（称为压印滚筒），印版版台为平面；圆压圆式印刷机（又称轮转机）的压印机构和印版版台均为圆形滚筒，分别称为压印滚筒和印版滚筒。

上述为印刷机常见的分类方法，随着印刷设备制造技术和智能制造的发展，传统印刷机已经可以实现自动装卸印版、遥控自动加墨、墨量预设置、自动套准、自动清洗滚筒和胶辊及印刷质量在线检测等，自动化程度进一步提高。此外，动力传动也由原来的电机、轴、齿轮的复杂传动系统发展到不同印刷单元采用伺服电机独立控制的无轴传动系统。除了单一印刷方式的印刷机，还有多种印刷方式组合在一起的组合式印刷机，有的印刷机还能根据印刷需要更换不同印刷方式的印刷单元，模块化趋势越来越明显。印刷设备也由单台设备独立加工实现了连线加工，并逐渐向智能印刷发展。可以预见，未来的规模化工业印刷是智能印刷的时代。

二、印刷纸张

承印物的种类繁多，如纸张、塑料、金属、陶瓷、纺织品、木材、玻璃、皮革……可以说，除了水和空气什么都可以印。本节仅对印刷纸张及其印刷适性加以简介。

印刷纸张有新闻纸、凸版印刷纸、胶版印刷纸、胶版印刷涂布纸（铜版纸）、凹版印刷纸、字典纸、地图纸以及其他不同的纸张。但这些纸张通常都是由植物纤维原料经过制浆、抄纸等加工工艺制成的。

（一）印刷用纸的组成成分

印刷用纸一般由植物纤维、胶料、填料、色料等经加工而成。

植物纤维是印刷用纸的基本原料。造纸常用的植物纤维有籽毛纤维类（如含棉纤维的棉花、破布等）、茎干纤维类（如麦草、稻草、竹、芦苇、玉米秆、蔗渣等）、韧皮纤维类（如亚麻、黄麻、大麻等）和木材纤维类（如杉树、松树等针叶木材和杨木、桦木等阔叶木材）。

在纸张中加入胶料主要是为了增强纸张的抗水性，同时还能增加纸张强度和光泽，并提高纸张在印刷过程中抗起毛、抗掉粉的能力。常用的胶料有松香胶、石蜡胶、淀粉、动物明胶及合成胶料等。胶料的用量一般在 0.25%～9%，过多的胶料会降低纸张的吸墨能力。例如，新闻纸不施胶，纸质松软，弹塑性较好，吸墨性较强；而胶版纸、铜版纸、字典纸、地图纸和凹版印刷纸因为有胶料，吸墨性不太高。

在纸张中加入填料可以提高纸张的不透明度、白度和表面平滑度，提高纸张的紧度、光泽度及对油墨吸收的均匀性，提高纸张的可塑性，降低纸张的吸湿性。常用的填料主要是一些颗粒细小均匀、白度高、折射率高、水溶性差的白色粉末，如滑石粉、碳酸钙、白土等。普通印刷纸张中填料含量大约在 10%～15%，过多的填料会显著降低纸张强度并影响纸张的印刷适性。胶版纸、铜版纸、字典纸、地图纸和凹版印刷纸等都会根据需要加入不同含量的填料。

在纸浆中加入色料可以校正和改变纸张的颜色。

（二）印刷用纸的规格

按 GB/T 147—1997《印刷、书写和绘图用原纸尺寸》规定，卷筒纸的宽度尺寸为 787mm、860mm、880mm、900mm、1000mm、1092mm、1220mm、1230mm、1280mm、

1400mm、1562mm、1575mm、1760mm、3100mm、5100mm；平版纸幅面尺寸为1400mm×1000mm、1000mm×1400mm、1280mm×900mm、900mm×1280mm、1220mm×860mm、860mm×1220mm、1230mm×880mm、880mm×1230mm、1092mm×787mm、787mm×1092mm，后面的尺寸是纵向尺寸。

图书、杂志开本及幅面尺寸按 GB/T 788—1999 规定，全张纸 A 系列尺寸为 890mm×1240mm、900mm×1280mm，B 系列尺寸为 1000mm×1400mm。

（三）纸张的重量表达

纸张的重量用定量及令重来表示。

纸张的定量是指每平方米纸张的重量，单位是 g/m^2，故定量又称克重。一般，定量小于 $250g/m^2$ 或者厚度在 0.1mm 以下的称为纸张，定量大于 $250g/m^2$ 或厚度在 0.1mm 以上的称为纸板。

令重表示每令全张纸的总重量（1 令纸为 500 全张纸），单位是 kg，计算公式如下：

$$令重(kg)=\frac{一张全张纸的面积(m^2)\times 500\times 定量(g/m^2)}{1000} \quad (3-1)$$

（四）书刊印刷用纸的计算

首先，了解印张的概念，所谓印张是指一个双面印刷的对开幅面纸张。

那么印张、开本和页数有什么关系呢？

从常规纸张开本的划分知道，一本要印刷的书刊开本数是多少，一个印张上就要印多少页。例如，印刷一本 16K 的书，那么，一个印张上一共就印有 16 个 16K 页面。知道了印张数，就可以计算用纸令数。那么就有如下公式：

$$印张=页数\div 开本 \quad (3-2)$$

$$用纸令数=印张\times 印数\div 1000 \quad (3-3)$$

平装书刊封面的用纸量计算方法与正文基本相同，但要考虑书脊用纸量。

（五）纸张的印刷适性

纸张的印刷适性是指纸张的固有特性是否与某种特定的印刷条件相适应。纸张的印刷适性一般有以下几个方面。

（1）纸张厚度的变化影响纸张的不透明度和压缩特性，同时同一批纸厚度变化太大将影响其印品质量。

（2）纸张的平滑度是指纸张表面平整、光滑的程度。采用表面平滑度较高的纸张进行压印时能以最大的接触面积与印版或橡皮布的图文部分接触，使油墨均匀地转移到纸上，获得较好的印刷效果。如平滑度低则需增加压力和墨层厚度或使用橡皮布转移墨层来达到较好的印刷效果。

（3）纸张的光泽度是指纸面的镜面反射与完全镜面反射的接近程度。大多数纸张对光线的反射是介于完全镜面反射和漫反射之间的。纸张的光泽度影响纸张的着墨效率和印刷品的光泽度。

（4）纸张的白度是指纸张的洁白程度，一般用对白光的反射率来表示，它直接影响印刷品的呈色效果和反差。因为白度较高的纸张几乎可以反射全部色光，所以印品色彩鲜艳、纯正。

（5）纸张的不透明度是反映纸张透印程度的指标，双面印刷时应采用不透明度较大的纸张。

(6) 纸张的粗糙度是指纸张表面凹凸不平的程度，它也可以用来表示纸张的平整、光滑程度。

(7) 纸张的挺度是指纸张的抗弯曲特性，对于单张纸印刷而言，挺度具有重要意义。

(8) 纸张的含水量是指纸张中所含水分的重量占该纸张重量的百分比。

纸张的平衡含水量：即在某种温湿度条件下，单位时间内纸张从环境中吸收的水分和向环境中释放的水分量相等，纸张的含水量不再变化。纸张的平衡含水量对胶印有着重要意义，在印刷前，要使纸张达到印刷车间相应温湿度条件下的平衡含水量，避免纸张过度吸湿产生的荷叶边、纸张脱水产生的紧边以及其他故障。同时，纸张的含水量过大，影响印迹干燥，纸张强度降低；纸张的含水量过小，则纸张发脆，易产生静电故障。

(9) 纸张的松厚度是指 1g 重的纸张的体积，它是紧度的倒数。纸张的紧度是指 $1cm^3$ 纸张的重量。纸张的松厚度反映纸张的吸墨性和不透明度。

(10) 纸张的表面强度是指纤维与纤维、纤维与胶料、纤维与涂料间的结合力。结合力越强，纸张的表面强度就越高，否则就会在印刷中出现掉粉、掉毛现象，影响印品质量。

(11) 纸张的抗张强度是指纸张或纸板所能承受的最大张力，以宽度为 15 mm 的标准试样测得的纸张断裂时的载荷来表示。抗张强度对于卷筒纸印刷是一个尤其重要的指标。

(12) 纸张的吸墨性是指纸张对油墨的吸收能力，它主要影响墨层的干燥速度，印品的色彩饱和度及墨膜对纸张的附着力。纸张吸墨性过高，易形成粉化或透印。

(13) 纸张的 pH 用于表示酸碱度。酸性太高的纸张，其稳定性和耐久性差，颜色易发黄，强度降低，而且可能使某些油墨发生变色，并影响油墨印迹的干燥；弱碱性或碱性的纸张印迹干燥较快，有利于叠印。

(14) 耐折度是纸张在一定张力作用下耐揉折的能力。将纸张往复做 180°折叠直到断裂，折叠的次数为耐折度，它反映了纸张耐剪切力的能力。耐折度大小取决于纸张纤维的平均长度和纤维交织的状况。耐折度对印后的模切和压痕有一定影响。

三、印刷油墨

(一) 油墨的组成

油墨是印刷中用来呈色的物质，通常由色料、连结料、填料和助剂（附加料）等组成。

色料是油墨中的显色物质，通常采用颜料和染料。颜料包括无机颜料和有机颜料。无机颜料一般是由络合物、金属氧化物、无机盐或单质元素等组成的；有机颜料则是有色的有机化合物，有天然和人工之分，它们不溶于水、油和有机溶剂。染料也是有机化合物，它可溶于水，但当染料染色于载体硫酸钡、氢氧化铝、铝钡白等上面，再用沉淀剂使其固着于载体上形成不溶的色淀性颜料，则可供制造印刷油墨。

连结料是油墨的主要组分，由少量的天然树脂、合成树脂、纤维素衍生物等溶于干性植物油或溶剂中制得。它能将色料均匀分散，并使油墨具有一定的粘性、流动性和转移性能。在油墨转印至承印物上后，连结料干燥成膜将色料固着在印品表面，形成墨膜。因此，它对油墨的流变性、附着性、成膜性起着重要作用，并影响油墨的色泽和酸值。

油墨中采用的填料主要有碳酸钙、硫酸钡、氢氧化铝、铝钡白和硅酸铝等。填料是白色透明、半透明或不透明的粉末。在油墨中使用填料主要是为了减少颜料用量，降低成本，并调节油墨的性质，如流动性和稠度等。

助剂是油墨的辅助成分，主要用来调节油墨的印刷适性。助剂主要有干燥剂、稀释剂、撤粘剂、冲淡剂、抗氧化剂等，可以根据生产要求在油墨中添加不同助剂，使油墨性能满足实际生产需要。

（二）油墨的分类

（1）按印刷方式可将油墨分为凸版印刷油墨、平版印刷油墨、凹版印刷油墨、孔版印刷油墨和特种印刷油墨。

（2）按干燥机理可将油墨分为渗透干燥型、挥发干燥型、氧化结膜型、热固化型、光固化型和冷却固化型等油墨。

（3）按干燥方法可将油墨分为自然干燥型、热风干燥型、红外线干燥型、紫外线干燥型和冷却干燥型等油墨。

（4）按制造油墨的原料可将油墨分为干油型油墨、树脂油型油墨、有机溶剂型油墨、水性油墨、石蜡型油墨和乙二醇型油墨等。

（5）按油墨特性可将油墨分为磁性油墨、光变油墨、香味油墨、发泡油墨、防伪油墨、耐光油墨、耐热油墨、耐酸油墨、耐摩擦油墨、耐溶剂油墨等。

（6）按承印物不同可将油墨分为纸张油墨、金属油墨、塑料油墨、玻璃油墨等。

（7）按油墨的用途可将其分为书刊油墨、新闻油墨和包装油墨等。

（三）油墨的印刷性能

（1）着色力表示油墨着色的强度，它取决于色料对光的选择性反射、油墨中色料的多少及分散度。着色力强，则油墨用量少，印刷性能好。

（2）遮盖力指油墨遮盖底色的能力，它取决于色料的不透明度、填料的多少及不透明度。遮盖力的大小影响多色印刷的色序。

（3）黏度是度量流体粘性的物理量。黏度的大小取决于连结料的黏度、颜料和助剂的用量及分散度等。黏度直接决定油墨的流动性，影响印刷时油墨的转移。黏度过大，易导致掉粉、拉毛；反之，则油墨易乳化，起脏。

（4）屈服值是指流体开始流动时所需要的最小剪切应力。它取决于连结料的性质和油墨的结构。屈服值过大，油墨流动性差，不易打开；反之，则网点起晕，不清晰。

（5）触变性是指油墨受到外力时由稠变稀，静置一段时间后又恢复到原有稠度的现象。触变现象是体系结构的破坏和形成之间的一种等温可逆过程。触变性取决于油墨内部分子间的结构形式和结构稳定性，以及色料粒子的含量和润湿状态。触变性的存在使油墨在输墨系统中受力后，提高其流动性和延展性，便于油墨转移到承印物。当转移完成后，由于外力消失，油墨流动性和延展性降低，形成固着良好的印迹。但触变性不宜过大，否则不利于墨辊传墨。

（6）流动性是指油墨在自身重力或外力作用下，像液体一样流动的性质。它和油墨的黏度、屈服值和触变性有关，它影响油墨印刷时的传墨、匀墨、转移等过程。

（7）细度是指色料、填料在连结料中的分散度。油墨的细度与印品质量有密切关系，细度高的油墨适于印高线数印刷品。而且，油墨颗粒粗大易引起印刷故障。如在胶印中堆墨、糊版及毁版等。

（8）油墨的干燥指油墨附着在纸张上形成印迹后，从液态或糊状固化成膜的变化过程。常用的平版印刷油墨主要是氧化结膜干燥，凹版油墨主要是挥发干燥，凸版油墨主要是渗透干燥。

（9）拉丝性是指油墨形成丝状纤维的能力。常用墨丝长度来表示，即油墨被拉成丝状纤维而不断裂的长度。油墨的拉丝性决定油墨分离和转移的能力。若墨丝过长，易导致飞墨；反之，则可能影响输墨。

第二节　平版印刷

平版印刷是用图文部分和空白部分几乎处于同一平面上的平印版进行印刷的工艺技术。目前平版印刷主要使用预涂感光版（PS版）或计算机直接制版版材。

平版胶印是一种间接印刷方式，印版上涂布的油墨必须经橡皮布转印至承印物形成印迹。由于采用圆压圆结构，印版空白部分和图文部分同时受压，所以，胶印机印刷时所需压力较小，印刷速度较快。

一、平版印刷机

平版印刷的设备目前主要是胶印机。胶印机主要由输纸、输水、输墨、印刷及收纸等部分构成。按承印物可将胶印机分为单张纸胶印机和卷筒纸胶印机。

（一）单张纸胶印机

（1）输纸部分　单张纸胶印机的输纸部分由带自动升降机构的输纸台、纸张分离机构、纸张输送机构、纸张定位机构及检测控制机构组成。图3-1为单张纸胶印机的输纸部分的示意图，纸张的定位参见图3-3。

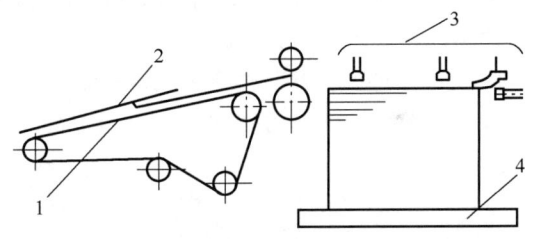

图3-1　单张纸胶印机的输纸部分示意图
1—纸张输送机构　2—纸张　3—纸张分离机构　4—输纸台

纸张分离机构有摩擦式和气动式，目前常用气动式。气动式纸张分离机构如图3-2所示，一般包括松纸吹嘴机构、分纸

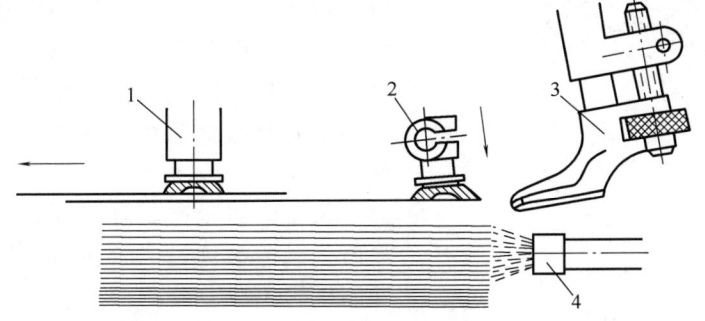

图3-2　气动式纸张分离机构
1—递纸吸嘴　2—分纸吸嘴　3—压纸吹嘴　4—松纸吹嘴

吸嘴机构、压纸吹嘴机构和递纸吸嘴机构等。

当气动式输纸机工作时，由松纸吹嘴将纸堆上部的纸张吹松，分纸吸嘴从吹松的纸张中分离出最上面的一张纸，压纸吹嘴一边在分离开的纸张下面吹风，一边用压纸脚压住未被分离的纸张，递纸吸嘴把分离出来的纸张送到输纸板上，纸张经输纸板到达前规和侧规处进行横向和纵向定位，如图3-3所示。侧规在输纸板左右各有一个，单面印刷时，习惯使用设备操作左边的侧规（在输纸板左边，图3-3未给出）；双面印刷时，当印

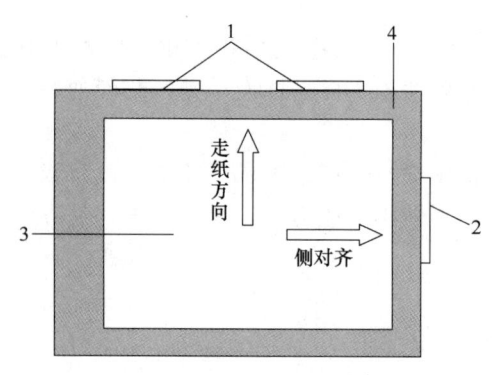

图3-3 纸张的定位机构
1—前规 2—侧规 3—纸张 4—输纸板

完正面再印背面时，就需要使用图3-3中输纸板右边的侧规进行定位，以保证双面印刷套印准确。定位完成后，纸张进入印刷部分开始印刷。在输纸板上配备有双张、空张、纸张歪斜检测装置，若出现故障，输纸机构会自动停止输纸。

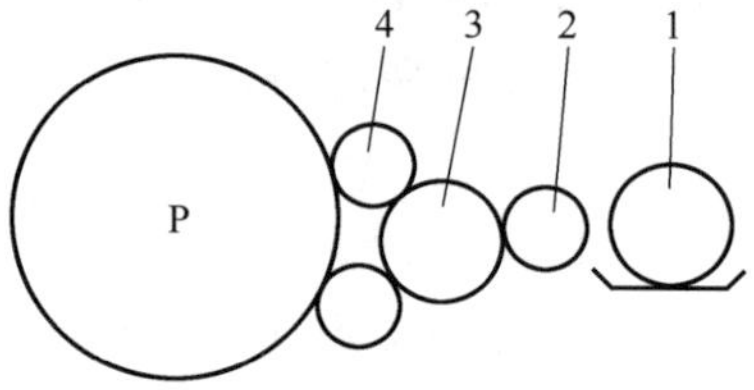

（2）印刷部分　纸张定位完成后，由递纸机构咬住纸张，前规让开，纸张进入印刷部分。

根据胶印的油水不相溶原理，安装在印版滚筒上的平印版在印刷前要先上水，因而胶印机有润湿装置（输水机构），如图3-4所示。

胶印机的润湿装置一般包括水斗辊、传水辊、串水辊和着水辊等。工作时，水斗辊间歇转动，将水传给传水辊，传水辊间歇摆动，将水传给串水辊，串水辊再将水传给着水辊，由着水辊将水传到印版上。

上完水的印版，在印刷前要由着墨机构（输墨装置）上墨。着墨机构一般包括墨斗、墨斗辊、传墨辊、匀墨辊、串墨辊和着墨辊等，如图3-5所示。工作时，墨斗辊将油墨从墨斗传给传墨辊，再由传墨辊将油墨传给串墨辊、匀墨辊，最后由着墨辊均匀地将油墨传递到印版滚筒上。在这一过程中，串墨辊轴向窜动，改变油墨的轴向分布；匀墨辊使油墨沿周向均匀分布。

胶印机的印刷装置主要由印版滚筒、橡皮滚筒、压印滚筒、离合压机构、传纸装置以及控制机构组成。胶印机三滚筒的常见排列方式如图3-6所示，目前多采用形式（b）。

当纸张进入印刷部分进行正常印刷时，控

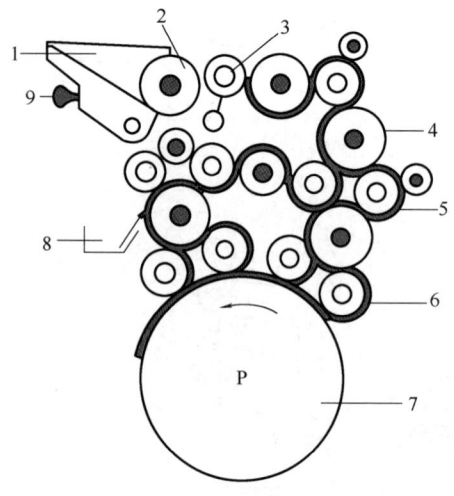

图3-5 着墨机构
1—墨斗 2—墨斗辊 3—传墨辊 4—串墨辊
5—匀墨辊 6—着墨辊 7—印版滚筒
8—洗墨槽 9—墨量调节螺丝

图3-4 润湿装置
1—水斗辊 2—传水辊
3—串水辊 4—着水辊

制离合压机构使印版滚筒、橡皮滚筒和压印滚筒按图 3-6 位置接触（即合压）进行印刷；停机或故障时，滚筒互相不接触，即离压。

当纸张从输纸板进入印刷部分或完成一色印刷进入下一色印刷时，由传纸滚筒或其他递纸装置完成纸张交接。纸张从输纸板进入印刷部分的滚筒式旋转递纸原理如图 3-7 所示。

(3) 收纸部分　单张纸胶印机的收纸部分多采用链条传送器，由收纸链条、收纸台和计

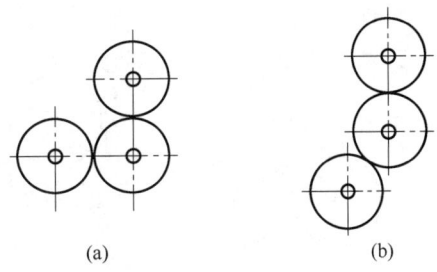

图 3-6　胶印机三滚筒的常见排列方式

数器等组成。收纸链条上的叼纸牙排将印张从压印滚筒接出，通过链条传动传送到收纸台上，收纸台上有自动撞齐装置撞齐纸张，计数器自动计数，纸张堆积到一定数量即可更换收纸台。

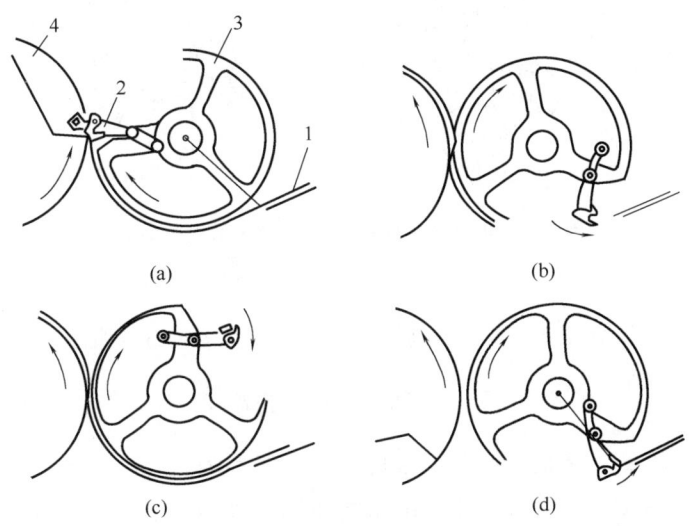

图 3-7　滚筒式旋转递纸原理
1—滚筒　2—摆臂　3—传纸滚筒　4—纸张

（二）卷筒纸胶印机

(1) 输纸部分　卷筒纸胶印机的输纸部分一般包括自动接纸装置、导送机构和制动机构。它既可以保证在不停机的情况下更换纸卷，同时又使纸带张力恒定且大小合适，保持印刷过程稳定。高速自动接纸过程如图 3-8 所示。当正在印刷的纸卷小到规定的直径时，纸卷回转支架开始回转并使新纸卷与纸带保持一定的距离，然后由加速带对新纸卷加速，待两者等速时，用毛刷进行粘接，最后切断旧纸带。

(2) 印刷部分　卷筒纸胶印机印刷部分与单张纸胶印机基本相同，但其滚筒排列方式除三滚筒型式外，还常用 B-B 型结构和卫星型结构等，如图 3-9 所示。

(3) 干燥部分　由于卷筒纸胶印机印刷速度快，如果纸张吸墨性差，印刷后油墨不能尽快干燥，就会出现背面蹭脏，影响印品质量。这时，就需要卷筒纸胶印机干燥装置。

(4) 收纸部分　卷筒纸胶印机的收纸部分有复卷装置和折页装置等。若印刷完成后，需另行进行印后加工处理的，可用复卷装置将纸带重新卷好。一般，印刷好的纸带都进入

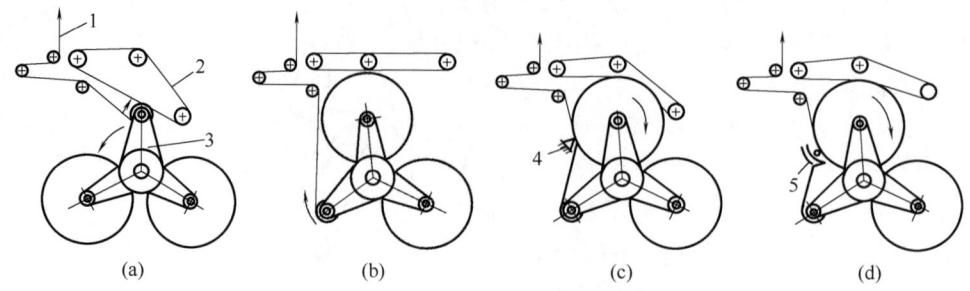

图 3-8　高速自动接纸原理
1—纸带　2—加速带　3—回转支架　4—毛刷　5—切刀

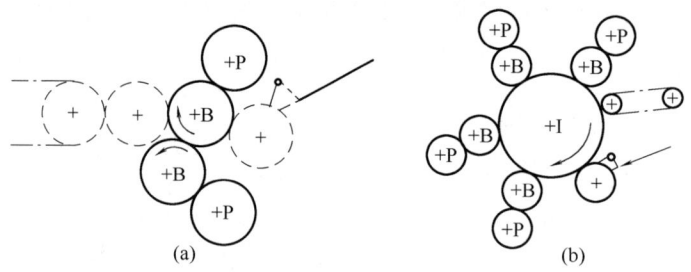

图 3-9　卷筒纸胶印机的 B-B 型和卫星型结构
(a) B-B 型　(b) 卫星型

折页装置进行折页、裁切等加工，使其成为一定规格的报纸或书帖。

二、平版印刷前的准备

(1) 准备印刷用纸　首先，检查纸张规格（纸张类型、尺寸、定量等）是否符合该产品生产作业指导书的要求，然后，检查纸张的印刷适性是否满足工艺要求。

(2) 准备油墨　印刷产品不同，所采用的纸张、油墨等材料也不同。要根据产品要求、印刷纸张和印刷色序确定所用油墨，调节油墨的黏性和流动性并确定油墨的用量。

(3) 准备润版液　胶印是利用油水不相溶的原理来完成印刷的。胶印过程中所用的水称为润版液，供印版润湿除脂，提高空白部分的亲水性以抵抗油墨的侵蚀，保持水墨平衡。

普通润版液由水、无机酸、无机酸盐和胶体等组成。目前常用的酒精润版液是以乙醇或异丙醇的水溶液润湿印版的一种润版液。根据配方不同，酒精润版液可以含有亲水胶体和电解质。由于酒精润版液可以降低水的表面张力，减少供水量，保持润版稳定性，因而使用广泛。

(4) 准备印版　为了避免印版上机后出现问题，在印刷前应进行印版复核，复核内容包括：印版的种类，印版的厚度，印版有无凹凸伤痕，背面有无异物，印版的色别、色调、规格，各种色标，规矩线，尺寸，版面图文以及网点质量等。

(5) 安排印刷色序　一般，四色胶印印刷色序采用黑、青、品红、黄或黑、品红、青、黄，但胶印的印刷色序安排应综合考虑印刷机、油墨、纸张以及印刷工艺的要求。例如，透明性差的油墨先印，透明性强的油墨后印；遮盖力强的油墨先印，遮盖力差的油墨后印；原稿以暖调为主的先印黑、青，后印品、黄；原稿以冷色为主的先印品，后印青；黏度大的油墨先印，黏度低的油墨后印等。

（6）准备橡皮布　胶印图文需从印版转移到橡皮布，再由橡皮布将图文转移到承印物表面。因此，要求橡皮布具有良好的弹性，在较小的压力作用下使滚筒处于完全接触的滚压状态；另一方面，橡皮布的使用减小了印版磨损，提高了印版耐印力。胶印用橡皮布表面应能被油润湿，并具有较强的疏水性、吸墨性和良好的传墨性能等。目前胶印主要采用气垫橡皮布，它在耐油性好的表面橡胶层下分布着许多封闭的充气球体，具有良好的可压缩性和瞬时复原性，不产生"凸包"，具有良好的印刷适性，适于高速印刷。

（7）准备衬垫　衬垫是校正滚筒压力时印版滚筒和橡皮滚筒切削量的填充物质，又称包衬。衬垫一般分为硬性衬垫、中性衬垫和软性衬垫三种。它们具有不同的挤压形变值和弹性。

硬性衬垫一般是在橡皮布下加衬纸，它以较小压力，较小的弹性获得图文墨迹的正确转移，印刷质量优于其他衬垫，但对设备和工艺要求较高，其橡皮布滚筒的包衬厚度小于 2 mm，挤压形变量（印刷压力）在 0.04～0.08mm。

中性衬垫在橡皮布下垫较厚的衬纸或薄橡皮布，软性衬垫则在橡皮布下垫毡呢和衬纸，二者橡皮布滚筒的包衬厚度和弹性依次增加，印刷质量则随着衬垫厚度的增加变差。

三、平版印刷

在做好以上准备工作后，就可以准备进行试印刷了。

在开机前，要安装、校准印版；检查纸路（包括输纸、传纸和输纸）；调整印刷压力；检查供水、供墨情况。

试印刷时，调整套印精度和水墨平衡；抽检印张检查质量并调整印刷参数；待设备印刷条件稳定，印张墨色达到样张要求后即可正式印刷。

在正式印刷过程中，应随时注意抽样检查，观察套印是否准确，抽检印张有无印刷故障，墨色深浅是否符合样张要求，水墨是否平衡，印版、纸路、墨路及机器工作状态有无异常等，确保印刷正常进行。

印刷结束后，应及时清洗输墨系统和输水系统，并对需留用的印版涂胶封版。

第三节　凹版印刷

凹版印刷是一种直接印刷方式，采用金属滚筒印版，印版耐印力高，印刷压力大，墨层厚实，印品层次丰富、色彩鲜艳、质感强，适于进行长版印刷活件的印刷，因此，凹版印刷是包装印刷的主要方式之一。

一、凹版印刷机

由于凹版印刷机采用圆压圆型印刷方式，因而又称为轮转凹印机。凹版印刷机按其供料方式可分为单张凹印机和卷筒型凹印机，可进行单色或多色印刷。

(一) 单张凹印机

单张凹印机的承印物主要是纸张。单张纸凹印机主要由输纸部分、印刷部分、输墨部分和收纸部分等组成,其输纸部分和收纸部分与胶印机基本相同,在此不再赘述。

(1) 输墨部分　凹印机采用短墨路输墨方式,无匀墨辊、串墨辊,输墨部分结构简单。单张纸凹印机的输墨部分由给墨装置和刮墨装置组成,二者有机结合,协调完成输墨作业。

单张纸凹印机的给墨装置有开放式和封闭式两类,开放式又有直接着墨和间接着墨两种形式。

直接着墨是将印版滚筒的一部分直接浸在墨槽中,印版滚筒转动使其满版上墨,再由刮刀将空白部分的油墨刮去,如图 3-10 所示。

间接着墨由半浸在墨斗中旋转的墨斗辊将油墨传给与其接触的印版滚筒,再用刮墨刀刮去空白部分的油墨,如图 3-11 所示。

封闭式给墨装置多采用喷淋方法对印版滚筒进行着墨,如图 3-12 所示。将印版滚筒置于密闭容器中,用喷嘴将油墨喷淋到印版滚筒上,由刮墨刀刮去空白部分的油墨并回收利用。封闭式给墨装置可以减少溶剂挥发,有利于保证油墨黏度稳定,防止环境污染,因而被广泛使用。

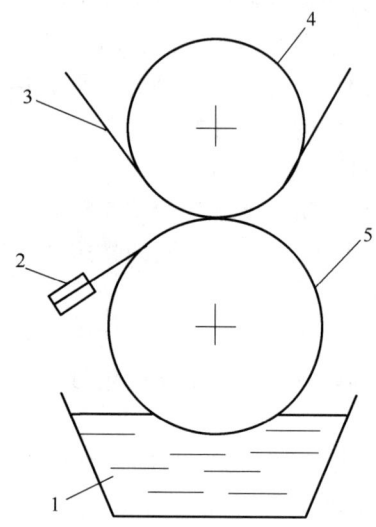

图 3-10　直接着墨示意图
1—墨斗　2—刮刀　3—承印物
4—压印滚筒　5—印版滚筒

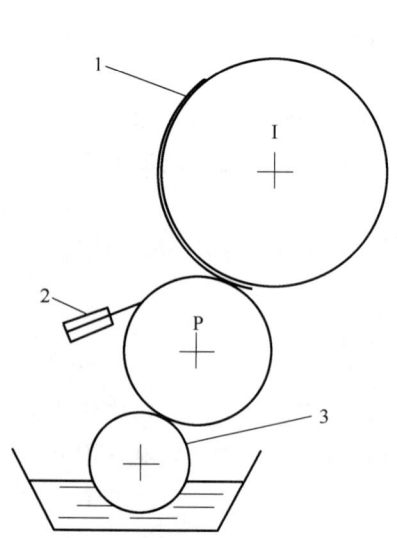

图 3-11　间接着墨示意图
1—承印物　2—刮刀　3—墨斗辊

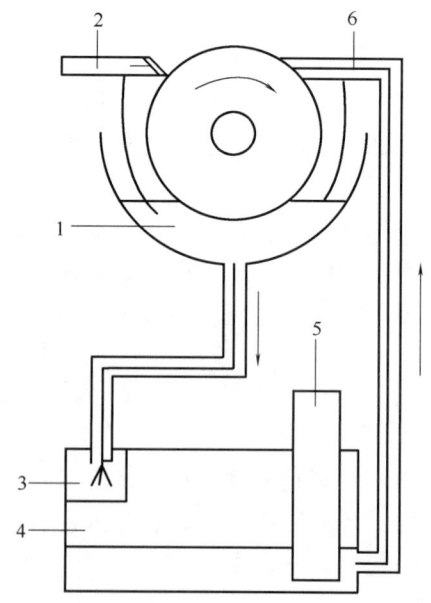

图 3-12　封闭式给墨装置示意图
1—墨槽　2—刮刀　3—过滤器
4—油墨箱　5—墨泵　6—喷墨管

（2）印刷部分　单张纸凹印机的印刷部分主要由压印滚筒和印版滚筒组成。其排列方式如图3-13所示，一般多采用垂直式和倾斜式两种滚筒排列方式。

由于凹印的印版滚筒和压印滚筒均为金属滚筒，为保证油墨良好转移，在压印筒上加有3.5mm衬垫，来调节压力。

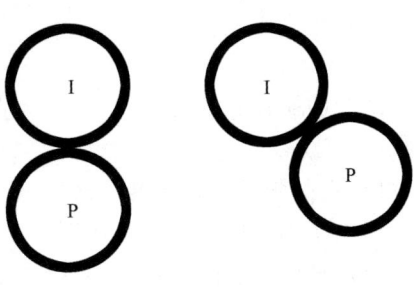

图3-13　凹印机滚筒排列方式

（二）卷筒凹印机

卷筒凹印机主要由开卷部分、输墨部分、印刷部分、干燥部分、收卷部分和附属装置组成。

卷筒凹印机的开卷部分、收卷部分、干燥部分与卷筒纸胶印机基本相同。

卷筒凹印机的输墨部分和印刷部分与单张凹印机基本相同。但在卷筒凹版印刷机的印刷部分有自动套准检测装置、对承印材料进行横向位置调节的自动正位装置、静电辅助印刷装置、油墨黏度自动调节装置、自动穿纸装置及自动停机装置等附属装置。

二、凹版印刷

在进行凹版印刷前，要根据印刷工艺作业单的要求，检查承印材料、准备印刷油墨、复核并安装凹印版、调整压印滚筒及安装刮墨刀等。

做好印刷前的准备后，就可以上墨，调整好刮墨刀及干燥温度，开始试印；调节自动套准装置，待套色稳定，开印样合格之后正式印刷；印刷过程中要注意检查印版滚筒、纸路、墨路及印刷机的工作状态；检查各色组套印精度；检查印品有无故障；严格防火、防爆并及时排除有害气体；印刷完成后，要及时落版、清洗印版滚筒；拆卸、清洗刮墨刀和墨槽。

第四节　凸版印刷

凸版印刷作为一种直接印刷方式，根据其所用印版不同，也有很多设备形式。凸印版有金属活字凸版、铜锌凸版、复制凸版、感光树脂凸版、电子雕刻凸版和柔性版等多种形式。目前，柔性版印刷是凸版印刷的主要印刷形式。

柔性版印刷是使用柔性印版，通过网纹辊传递油墨的印刷方式，它兼有凸印、胶印和凹印三者的特点。论印版结构，柔性版图文部分高于空白部分，具有凸版印刷的特点；论印刷方式，由于柔性版具有高弹性，类似于胶印中的橡皮布，因而具有胶印的特点；论输墨机构，柔性版印刷的网纹辊传墨方式与凹印相似，结构简单，具有凹印的特点。此外柔性版印刷制版周期短，制版设备简单；承印材料广泛，印刷速度快，效率高；在设备允许的条件下可以进行连线烫金、模切、复合等多种形式的后加工，有的柔性版印刷机还有丝印、凹印、胶印等单元，生产灵活性高；特别是可采用无污染、干燥快的水性墨，具有环保的优点，可广泛用于包装装潢产品的印刷。随着新型柔性版材的应用和柔印技术的进步，柔性版印刷质量大大提高，因此，柔性版印刷得以广泛应用，市场占有率在不断上升。

一、凸版印刷机

凸版印刷机经历了从平压平型凸印机、圆压平型凸印机到圆压圆型凸印机的发展过程。

（一）凸版印刷机的几种形式

凸版印刷机的结构有平压平型凸印机、圆压平型凸印机和圆压圆型凸印机等形式。

（1）平压平型凸印机　图3-14所示，平压平型凸印机印刷速度低、印刷质量不高、印刷幅面较小。

（2）圆压平型凸印机　图3-15所示，圆压平型凸印机印版版台为平面，压印部件采用滚筒形式，二者接触进行压印，完成印刷。圆压平型凸印机比平压平型凸印机印刷效率高、印刷幅面大，印刷压力小。

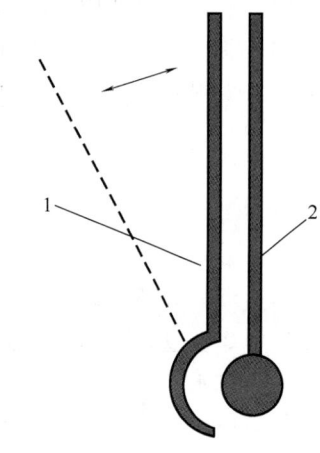

图3-14　平压平型凸印机示意图
1—压印版　2—印版

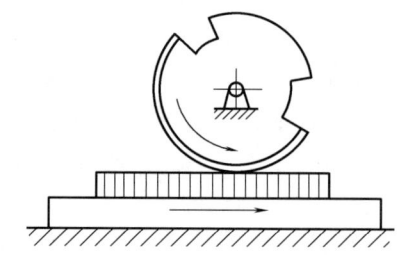

图3-15　圆压平型凸印机示意图

（3）圆压圆型凸印机　如图3-16所示，圆压圆型凸印机的压印机构和印版装置均为圆形滚筒，故称为凸版轮转印刷机。印版安装在印版滚筒上，然后由压印滚筒施压完成印刷。圆压圆型凸印机根据给纸方式可分为单张纸轮转凸印机和卷筒纸轮转凸印机。由于圆压圆型凸印机结构简单、没有机构往复运动，所以机器运动平稳，印刷速度高，有利于进行双面、多色印刷。

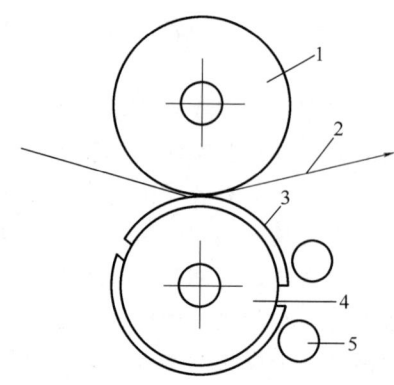

图3-16　圆压圆型凸印机示意图
1—压印滚筒　2—承印物　3—印版　4—印版滚筒　5—着墨辊

（二）柔性版印刷机

1. 柔性版印刷机的分类

柔性版印刷机是卷筒型轮转印刷机。根据柔性版印刷机的印刷幅面，把印刷幅面小于600mm的柔性版印刷机称为窄幅柔性版印刷机，而印刷幅面大于600mm的柔性版印刷机则称为宽幅柔性版印刷机。

根据柔性版印刷机的机组排列形式，可以把柔性版印刷机分为卫星式、层叠式和机组式三类。

卫星式柔性版印刷机（图 3-17 所示）的各印刷色组共用一个压印滚筒，承印物在压印滚筒上一次完成多色印刷，套印精度高。

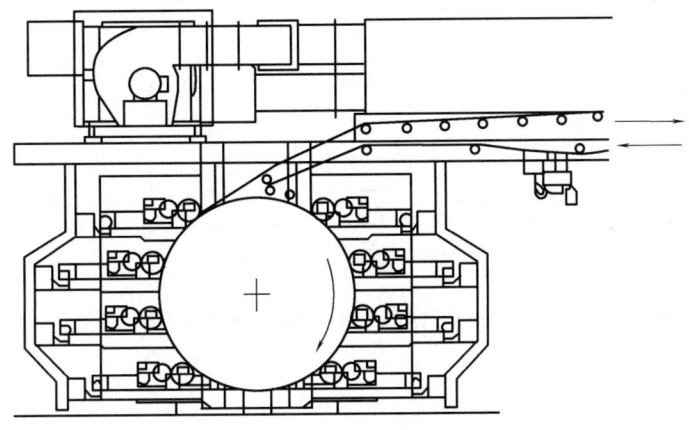

图 3-17　卫星式柔性版印刷机示意图

层叠式柔性版印刷机（图 3-18 所示）的印刷机组采用分层排列方式。其特点是安装占地面积小，可实现双面印刷，但多色套印精度不高。

机组式柔性版印刷机（图 3-19 所示）的印刷机组相互独立呈水平排列。这种结构方式易实现机组模块化，能方便地配备丝网印刷、凹版印刷、上光、模切、烫印等加工单元，适用于单张的纸张、纸板、瓦楞纸等硬质材料以及卷筒纸印刷，可进行单、双面印刷。我国的柔性版印刷主要采用机组式柔性版印刷机。

2. 柔性版印刷机的组成

无论是卫星式柔性版印刷机、层叠式柔性版印刷机还是机组式柔性版印刷机，一般都由开卷部分、印刷部分、干燥部分、收卷部分等组成，其开卷部分和收卷部分与其他卷筒印刷机相类似，在此不再讲述。

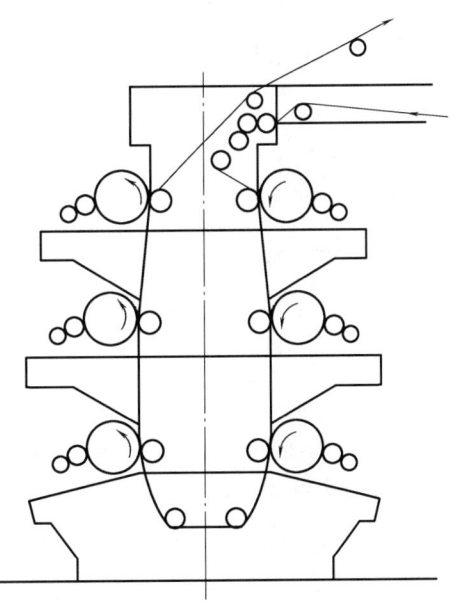

图 3-18　层叠式柔性版印刷机示意图

柔性版印刷机采用短墨路输墨系统，它的输墨系统有以下四种类型：

① 墨斗辊—网纹传墨辊输墨系统。这是一个双辊式输墨系统，如图 3-20 所示，它的输墨系统主要由一个橡皮墨斗辊和一个网纹传墨辊组成。网纹辊和橡皮辊表面滚动摩擦，磨损小，网纹辊使用寿命长。但这种传墨系统在高速印刷条件下会出现传墨量过多的故障，而且墨量传递不均匀。所以，双辊式输墨系统适用于中、低档柔性版印刷机，可满足一般印刷品要求。

② 网纹辊—刮墨刀输墨系统。这是一种刮刀式输墨系统，如图 3-21 所示，网纹辊的一部分直接浸在墨斗中旋转，刮墨刀把网纹辊上多余的油墨均匀地刮下来，使网纹辊能定

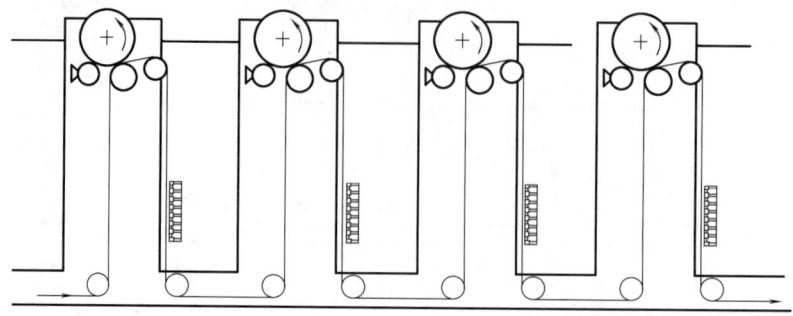

图 3-19 机组式柔性版印刷机示意图

量传墨。采用这种输墨系统的柔性版印刷机可以使用各种黏度的油墨，在高速印刷时获得高质量的印刷品。

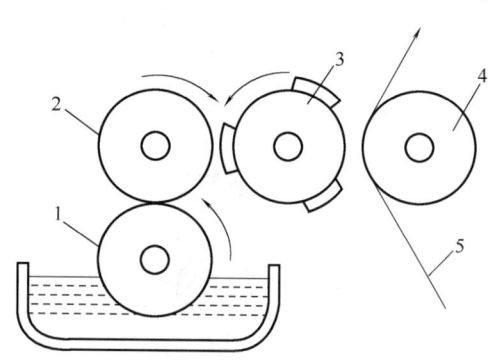
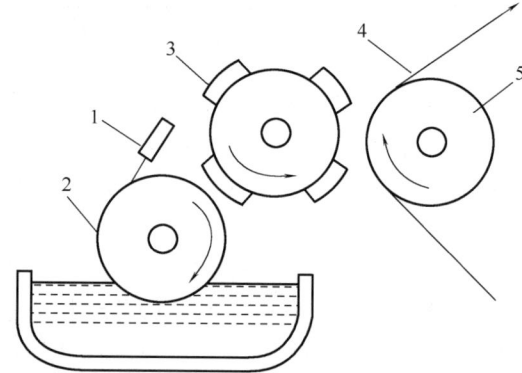

图 3-20 双辊式输墨系统
1—橡胶辊 2—网纹传墨辊 3—印版滚筒
4—压印滚筒 5—承印物

图 3-21 网纹辊—刮墨刀式输墨系统
1—刮墨刀 2—网纹传墨辊 3—印版滚筒 4—承印物 5—压印滚筒

③ 综合式输墨系统。这种输墨系统实质上也是一种网纹辊—刮墨刀输墨系统，如图3-22所示。网纹辊由墨斗辊供墨，网纹辊上多余的油墨由刮墨刀刮去。

④ 墨槽—刮墨刀输墨系统。这是一种全封闭输墨系统，如图3-23所示，在全封闭的

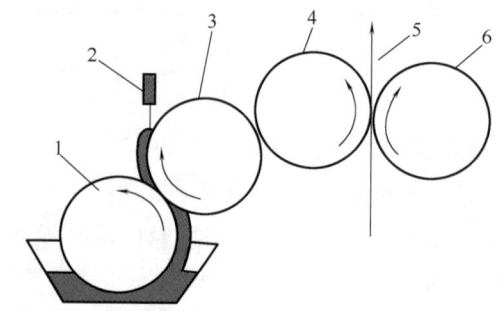
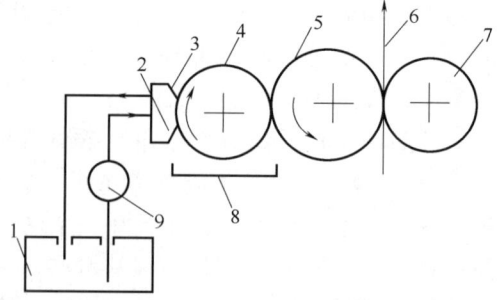

图 3-22 综合式输墨系统
1—墨斗辊 2—刮墨刀 3—网纹传墨辊
4—印版滚筒 5—承印物 6—压印滚筒

图 3-23 墨槽—刮墨刀输墨系统
1—储墨容器 2—正向刮墨 3—反向刮刀 4—网纹传墨辊 5—印版滚筒 6—承印物 7—压印滚筒 8—接墨盘 9—墨泵

墨槽中配有两把刮刀，正向刮刀起密封作用，反向刮刀起刮墨作用。这种设计既可以避免溶剂型油墨的溶剂挥发和水性油墨易产生气泡的问题，又能使网纹辊在高速印刷时传墨量恒定，防止高速印刷时的飞墨现象。因此，在卫星式柔性版印刷机上广泛采用并逐渐推广到机组式柔性版印刷机。

在上述四种输墨系统中，网纹辊是保证其传墨、匀墨质量的关键。网纹辊有金属镀铬网纹辊和陶瓷网纹辊，辊子上有经电子雕刻或激光雕刻形成的网穴，根据辊子材料和用途不同，网穴形状、网穴角度和线数不同。

二、柔性版印刷前的准备

柔性版印刷主要用于纸张和塑料薄膜印刷，其印刷前的准备工作主要包括以下内容。

（1）网纹辊的选择　在柔性版印刷中，若原稿以大面积色块和较粗的字体为主，网纹辊线数要低；而对于细小文字和网点图像等精细原稿，网纹辊线数应高些。若承印物表面粗糙，吸墨性好，应选择线数低的网纹辊；反之，则线数要高。

（2）油墨的准备　柔性版印刷多用水性油墨和UV油墨。水性油墨采用水基连结料，不污染环境。UV油墨依靠紫外光照射固化，其主要成分是颜料、预聚物、活性单体、光引发剂和助剂，无溶剂挥发。

（3）刮墨刀的安装调整　刮墨刀的压力不宜调得过大，以可将网纹辊表面多余油墨全部刮掉为限，避免损伤网纹辊。

（4）柔性版印版的安装　一般采用专用的贴版机将清洁过的印版用符合要求的双面胶带安装在光洁的印版滚筒上。安装时要注意调整贴版机的基准，考虑印版的尺寸、安装位置，以及印版与印版滚筒是否粘贴紧密等。

此外，还可以把未曝光的感光树脂版拼贴在印版套筒上，再去制版，制成的套筒印版可直接安装在气撑式版辊上，避免了印版安装时的变形和尺寸误差。

除以上印刷前的准备工作外，还应考虑印刷色序、准备承印材料等。

三、柔性版印刷

做好印刷准备工作之后，就可以上卷料，安装网纹辊和印版滚筒，调整印刷压力，然后开机试印刷。同时，在试印过程中，要及时调整纵向套准、横向套准、墨量、油墨黏度、网纹辊线数等。待试印出合格产品后开始正式印刷。

印刷过程中，要注意随时检查印版、纸路、墨路及印刷机的工作状态；检查印品套准、颜色以及油墨干燥情况，调节料卷张力等，如有问题及时调整。

第五节　孔版印刷

孔版印刷是一种直接印刷方式，其印版的印刷部分由孔洞组成可以透过油墨，空白部分没有孔洞不能透过油墨。孔版印刷设备可根据不同印刷需求，设计成不同形式，既可在平面上印刷，也可在各种规则或不规则曲面上印刷，应用范围极广。同时，孔版印刷的承印物范围非常广泛，包括但不限于纸张、纸板、瓦楞纸、塑料、纺织品、金属材料、玻璃、建材、印刷电路板等。孔版印刷的印版有誊写版、镂空版和丝网版等多种形式。其中，丝网印刷由于具有墨层厚实、印品立体感强、可进行曲面和粗糙表面印刷等优点而成为应用最广的孔版印刷方式。本节主要介绍丝网印刷。

一、丝网印刷机

(一) 常见丝网印刷机的分类

丝网印刷机的分类有：

(1) 按丝网印刷机的自动化程度，丝网印刷机可分为手动式丝网印刷机、半自动式丝网印刷机、全自动式丝网印刷机和联动式丝网印刷机。

半自动丝网机的上下工件由手工完成，而承印装置的升降、刮墨与回墨的往复运动、网框的起落、印件的吸附与套准、空张控制等均为自动控制。联动式丝网印刷机除了有自动送料机构、自动丝印装置和烘干装置外，还可进行诸如烫金、模切、压痕、边料剥离等加工。

(2) 按丝网版和承印平台的形式，丝网印刷机可分为平网丝网印刷机和圆网丝网印刷机。

① 平网丝网印刷机。网版为平面，印刷方式采用间歇往复运动形式，或是丝网版固定，刮墨板往返；或是刮墨板固定，丝网版往返，如图 3-24 所示。

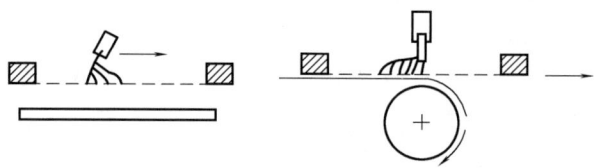

图 3-24　平网丝网印刷机的工作原理

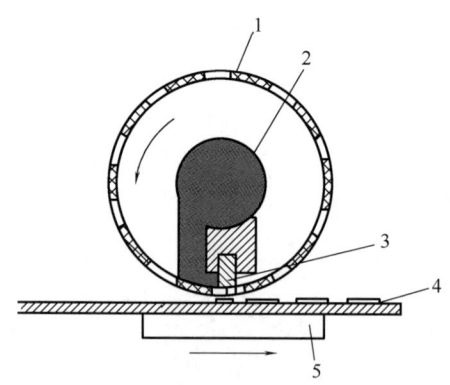

图 3-25　圆网丝网印刷机
1—圆网版　2—供墨辊　3—刮墨板　4—承印物　5—承印台

② 圆网丝网印刷机。圆网丝网印刷机的原理如图 3-25 所示，其网版为圆形滚筒，圆形滚筒内部有供墨辊和刮墨板。工作时，网版滚筒连续旋转，刮墨板不动。

圆网丝网印刷机根据其承印台的不同可分为圆网平台丝网印刷机和圆网滚筒平面丝网印刷机。圆网平台丝网印刷机的承印台为平面形式，圆网滚筒平面丝网印刷机的承印台则为圆形滚筒。

(3) 按丝网印刷机和承印物形状，丝网印刷机可分为平面丝面印刷机和曲面丝网印刷机。

曲面丝网印刷机如图 3-26 所示，印刷时，丝网版水平移动，承印物与丝网版同步移动，刮墨板刮印。更换其承印台附件，可以在圆柱面、圆锥面、球面、椭圆面的玻璃器皿、塑料制品、陶瓷制品和金属制品上印刷。

(二) 丝网印刷机的构成

丝网印刷机主要由印版装置、印刷装置、干燥装置以及传动装置、控制装置组成。

丝网印刷机的印版装置相对比较简单。如平面网版的印版装置由丝网和框架组成，丝网版在印刷时固定于印版装置上。

丝网印刷的印刷装置主要有刮墨系统和回墨系统。刮墨板和回墨板安装在刮墨刀滑架上，在往复运动时两者交替起落，进行刮墨和回墨。刮墨板的高低、压力和刮印角度可根据需要调整。在一次刮印之后，回墨板把油墨送回起始端并均匀地在丝网版上敷上一层油墨，以便再次印刷。

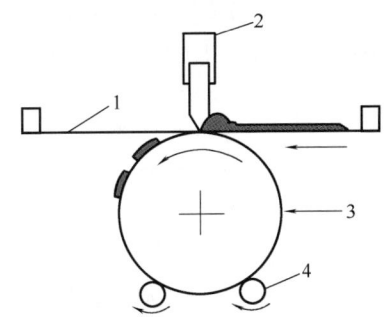

图 3-26　曲面丝网印刷机
1—丝网版　2—刮墨板
3—承印物　4—滚轴

由于丝网印刷墨层厚，因此多色丝网印刷机和自动化程度较高的丝印生产线装有干燥装置。

二、丝网印刷前的准备

丝网印刷的准备工作大致有以下几个方面：

（1）承印物的准备　丝网印刷的承印物范围广泛，印刷前，还需根据承印物尺寸对承印台进行调整。不同的承印物在印刷前要进行适印处理，使其具有一定的印刷适性。如塑料薄膜要进行电晕处理，增强对油墨的亲和性；对丝绸等柔软易变形的承印物，如多色套印或产品质量要求较高时，需做定型处理等。

（2）印版的检查与安装　检查丝网版内容是否正确，版面是否清洁、印版是否完好无损、非图文部分是否会有漏墨现象等。检查完毕后，按要求在承印台上对丝网版进行定位安装。

（3）油墨的准备　丝网印刷承印物不同，其油墨的性能选择也各不相同。纸张常选用挥发干燥型油墨和氧化聚合干燥型油墨；塑料选用挥发干燥型油墨；而纺织品则多用水性墨或水性涂料印浆。

丝印油墨的黏度对印刷来说非常重要。使用时，要根据原稿特点、丝网目数、印刷速度、车间环境、承印物种类等采用助剂对油墨黏度进行调整。

（4）刮墨板的调整　丝网印刷中油墨的转移是由刮墨板施压来完成的。刮墨板在使用时应保持适当的压力和刮印角。压力的大小以丝网版接触承印物表面，既能保证印刷质量，又不易造成刮墨板和丝网版的磨损为宜。刮印角是指印刷面与刮墨板在进行刮印时的夹角，一般情况下，平面网印的刮印角取 20°～70°，曲面印刷的刮印角取 30°～65°，具体角度需综合考虑刮墨板的硬度、压力、油墨性能、承印材料的性能和形状等。

刮墨板的常用材料是天然橡胶、氯丁橡胶、聚胺酯橡胶、硅橡胶和氟橡胶等。刮墨板的形状如图 3-27 所示，a 多用于纸和薄膜

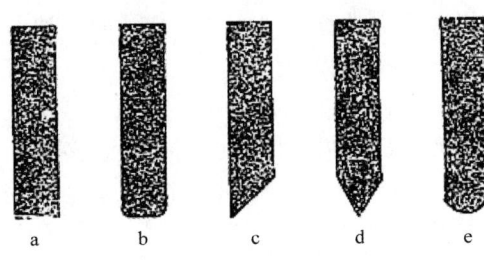

图 3-27　刮墨板的形状

印刷，b 适合墨层较厚的印品，c 主用于玻璃、陶瓷、金属及木质材料印刷，d 主要用于曲面印刷，e 适用于纺织品印刷。

三、丝网印刷

丝网印刷的印刷工艺过程包括：

给料（上承印物和油墨）—匀墨—接触（刮墨板施压，丝网版与承印物呈线接触）—刮印与剥离—收料。

在正式印刷前要进行试印，试印样张符合要求后，即可签付印样正式印刷。正式印刷时要检查抽样样张的色彩、阶调层次以及清晰度变化，如有故障，及时进行调整。

第六节 数字印刷

数字印刷（又称数码印刷）一词在 1995 年的德国德鲁巴（Drupa）国际印刷展上首次出现。数字技术和网络技术的迅速发展，对传统印刷业造成很大的冲击，也在快速改变着印刷业的格局。同时，人们对印刷品的消费需求也随着技术的发展逐渐改变，例如：电子媒体发展迅速，人们的阅读习惯逐渐改变，报纸逐渐被电子媒体取代；书刊单个订单印量减少但订单数增加；在某些包装印刷产品上出现小批量个性化倾向等。印刷正在由原来的长版印刷、单一的印刷产品消费逐渐演变到短版印刷、按需印刷以及印刷信息可变的个性化印刷消费。数字技术已经不再局限于原来的印前，而是延伸到印刷、印后，以至于发行、销售整个生产过程，对传统印刷过程进行渗透和扩张。数字化、网络化、全球化将是今后印刷业的发展趋势。

随着数字印刷技术的迅猛发展，2011 年国家新闻出版总署为规范我国数字印刷经营活动，促进数字印刷业健康发展，根据《印刷业管理条例》的有关规定，新制定了《数字印刷管理办法》。

为配合《数字印刷管理办法》的施行，国家新闻出版总署发布了《生产型数字印刷机目录（2011 年）》，并于 2012 年、2015 年几度更新。2017 年 3 月 6 日，国家新闻出版广电总局印发了《生产型数字印刷机认定指标（2017 年）》。2017 年 10 月 23 日，根据《生产型数字印刷机认定指标（2017 年）》，国家新闻出版广电总局在其网站公布了《生产型数字印刷机参考目录（2017 年）》，列入目录的生产型数字印刷机数量由 2011 年的 151 种增至 436 种。

一、数字印刷的概念

数字印刷是将原稿上的图文信息数据化，并将数字文件直接转换成印刷品的一种印刷方式，即实现原稿——印刷品的全数字化过程。数字印刷过程中无需印版，通常也不需要压力。

因此，要实现数字印刷必须具备以下特征：①数字印刷需要印刷的图文信息必须是经过数字化的信息；②数字化的印刷成像工艺和设备，不需要任何中间的模拟过程或载体介入。

虽然传统印刷也需要将原稿图文数字化，但其成像工艺和设备属于模拟生产过程。随着技术的进步，目前一些传统印刷机虽然可以对印量在 1000 份甚至印量更少一些的印刷品做出相对以前快速一些的反应，但其在时效和经济性方面无法与数字印刷相比较，更不要说一张起印或者在一个连续活件中每张印刷品完全不同的情况。

传统印刷的工艺流程一般为：原稿数字化—拼版—打样—制版—安装印版—印刷。而数字印刷的流程则简化为：原稿数字化—拼版—印刷。生产流程简化、设备较传统印刷机占地少、短版订单响应快速以及印刷品张张可变的特点，不仅使得数字印刷区别于传统印刷，同时也带来行业模式的变革。

二、数字印刷的应用领域

（1）短版印刷　简而言之，短版印刷是指印量较少的印刷活件。但在传统印刷企业，比如以胶印为主的书刊印刷厂，以前通常将印量在 3000 份以下的活件称为短版活件，但在激烈的市场竞争和设备效率提高的情况下，部分印刷机生产厂和印刷厂将目光瞄准了印量在 1000 份左右的短版印刷市场，从而使短版的含义发生着变化。目前的短版印刷通常指印数 1000 份以下的印刷活件。相较于传统印刷而言，由于数字印刷流程无需制版、装版和复杂的调试过程，因而成本更低，更适合短版印刷。

（2）按需印刷　按需印刷一般指按客户对产品的数量、时间及其他方面有特殊要求的印刷业务。按需印刷与短版印刷的区别是：短版印刷只是一次印刷，不过印数少而已；按需印刷是需要多少印多少，以后什么时候需要就什么时候印。按需印刷不仅避免了资源的浪费，也提高了经济效益和工作效率，数字文档可重复使用。

（3）可变数据印刷　可变数据印刷又称个性化印刷，是指印刷的页面内容由可变部分和固定部分组成，固定部分通常称为静态数据或模板部分，它是不变量；可变部分通常是一些变量，由数据库提供，它随着数据库中记录的变化在印刷的版面上进行自动的变化，从而使每份印刷品保持独特性，形成个性化的印刷品。固定内容可以根据印量选择用传统印刷或与可变部分同时印刷，可变数据则应根据它们在页面的位置分段印刷。

（4）先发行后印刷　传统印刷一般先有订单，然后批量印刷，再通过发行渠道传送到读者手中。数字印刷在网络技术的支持下，利用数字文件可重复多次使用的特点，则可反其道而行之，即先发行后印刷。制作好的出版物，得到读者认可后，再在当地的输出单位用数字印刷机印刷。实际上这也是网络出版的方式。

（5）传统印刷与数字印刷的混合　这种情况一方面出于可变数据印刷品的固定模板印刷量较大，可先将固定模板部分用传统印刷印好，然后再用数字印刷机印刷可变数据部分；另外一种情况则是某一印刷品的某些独立页面根据客户要求需要用数字印刷实现，而其他的部分则用传统印刷完成，也可以看做是按需印刷的一种类型。

三、主流数字印刷技术简介

关于数字印刷企业的生产设备，《数字印刷管理办法》要求数字印刷企业必须拥有一台以上的生产型数字印刷机。办法中的生产型数字印刷机是指具备较高的印刷速度，印刷质量稳定，能实现工业化连续、批量生产的数字印刷设备。《生产型数字印刷机参考目录（2017）》中的生产型数字印刷机分别采用了静电数字印刷技术、喷墨数字印刷技术和磁记录成像技术。

(一) 静电数字印刷

静电数字印刷采用静电照相原理，以绝缘性光导材料作为光敏材料，它在暗处是绝缘体，电阻率较高；而在亮处，其电阻率大大下降成为导体。利用光导体这一特性，可以形成静电潜影，经显影、定影处理，可得到稳定的影像。静电数字印刷机、静电复印机和激光打印机，都是基于静电照相原理的产物。

光导材料可分为无机光导材料和有机光导材料。常用无机光导材料包括无定形硒、硫、硒合金、金属氧化物（氧化锌、二氧化钛等）、金属硫化物（硫化银、硫化锌、硫化镉等）。常用有机光导材料有聚乙烯咔唑及其各种衍生物等。由于硒作为光导材料被广泛应用，所以习惯上将表面涂布有光导材料的圆筒形感光鼓称为硒鼓，尽管它们可能涂布有硒以外的其他无机或有机光导材料。

下面以激光打印机为例说明静电照相工作原理，如图3-28所示。

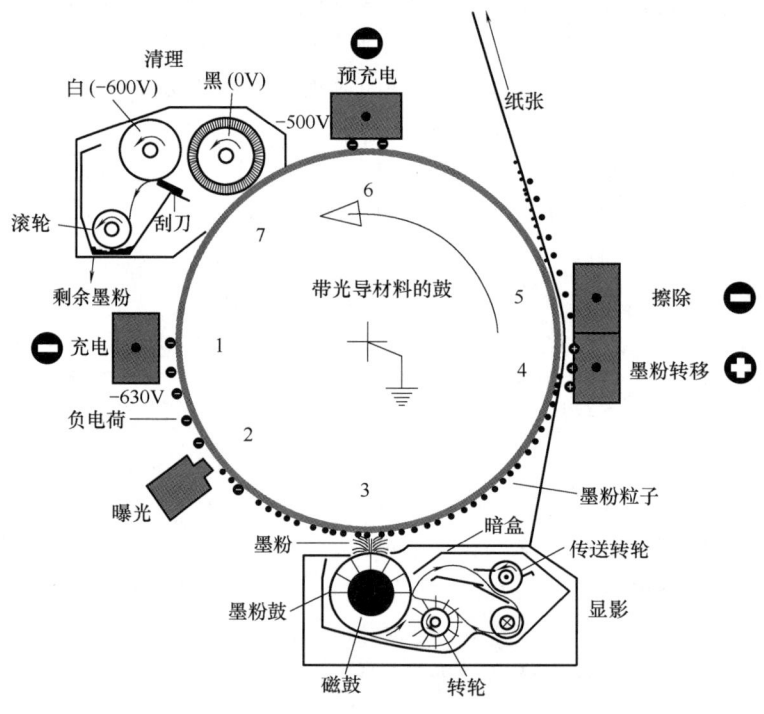

图3-28 静电印刷工作原理图

（1）充电 采用电晕导线或电晕管为充电装置，当光导体处在无光照射的状态时，由充电装置放电，使光导鼓或光导带表面带有均匀分布的电荷，为成像光源在光导体表面曝光做好准备。

（2）曝光 曝光是形成静电潜像的过程，也称为放电。根据计算机描述的页面信息，由激光调制成二进制的点阵形式，并由激光束扫描感光鼓，光照部分电阻下降，电荷通过光导体流失，而未感光部分仍然保留着电荷，从而在感光鼓表面形成静电潜像。

（3）显影 经过曝光后的光导鼓表面原来均匀分布的电荷变成非均匀分布，形成了电荷电位高低不同的静电潜影，墨盒内带有负电荷的墨粉被感光鼓表面已感光部分吸附，变成着墨部分，原来未曝光的部分则不吸附墨粉，即不着墨，形成与页面图文内容对应的墨粉影像。

（4）墨粉转移　显影使墨粉颗粒从显影装置转移到光导鼓或光导带表面，这种迁移结果是临时性的，必须再次转移到纸张，才能产生最终的印品。转移过程需要在纸张的反面进行充电，目的是使纸张带有与墨粉颗粒极性相反的电荷。

（5）熔化与定影　墨粉颗粒转移到纸张后尚未与纸张牢固地结合，还需对墨粉进行熔化处理。定影与熔化几乎同时完成，借助于墨粉内树脂与纸张的黏结力建立永久性图像。

（6）清理　熔化定影结束后，光导材料表面还残留着未转移到纸张的墨粉颗粒以及残留电荷，需要用电晕装置、刮刀或者放电灯泡等加以清理。

彩色静电数字印刷机可以用单一机组印刷多次，也可以设计成机组形式一次通过完成多色印刷。

（二）喷墨数字印刷

喷墨数字印刷是一种非接触式的无版成像复制技术，其基本原理是通过控制细微墨滴的沉积，在承印材料上产生需要的颜色与密度，从而形成印刷品的一种复制技术。

由于喷墨复制技术具有记录分辨率高、打印速度快、复制结果稳定、可表现的色域宽、易实现大幅面输出、整机结构简单等优点，因而得到广泛应用。

按喷墨方式可以将喷墨复制技术分为连续式喷墨和随机式喷墨两大类。

1. 连续式喷墨印刷

连续式喷墨印刷机的喷墨头上的喷嘴通过细小的管道与盛放墨水的容器相连。当需要喷墨时用墨水泵对墨水施加适当压力，使墨水从喷嘴中喷出一束细小的液流，这种喷射过程在打印时连续进行，故称为连续式喷墨技术。连续喷墨需要加压机构，对不参与记录的墨滴须附加回收装置。连续式喷墨印刷机又分为连续式、连续阵列、连续区域阶调可调喷墨印刷。

（1）连续式喷墨印刷　连续式喷墨印刷按参与记录的墨滴是否偏转又可分为三种，如图 3-29 所示：

① 连续偏转墨滴复制技术。参与记录的墨滴带电并在磁场内发生偏转，越过拦截器到达纸面形成图文，不参与记录的墨滴不带电不偏转而被拦截回收，如图 3-29（a）所示。

② 连续不偏转墨滴复制技术。不参与记录的墨滴偏转被回收，参与记录的墨滴不偏转，如图 3-29（b）所示。

③ 无静电分裂墨滴喷墨印刷。参与记录的墨滴直飞，但不参与记录的墨滴不发生偏转，而是在经过电极环时被感应上大量电荷，从而再次分裂成更细小的墨雾，失去飞行惯性，被遮挡板挡住并被回收，如图 3-29（c）所示。

（2）连续阵列喷墨印刷　这种印刷机的打印头由许多个喷嘴按阵列方式排列组成。每个喷嘴均可喷射出连续的墨水液流，但液流中的每一个墨滴又可以被独立控制。实际上每个喷嘴是两个电子喷头的组合，其中一个喷头是蚀刻在金属板上的单列小孔，其水平方向的分布密度就是该喷墨印刷机的记录分辨率；另一个喷头则是用于控制喷射液流的充电装置。图 3-30 为以色列 Scitex Digital Printing 公司生产的 VersaMark Inkjet 连续阵列喷墨彩色数字印刷机喷嘴排列图。

（3）连续区域阶调可调喷墨印刷　一般喷墨印刷机输出时一个记录墨滴仅对准一个打印点，而这种印刷机能使多个墨滴对准同一打印点，每一打印点的层次级可达 32 级，相

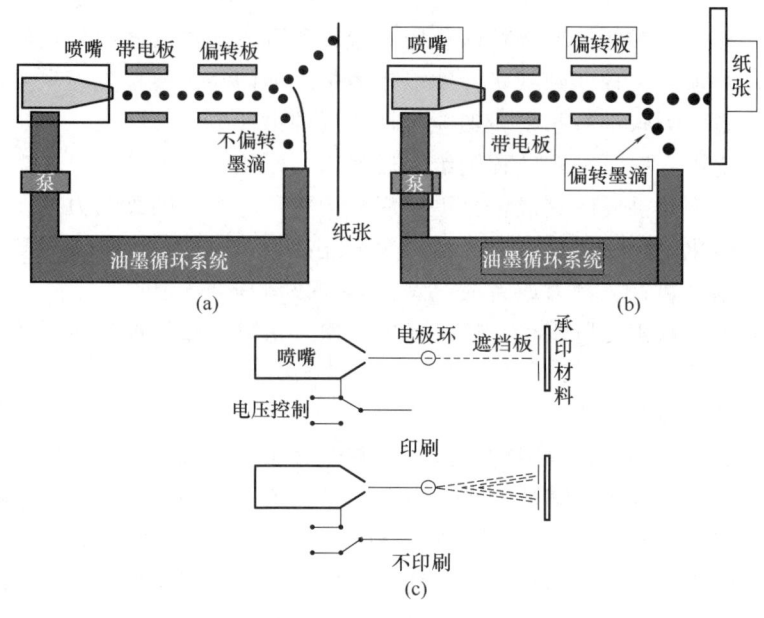

图 3-29 连续式喷墨印刷工作原理图

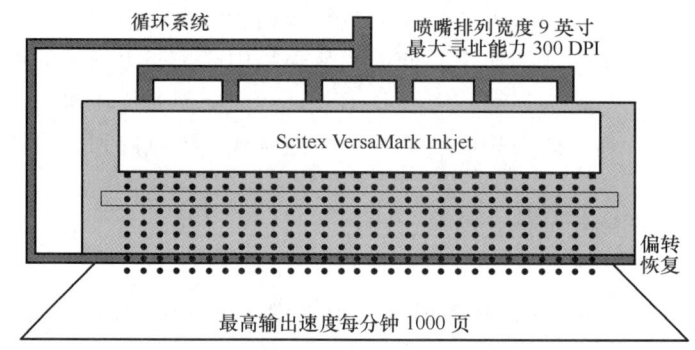

图 3-30 VersaMark Inkjet 连续阵列喷墨彩色数字印刷机喷嘴排列图

当于改变墨层厚度,产生类似于凹印的复制效果,打印质量接近照片。但打印速度较慢,一般多用于彩色打样。典型机型如赛天使公司的 Iris 彩色喷墨打印机,该机输出幅面可达 30inch×40inch,分辨率 300dpi,使用染料基油墨,通常需在图像表面覆膜,以防止紫外线使图像褪色。

2. 随机式喷墨

随机式喷墨技术又称即时喷墨,由喷嘴供给的墨滴只有在需要时才喷出,非图文部分无墨滴喷出,因此可称为按需喷墨。这种喷墨方式无需墨水循环系统,不要墨水加压泵、墨水过滤器和墨水回收装置,因而结构简单、紧凑,设备成本低,且工作可靠性高。另外由于墨滴喷射速度通常低于连续式喷墨印刷机,此类设备的输出速度受到喷射惯量的影响,记录速度较慢。为了提高打印速度,通常采用增加喷嘴数量的方法加以解决,喷头常设计成单列、双列或多列结构。

随机式喷墨印刷机分为气泡式喷墨和压电式喷墨两种形式。

气泡式喷墨利用电热换能器产生墨滴,其工作原理如图 3-31 所示。喷嘴的墨水腔中充满墨水,加热元件加热,墨水汽化形成气泡,使腔内压力增大,驱动墨水从喷嘴喷出。然后气泡破裂,喷出的墨滴断离,加热元件冷却,依靠毛细管作用,从墨水盒中吸入墨水并填满墨水腔。

压电式喷墨技术利用压电换能器产生墨滴,其工作原理如图 3-32 所示。当喷头内的压电晶体被电流激励(以 50~100Hz 频率振动)时,压电晶体发生变形,表面向墨水腔一侧凸起呈半月形,从而推动墨滴从喷嘴中喷出。失去电流后晶体恢复原形,腔内再次注满墨水。

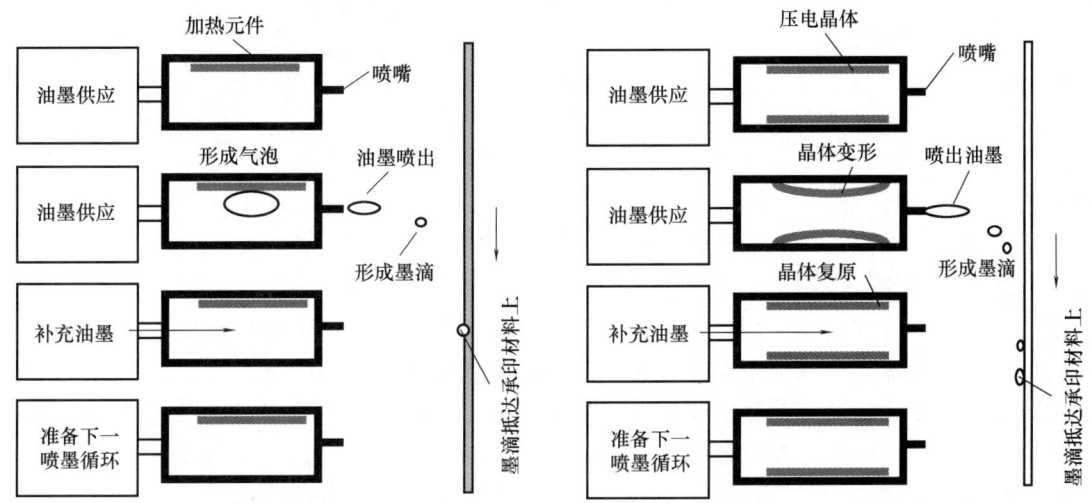

图 3-31 气泡式喷墨工作原理示意图　　图 3-32 压电喷墨印刷机工作原理示意图

(三) 磁记录成像技术

磁记录成像是利用磁性材料的磁子在外磁场的作用下定向排列形成磁性潜影,然后再利用磁性色粉和磁性潜影间磁场作用力的相互作用,完成显影,最后将磁性色粉转移到承印物上形成印刷图像。

磁记录成像原理如图 3-33 所示,成像部件主要包括磁成像系统、表面涂有非永磁材料的成像鼓、供应磁性呈色剂的显影装置、抽气装置、压印滚筒、固化装置、清理装置和退磁装置等。

磁记录成像工艺过程一般包括成像、呈色剂转移、呈色剂固化、清理和磁潜像擦除等。

(1) 成像　来自印刷系统前端的图文信息被转换为电信号,作为成像信号加到磁成像系统成像头的线圈上后,形成与页面图文内容对应的磁通变化,成像头上的记录磁极利用磁通变化,使成像鼓的表面涂层产生不同程度的磁化效应,在成像鼓的铁磁材料涂层上产生磁性潜像。

(2) 呈色剂转移　磁记录成像数字印刷系统的显影装置中采用旋转磁辊转移呈色剂颗粒,由于旋转磁辊产生的磁场方向与成像鼓表面的磁性潜影图案的极性相反,从而使呈色剂色粉颗粒被吸附到成像鼓上,形成呈色剂影像。然后再利用高压将呈色剂转印到承印材

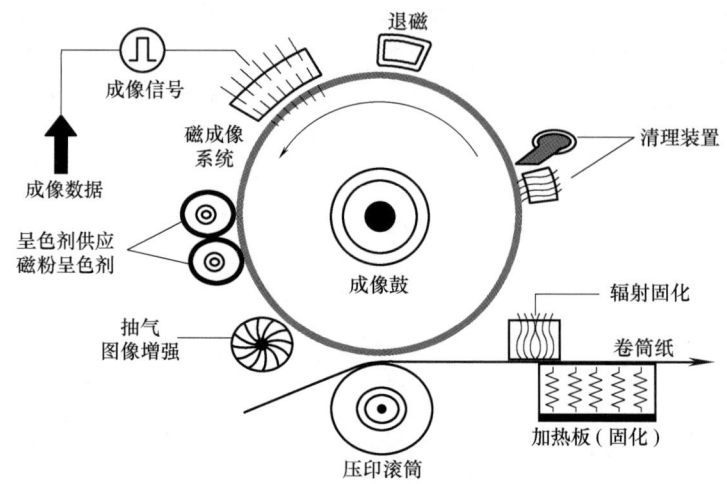

图 3-33 磁记录成像原理图

料表面。

（3）呈色剂固化　呈色剂颗粒转移到纸张表面后，是"浮"在纸张表面的，需采用热辐射和加热固化使呈色剂中的黏结剂熔化来实现呈色剂的固化。

（4）清理　清理是通过刮刀和抽气系统将成像滚筒表面未完全转移的呈色剂清除。

（5）磁潜像擦除　磁记录印刷完成后，还需消除成像鼓表面的磁潜像，以便下一次印刷时形成新页面的磁潜影。磁潜像擦除一般采用特制的磁擦，在铁磁体材料的一个磁滞回线周期内，利用产生的交变磁场强度降低成像鼓表面铁磁材料磁化强度的峰值，直至恢复铁磁材料涂层中性的、非磁性的表面初始状态，为下一次成像做好准备。

磁记录成像数字印刷虽然速度较快，但由于磁成像系统的成像头制造工艺的限制，使得磁记录相较于静电和喷墨数字印刷存在分辨率较低的缺点。

同时，由于呈色剂磁性材料和着色剂的配比问题目前解决难度较高，所以彩色磁记录数字印刷系统的商业化尚未实现。目前，磁记录成像数字印刷机主要应用于单色和双色印刷。这一点，在《生产型数字印刷机参考目录（2017）》中可以清楚看到。

第七节　特种印刷技术

特种印刷是指采用不同于一般制版、印刷、印后加工方法和材料生产供特殊用途的印刷方式的总称。特种印刷是相对于常规的凸版、平版、凹版和孔版印刷而言的，之所以称为"特种"，或是使用特殊油墨，或是承印物形状特殊，或是承印物材料特殊，或使用特殊的印刷加工方法。

特种印刷是一个相对的概念，随着科学技术的发展，新的印刷工艺不断出现，旧的印刷工艺会逐渐被淘汰，一种印刷方法可能由特种变为常规，也有可能由常规变为特种。柔性版印刷和丝网印刷很多年前还属于特种印刷，现在分别作为凸版和孔版的代表方式而进入常规印刷范畴；数字印刷在经历迅速的发展之后也已因其应用范围不断扩大而成为传统常规印刷之外的一种新的常见印刷形式。

特种印刷的形式繁多，本节仅对常见或有代表性的特种印刷方式加以简介。

一、木刻水印

木刻水印又称为木版水印。它是我国传统的印刷工艺方法,目前主要用于复制中国传统的水墨画、彩墨画和绢画等艺术品,完全依靠手工制作,再现逼真,酷似原作。

木刻水印的工艺过程主要有:勾描分版、刻版、印刷、装裱等。

① 勾描。对原稿的浓淡层次、色彩、画风、艺术特点及画面大小等进行分析,根据原稿色调分版,把原稿上同一色彩阶调的内容分在同一个版面中。然后用透明的胶纸蒙在原稿上,对原稿内容进行如实勾描。再用半透明的薄纸蒙在勾好的胶纸上,按分版要求描成一套稿子。

② 刻版。将勾描好的稿子分别粘贴在刨平的梨木或枣木上,待干燥后用刻刀进行雕刻。

③ 印刷。将刻好的印版固定在印案上,用棕刷上色,使用和原稿相同的宣纸、绢和中国画颜料逐色加压套印。套印后可用画笔对印品适当加工。

④ 装裱。把印好的画用宣纸、绢、织锦等按一定要求裱糊起来,便于张挂或长期保存。

木刻水印的印刷方法要求操作者具有较高的绘画艺术素养和相当的工艺技巧。

二、珂罗版印刷

珂罗版印刷不用网点再现连续调图像,因而风格独特,目前多用于复制手迹书画等。它采用玻璃作为印版版基,是最早使用的平版印刷方式之一。

珂罗版的感光胶属于重铬酸盐胶体体系,常用重铬酸盐和明胶配制。涂布前,先将表面平整光滑的厚玻璃一面磨砂,然后再涂布感光胶。

珂罗版印刷是通过光化学反应使感光胶膜硬化形成疏密不同的皱纹来再现连续调图像的。制版时用连续调阴图底片对珂罗版曝光,由于感光胶膜各处接受的光量不同,经显影后,版面上留下硬化程度不同的感光胶膜。印刷前,用甘油溶液润湿珂罗版,这时,珂罗版上不同硬化程度的感光胶膜接受润湿液,形成不同程度的膨胀,从而在印版版面上形成疏密不同的细微皱纹。制成的印版经擦水、涂墨、摆纸,然后印刷。

三、金属印刷

金属印刷是以金属板、金属成型制品及金属箔等硬质材料为承印物的印刷方式。金属承印材料主要有镀锡钢板(马口铁)、无锡薄钢板、镀锌薄钢板、铝板、铝冲压容器等。由于金属印刷具有色彩鲜艳、层次丰富、视觉效果好等特点,因而广泛应用于各种容器、盖类、建材、家电、家具、铭牌及各种日杂用品等加工工艺过程。

金属印刷有胶印、凹印、丝网印刷等多种形式。目前,金属印刷大多以胶印为主,多采用单、双色印刷机。金属印刷工艺一般包括:

(1) 金属板印前处理 金属板印前处理的目的主要是除尘、除油、除锈等。如有脏污的镀锡钢板可用布揩擦,油脂用汽油洗去,并经 $100\sim120$℃烘干 $10\sim12$min;铝板用有机溶剂去油,并可根据需要用抛光或拉丝的方法进行装饰性处理。

为了与使用目的和加工方法相适应,在印刷前后要对金属进行涂装。涂装有底色涂装、表面白色涂装和上光等形式。底色涂装是利用打底涂料进行涂布，目的是提高金属表面与油墨层的附着力；白色涂装是利用白色涂料或无色透明涂料对金属表面进行涂布，白色涂料常作为印刷满版图文的底色使用；上光是在已印好的图文表面覆盖一层上光涂料，增强图文表面光泽并保护印刷表面。例如，马口铁罐头容器，要在内表面涂布涂料，防止内容物与罐体发生化学作用产生有害物质，对内容物造成污染；印刷前，要对马口铁进行底色涂装；印刷后，如需要可进行上光涂装。

（2）制版　根据原稿、产品印刷质量要求和印后加工等分色制版并进行打样。

（3）印刷　根据印刷工艺和产品种类及特性，选用相应的金属胶印油墨进行印刷。金属胶印油墨除具备普通树脂胶印油墨的特性外，还要耐热、耐磨擦、耐腐蚀、耐蒸馏、耐光，并具有良好的加工成型特性。每印完一色需经烘干再印下一色。所有色组印刷完后，按产品要求进行上光及成型加工。

四、贴花印刷

贴花印刷是一种转移印刷方法，它是将图案花纹印在涂有胶层的纸张或塑料薄膜上，成为贴花纸或贴花薄膜，然后再转印至所需装饰物体表面上的一种转移方法。贴花印刷分为瓷器贴花和商标贴花。

瓷器贴花是在瓷器表面涂上一层明胶溶液，然后将贴花纸贴在瓷器上，使印花与瓷器表面紧密接触，待明胶干燥后，将瓷器浸入水中。贴花纸上的胶层首先溶解，使图案粘附于瓷器上，揭去贴花纸的底基，洗去瓷器上的残余胶质，再将瓷器下窑煅烧，形成图案花纹。

商标贴花是在所装饰物体表面涂一层凡立水，将用水润湿过的贴花纸紧贴在物体上，然后揭去贴花纸的底基，使墨层图案转印在物体表面，最后涂一层清漆以保护图文。

五、不干胶标签印刷

不干胶标签印刷是将黏合剂涂布在印刷基材上，再复合一层涂布防粘剂的防粘纸制成的。基材包括纸张、塑料薄膜、复合铝箔和一些特殊纸等。

根据不同印量和产品要求，不干胶标签印刷可采用凸版印刷、凹版印刷、胶印、丝网印刷和数字印刷等。一般采用不干胶标签印刷机进行印刷。

印刷完成后，可联线进行模切加工，切断印刷面纸。使用时，只需将印刷面纸撕下，贴在商品上即可。

六、软管印刷

软管印刷是在金属软管、塑料软管、层压复合软管、吹塑软管等上面进行印刷的方法，它采用橡皮布转印图文的原理进行印刷。

软管印刷的承印物是软管，印刷前，先要制造软管容器，并用白漆打底、烘干。

软管印刷一般采用凸版胶印形式。软管印刷机主要由印版滚筒、橡皮滚筒、套软管的压印回转圆板、输墨装置等组成，如图3-34所示。

印刷时，将软管插入回转圆板的芯轴上，软管可在芯轴上转动。当回转圆板转动时，橡皮滚筒上的橡皮布与软管表面接触施压进行印刷。印刷好的软管要进行干燥处理。

七、移　印

移印是利用凹版印刷的原理，将凹版上多余的油墨刮去，用硅橡胶移印头施压黏附油墨，再转移到承印物表面上的印刷方法。移印一般用于面积较小，形状独特，且采用其他方式难以印刷的平面或不规则的凹凸表面。

移印的印版是凹版，其上墨由上墨毛刷进行。移印机是移印的主要设备，其结构如图 3-35 所示。印刷时，由上墨毛刷对凹版上墨，刮墨刀刮墨，移印头着墨后沿导轨移动至承印台上方，对承印物施压，完成印刷。

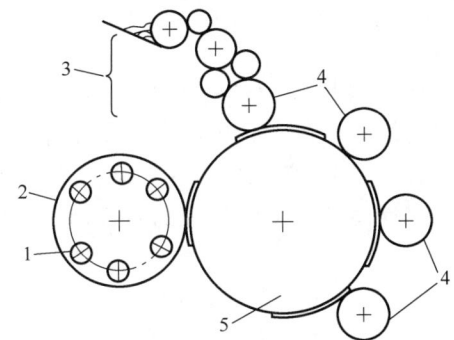

图 3-34　软管印刷机工作原理图
1—芯轴　2—回转圆板　3—输墨装置
4—印版滚筒　5—橡皮滚筒

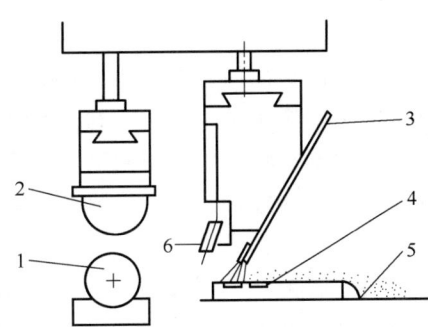

图 3-35　移印机
1—承印物　2—移印头　3—上墨毛刷
4—凹版　5—墨斗槽　6—刮墨刀

移印油墨属于挥发型油墨，根据承印物不同分为塑料移印油墨、金属移印油墨、玻璃移印油墨、陶瓷移印油墨等，塑料、金属等承印材料又因其具体成分不同，油墨各不相同。

八、热　转　印

热转印是将图文印在热转印纸上，然后通过加热，使染料升华并渗入到纺织纤维制品的纤维内固着，形成图案花纹。

转印纸是热转印的中间载体，它是把油墨印刷在转印纸（或薄膜）基材上制成的。

热转印的基本原理如图 3-36 所示，印刷时，将印有油墨的转印纸与承印物直接接触，然后让它们在热印刷头和压印滚筒之间通过，热印刷头中的发热元素产生热量，在加热、加压的作用下，转印纸上的油墨熔融并转移到承印物上，形成图文印迹。

九、玻　璃　印　刷

玻璃印刷是指以玻璃为承印物的印刷方式，多采用丝网印刷。这种印刷方式是采用丝网版和玻璃釉料，在玻璃制品上进行装饰图案印刷。

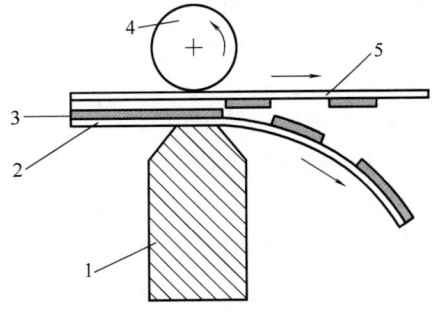

图 3-36　热转印的基本原理
1—热印刷头　2—转印纸基材　3—油墨　4—压印滚筒　5—承印物

玻璃釉料也称玻璃油墨、玻璃印料，它是由着色料、连结料混合搅拌而成的糊状印料。着色料由无机颜料、低熔点助熔剂等组成。

玻璃印刷用的丝网一般用不锈钢、天然或合成纤维丝网，选用何种丝网应视产品要求和印刷目的来决定。例如：金墨可与不锈钢丝网反应，故印金星时选用合成纤维丝网；印刷精细产品时，一般选用高目数的尼龙丝网等。

印刷前，玻璃应进行除脏并采用物理、化学方法增强玻璃表面的亲墨性。玻璃印刷常用半自动或全自动丝网印刷机来进行。印刷后的玻璃制品，要放在火炉中，以 520～600℃的温度进行烧制，这样釉料才能固结在玻璃上，形成装饰图案。

十、香料印刷

香料印刷是采用香味油墨印刷，使印刷品带有香味，以增强产品吸引力的印刷方法。香料印刷主要应用于杂志、广告、传单、说明书、明信片、菜单、日历、织物印花等。

香味油墨是将合成香料封装在微胶囊内，胶囊壳体常用明胶、阿拉伯树胶、玉米胶、银菊胶、聚乙烯醇、乙基纤维素等材料。另外还有将胶囊固着在承印物上的黏合剂、其他助剂以及香料等。

香料印刷主要采用孔版印刷、凹版印刷，也可以使用胶印。孔版印刷适宜小幅面印刷，印品有立体感和香味；凹版印刷时，由于刮墨和压印易使胶囊破坏，故胶囊强度要高；胶印具有墨层平薄的特点，若用于香味印刷，印刷图像色调要深一些，另外，还可用带香味的油性上光油对印品表面进行上光。

十一、发泡印刷

发泡印刷是用微球发泡油墨通过丝网印刷在纸张等承印物上，经加热以获得隆起图文的印刷方式。发泡印刷图文具有良好的凹凸立体感，适用于商品装潢、书刊装帧、盲文读物等。

发泡印刷分为微球发泡印刷和沟底发泡印刷。

微球发泡印刷采用微球发泡油墨来印刷。微球发泡油墨主要由颜料、微胶囊、连结料、稳定剂和助剂等组成。发泡剂是微胶囊的主要材料，常用发泡剂有对甲苯磺酸酰胺、苯磺酸酰胺、偶氮二甲酰胺等，其连结料常用丙烯酸酯类。微球发泡印刷采用丝网印刷方式在承印物上形成图文印迹，然后将其加热到 120～140℃，使油墨层中的微胶囊快速膨胀，形成无数小气泡，在承印物表面形成浮凸图文。微球发泡印刷是目前盲文印刷广泛采用的一种印刷形式。

沟底发泡印刷是采用沟底发泡油墨通过丝网印刷将图文印刷在承印物上，然后采用化学发泡或机械压花工艺获得浮凸图文。沟底发泡油墨由颜料、发泡剂、连结料、增塑剂、稳定剂和助剂等组成，其连结料采用聚氯乙烯树脂。化学发泡印刷是将印好的印品在发泡机内加热，使发泡剂受热气化，在墨层表面形成无数微小气孔，构成浮凸图文。机械压花方法是在印品加热后，再用沟底压花滚筒进行热压，形成浮凸图文。

十二、磁性印刷

磁性印刷（magnetic ink printing）是指利用掺入氧化铁粉的磁性油墨进行印刷的方

式。磁性印刷将磁性记录技术和印刷技术结合起来，数据可读写，广泛应用于存折、车票、身份证件及磁卡等。

磁性油墨主要由强磁性材料和连结料组成。强磁性材料主要有铁、钴、镍等磁性元素及强磁性元素形成的合金，磁性油墨一般多用铁磁体。磁性材料一插入磁场即被磁化，去掉磁场后也残留有一定的磁性。

磁性印刷多采用丝印或胶印，承印材料一般为纸张或塑料片基。印刷时，由磁性油墨在承印物上形成磁性膜。磁性油墨磁性材料的种类、含量及印刷后的磁性膜厚度均影响成品的磁性。印刷完成后，有时需进行上光或复合等加工。

随着产品防伪要求越来越高，磁性印刷常和防伪底纹、缩微文字、光变油墨、全息印刷等结合起来，以增加防伪性能。

十三、立体印刷

立体印刷包括立体光栅印刷和全息立体印刷。

(一) 立体光栅印刷

立体光栅印刷是采用光栅板使图像影像具有立体感的印刷方法，是传统意义上所说的立体印刷。

人的两眼之间有约6cm左右的距离，人在看物体时，由于两眼的角度不同会产生立体效果。立体光栅印刷就是利用了这个原理。立体光栅印刷有两种方法：一是先印刷立体图片，再与光栅复合的传统立体光栅印刷；另一种是直接在光栅背面印刷。

（1）传统立体光栅印刷　传统立体光栅印刷的工艺流程如下：拍摄立体原稿—晒PS版—平版印刷—密合光栅板。

首先用立体照相机对原稿进行立体摄影。照相前，在感光片前放一块光栅板；照相时，立体照相机的镜头自左向右移动，感光片和柱镜光栅板随照相机镜头同步移动，得到一张立体照相的底片。接下来要对立体照片的底片进行分色加网，并晒制四色印版，一般立体印刷加网线数高于300 lpi。立体印刷的加网角度不同于一般平版印刷，这是因为光栅板是平行的直线条，它与网目作用易产生闪动的光晕，因此，需根据光栅板栅距选择加网角度，以不产生龟纹为原则。

制版完毕后，即可上机印刷。

最后，要使印刷品呈现立体效果，还需要在印刷品上密合光栅板。光栅板应与印品图像上的光栅线严密套合，才能产生较好的立体效果，如图3-37所示。

目前，在立体光栅印刷中常采用专业的立体设计软件代替传统的立体照相，图像立体感好，文件小。其印刷前过程主要包括：立体图设计、立体图分色、立体图合成、立体制版（立体排版）、光栅线数测试等几个必备过程。

（2）光栅直接印刷　光栅直接印刷是目前较先进的立体光栅印刷工艺，与传统立体光栅印刷方式不同的工艺在于印刷这一步，光栅直

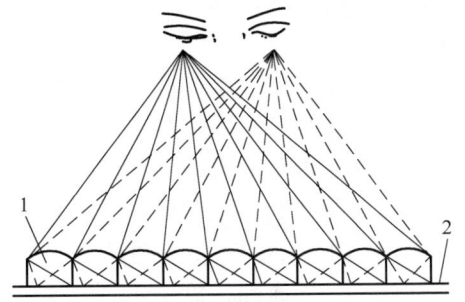

图3-37　立体光栅印刷品的视觉效果示意图
1—光栅板　2—印刷品

接印刷采用光栅背面直接印刷的方式，因此必须采用特别的对位系统，使印版上的条纹与片材上的光栅条纹精确对应，这就要求印刷机有很高的套印精度及侧规控制精度，印刷机的承印厚度也要大一些。其印后加工工艺主要包括对印刷品进行模切、覆膜或背涂加工。背涂加工是在印刷后的光栅背面涂覆一层透明涂料或白色涂料，能提高图像的亮度，图像更清晰，层次更分明，能有效防止油墨褪色或脱落。

（二）全息立体印刷

全息立体印刷是通过激光摄影形成的干涉条纹，使图像显现于特定承印物上的复制技术。这种印刷方式可以使图像具有独特的立体视觉效果。

全息照相原理如图3-38所示，激光发生器发射的光线经分光器一分为二，一束光通过被摄物体照在记录介质上，该光束称为物体光波；另一束光直接照在记录介质上，该光束称为参考光波。两束光在记录介质上产生干涉，形成全息图像。

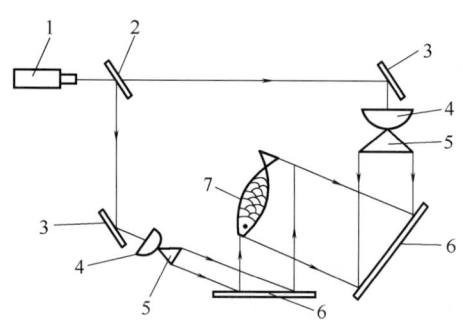

图 3-38 全息照相原理
1—激光器　2—分光器　3—反射镜　4—扩束镜
5—透镜　6—记录介质　7—被摄物体

全息立体印刷就是利用全息照相的方法，制作相应的模压版，然后经模压塑料薄膜方式进行印刷的方法。

传统全息立体印刷的工艺过程为：拍摄全息图片—制作全息图母板—制作压印模板—压印—真空镀铝—涂胶与覆膜。

要进行全息立体印刷，首先要拍摄一张全息图片；激光全息图底片上有很多幅图像，为了制作一张白光下可以看到的彩虹全息图像，需在此全息图片的实像位置放一块涂有光致抗蚀剂的感光板，并在其前方放一水平狭缝挡板，滤掉多余的图像。由激光发生器发出的光线经分光镜分成两束光，再现光束通过挡板与参考光束一起照在光致抗蚀剂感光板上。经曝光、显影、定影等处理，形成一张浮雕全息图。它是制作模压彩虹全息图片的模板。

这样的光致抗蚀材料母版不宜直接压印，因此，需制作一块耐压的金属模板，才能在模压机上使用。首先，要对光致抗蚀材料母版的浮雕表面进行清洁处理，并在其表面镀一层金属膜。然后用化学电镀方法在母版上镀适当厚度的金属镍，制成金属模压版。

压印是将金属模压版装在压印机上，在塑料薄膜上进行热压，将浮雕全息图像压印在薄膜上。

为了使压印的全息图像易于在白光下直接观看，可以在塑料薄膜的表面上再真空蒸镀一层铝膜，提高光线反射率。

经过真空镀铝形成的全息图像并不能直接转移到最终承印物上，还必须在镀铝层上涂布一层压敏胶并复合防粘纸，或涂布热融粘结层、分离层和保护层等后加工，以备使用。

除了上述先压印后真空镀铝的工艺外，在全息立体印刷中也可以直接将图案压印在镀铝的薄膜上，再涂胶、覆膜。

需要说明的是，随着信息技术的发展，许多全息立体生产厂商已经采用计算机立体设计软件制作全息立体图像，有利于提高全息立体印刷质量。

复习思考题

1. 按压印形式可将印刷机分成哪几类？它们的工作原理是什么？有何特点？
2. 印刷纸张的基本组成成分有哪几种？纸张的印刷适性有哪些？
3. 解释纸张的定量、令重和印张，并说明在已知印刷品的开本、页数、印刷量、印刷用纸的规格和定量等参数的前提下，如何计算印刷用纸的令重？
4. 简述油墨的基本组成和印刷性能。
5. 简述平版胶印的基本原理，并说明平版胶印为什么特别重视纸张的调湿处理？
6. 凹版印刷的给墨装置有哪几种形式？
7. 简要说明柔性版印刷机是如何分类的？柔性版印刷机的输墨系统有哪几种类型？
8. 丝网印刷机主要由哪几部分组成？其印刷装置的是如何工作的？
9. 平版、柔性版、凹版和丝网四种印刷方法得到的印刷品混在一起，如何对它们加以区分？
10. 什么是数字印刷？数字印刷的应用领域有哪些？
11. 简述静电数字印刷的基本原理和工艺过程。
12. 连续式喷墨与随机式喷墨的区别是什么？连续式喷墨印刷机又可分为几种方式？简要说明连续偏转墨滴复制技术的工作原理。
13. 随机式喷墨分哪两类？简述其工作原理。
14. 简要说明磁记录成像数字印刷的原理和成像工艺过程。
15. 请自行查阅国家新闻出版广电总局官网或其他资源，了解《数字印刷管理办法》、《生产型数字印刷机认定指标（2017年）》和《生产型数字印刷机参考目录（2017年）》相关内容。
16. 请自行查阅近五年的《中国印刷业年度报告》，了解中国印刷业发展趋势，写一份1000字以上的总结报告。

参 考 文 献

[1] 冯瑞乾编. 印刷工艺概论 [M]. 印刷工业出版社, 1984.
[2] 金银河, 李新胜. 柔性版印刷技术 [M]. 化学工业出版社, 2004.
[3] 智文广, 何晓辉, 智川. 特种印刷技术 [M]. 中国轻工业出版社, 2008.
[4] 张海燕. 印刷机与印后加工设备 [M]. 中国轻工业出版社, 2004.
[5] 郑德海, 郑军明. 丝网印刷工艺 [M]. 印刷材料及适性, 2006.
[6] 向阳等. 印刷材料及适性 [M]. 印刷材料及适性, 2008.
[7] 范凌群. 平版胶印技术问答 [M]. 印刷工业出版社, 1996.
[8] 董明达, 王城. 纸张油墨的印刷适性 [M]. 印刷工业出版社, 1988.
[9] 胡更生, 张正修等等. 凹版印刷原理与工艺 [M]. 国防科技大学出版社, 2002.
[10] 金银河. 印刷工艺 [M]. 中国轻工业出版社, 2001.
[11] 姚海根. 数字印刷技术 [M]. 印刷工业出版社, 2006.
[12] 赫尔穆特·基普汉. 印刷媒体技术手册（精）[M]. 广东世图出版社, 2004.
[13] 刘筱霞, 陈永常编著. 数字印刷技术 [M]. 化学工业出版社, 2016.
[14] 徐锦林. 印刷工程导论 [M]. 化学工业出版社, 2006.

第四章 印后加工技术

印后加工是使印刷品获得所要求的形状和使用性能以及产品分发的后续加工,也称为印后。印后加工内容涉及印刷品的装订、造型、整饰、装帧、美化、包装及整体或表面的保护等工艺。

不同种类的印刷品,其印后加工繁简不一。如:报纸需要折页就加工为成品;招贴广告等单张印刷品只需要裁切;书籍和期刊需要一系列印后加工,装订成册,有时还需要表面整饰才完成生产;纸容器需要经过表面整饰、模切和糊盒等多道印后工序才能完成加工;不干胶标签的半模切、软包装的封口、商业单据磁性加工等也是印后加工的常用工艺。

印后加工主要包括印刷品的表面整饰、装订、成型加工以及其他功能性加工。

第一节 装　　订

装订是将印张加工成册所需的各种加工工序的总称。把印刷好的一批批分散的半成品页张(包括图表、衬页、封面等),根据不同规格和要求折成书帖,再采用不同的订、锁、粘的方法连接起来,选择不同的装帧方式进行包装加工,成为便于使用、阅读和保存的印刷品的加工过程。

装订方法主要有平装、精装、骑马订、线装和特装等。平装是应用最广泛的装订方法,主要工序为折页、配页、订书、包封面、裁切等,无线胶订生产效率高,质量好,是平装书最常用的书籍装订工艺;精装主要用于词典、经典书籍等需要长时间使用和保存的书籍,其主要采用锁线和胶粘两种方法装订,精装工序多,生产速度较慢,装帧效果精美;骑马订主要用于页码数小于100页的杂志、宣传资料等,其工艺简单,生产速度快;线装主要用于古籍的出版,其生产过程以手工为主,效率低,装帧效果古香古色;特装适用于有收藏价值的书籍,生产工艺复杂,生产材料昂贵,以手工生产为主。平装书的结构如图4-1所示。

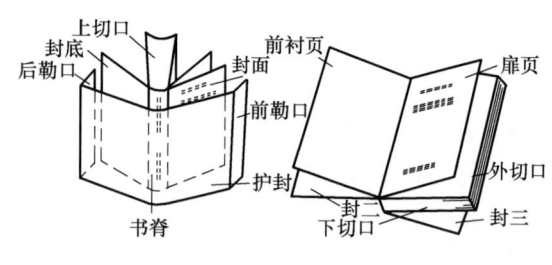

图 4-1　平装书结构

一、折　　页

折页是书籍装订的第一道工序,折页是将大幅面的印张按照页码顺序、版面要求折叠成多页张书贴的工作过程。

(1)折页方式　在装订生产中,依据折页过程中印张转动的情况和折缝的相对位置,折页方式分为平行折页、垂直折页和混合折页三种。

平行折页是指相邻两折的折线相互平行的折页方法，多用于折叠长条形的页张和纸张较厚实的儿童读物、字帖、地图等，如图 4-2 所示。

垂直折页法是指每折完一折将书页转 90°，再折第二折，使相邻两折的折缝相互垂直的折页方法，是应用最普遍的折叠方法，如图 4-3 所示。

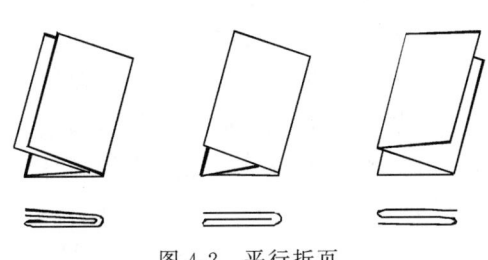

图 4-2　平行折页

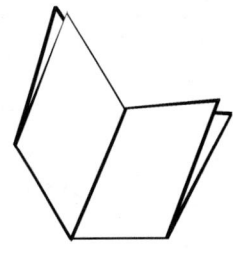

图 4-3　垂直折页

混合折页法是指在同一书帖中的相邻两折缝，既有平行，又有垂直的折页方式，如图 4-4 所示。

（2）折页设备　目前，折页大部分采用机械折页。折页机分为刀式折页机、栅栏式折页机和栅刀混合式折页机。

刀式折页机的折页机构是利用折刀将印张压入相对旋转的一对折页辊中间，再由折页辊送出，完成一次折页过程。刀式折页具有较高的精度，书帖折缝压的实，对纸张质量的要求比较宽，对于较薄、软的纸张也可以折页，由于折刀的运动惯性，折页速度较慢，最大幅面为全开。刀式折页机构如图 4-5 所示。

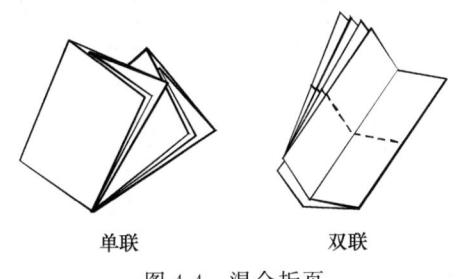

图 4-4　混合折页

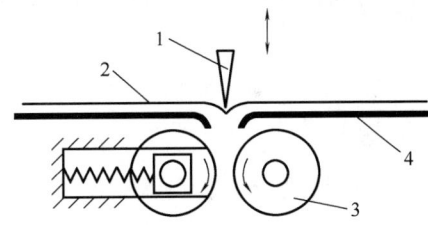

图 4-5　刀式折页机构
1—折页刀　2—印张　3—折页辊　4—接页台

栅栏式折页机的折页机构是利用折页栅栏与相对旋转的折页辊和挡板相互配合完成折页工作的。栅栏式折页机机身较小，占地面积小，折页方式多，折页速度快，具有较高的生产效率，操作方便，维修简单，对纸张的厚度、硬度、平滑度比较敏感，折页机最大幅面为对开。栅栏式折页机构如图 4-6 所示。

栅刀混合式折页机一般一、二折采用栅栏式机构，三、四折采用刀式折页机构，这种折页机折页速度快，折页质量好，性能稳定，调整简单，操作维修方便。栅刀混合式折页机同时具备了刀式和栅栏式折页机的优点，目前国内外生产的折页机，一般都采用栅刀混合式结构。

二、配　　页

配页就是把已折好的全书所有的书帖，按顺序配齐全，以准备装订。各种书刊，除单帖成本的以外，都需要经过配页的过程才能成册。

配页的方法有套帖法和配帖法。套帖法是指将书帖按页码顺序套在另一个书帖外面的配页方法，适用于帖数较少的骑马订书籍，用搭页机构来完成；配帖法是指将各个书帖按页码顺序，一帖一帖地叠摞在一起的配页方式，适用于锁线订、无线胶订等的平装书或精装书。配页方法如图4-7所示。

（1）配页设备　配帖机是完成配帖的配页设备，其工作原理是先由分帖机构将书帖分离，然后按顺序将书帖放在传送带上，依次重叠，完成书芯的配帖。配帖机

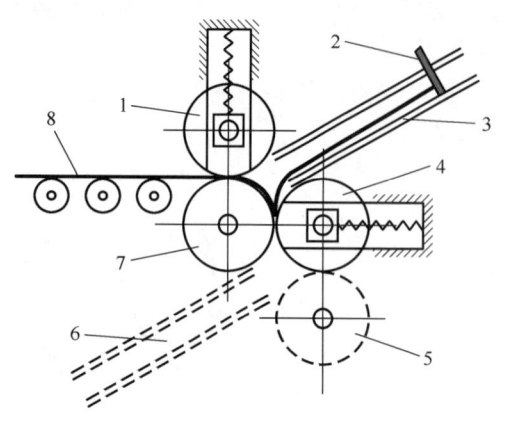

图4-6　栅栏式折页机构
1—折页辊　2—折页栅栏挡规　3—上折页栅栏　4—折页辊
5—折页辊　6—下折页栅栏　7—折页辊　8—印张

的工作原理如图4-8所示。

图4-7　配页的方法
（a）套帖法　（b）配帖法

搭页机是进行套帖的配页设备，可以与骑马订设备配套使用，搭页机组的数量可根据书帖的多少安排。搭页机的工作原理如图4-9所示。

（2）配页质量要求　配页要求书帖不能出现多帖、少帖、重帖、漏帖等现象。书刊印刷时，在书帖的书脊处按要求印刷折标，配帖以后的书芯在书背处就会形成阶梯状的标记，用来检查配帖质量。折标检查原理如图4-10所示。

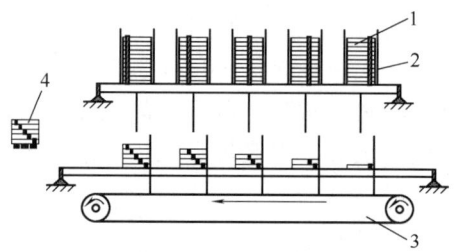

图4-8　配帖机的工作原理
1—书帖　2—储书格　3—传送带　4—收书台

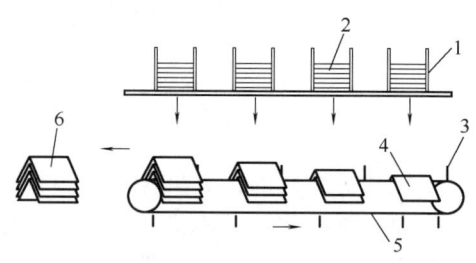

图4-9　搭页机的工作原理
1—贮页格　2—贮页格中书帖　3—拨书辊
4—正页的书帖　5—集帖链　6—收帖装置

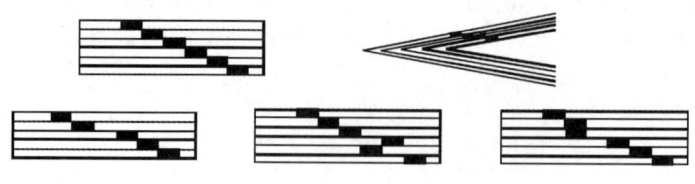

图4-10　折标检查

三、订 书

将配页完成的书芯，按成品要求，用相应的装订材料装订成册的过程叫订书。书芯的订联质量对书籍的耐用和美观程度起着极其重要的作用，书芯订联的方式有铁丝订（平订、骑马订）、无线胶订、锁线订和特种装订等。

(1) 铁丝订　铁丝订是一种成本低廉的装订方法，常见的订书形式有骑马订和铁丝平订，如图4-11所示。骑马订主要用于期刊杂志的订联，其生产效率高，价格便宜，所订书册的书背平整；铁丝订的订脚紧，较厚的书不易翻阅。铁丝受潮易生锈，一方面影响书的牢固程度，另一方面锈斑渗透封面，造成书页的破损和脱落。

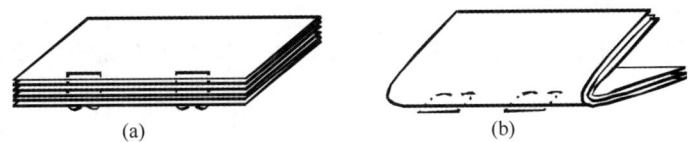

图 4-11　铁丝订
(a) 铁丝平订　(b) 骑马订

(2) 锁线订　锁线订是将书芯的书帖按配页顺序一帖一帖地用纱线沿订缝串联起来，使各书帖间相互锁紧成册的过程，常用于精装书和页数较多平装书。

锁线订加工完成的书芯，摊平程度高，阅读方便，装订牢固，质量高，使用寿命长，锁线订分为平订和交叉订两种。

(3) 无线胶订　无线胶订是用胶粘剂将书帖或书页粘合在一起制成书芯的订联方式，常用于平装书和精装书。无线胶订分为锯槽式、打孔式和铣背拉毛式三种，铣背拉毛式是联动生产线常用的订联方式。

无线胶订以"粘"代替"订"，订联的材料为热熔胶。热熔胶在常温下通常为固体，加热到一定温度后熔融为液体，冷却到熔点以下，又迅速变成固体。常用的热熔胶有EVA热熔胶和PUR热熔胶，EVA热熔胶的软化点在80℃以上，在130～180℃时达到适合书帖粘合的状态；PUR热熔胶是暴露在空气中发生交联反应而固化，固化后的PUR膜层具有较高的强度，形成耐久的胶粘薄膜，完成书帖粘合。

四、包 封 面

包封面是在订好的书芯上包上纸质封面。封面是包在书芯外面的一层保护层，对书芯起到保护作用，也是书籍的门面，通过书籍封面设计来反映书籍内容。

根据书籍装订的方式、开本大小和厚度，封面的包裹形式有平订包式封面、平订压槽包式封面、平订压槽裱背封面、平订勒口包式封面和骑马订封面。

平装包式封面是平装书籍常用的一种形式，其包裹方法是在书芯脊背上刷胶外，还沿着书芯订口部分上涂刷3～8mm宽的胶液，使封面不仅粘在脊背上，而且粘在书芯的第一面和最后一面上。

平订勒口包式封面和平订包式封面的区别是包在书芯上的封面的封底的外切口边，要留出30～40mm的空白纸边，待封面包好后，将前口长出的部分沿前口边勒齐、转折刮平，再经天头、地脚的裁切，就成为勒口包式封面的平装书籍。

骑马订式封面是将套帖配好的书帖及封面从中间分开，在折缝处用铁丝订联，就成为骑马订式平装书籍。

包封面所用的设备叫包本机，按机器的外形分为圆盘式和长条式两种类型。圆盘式包本机工作过程如图 4-12 所示。

五、裁　切

书籍裁切有单面切和三面切两类，单面切一本书要切三次，三面切一本书一次成型，效率高质量好。

自动三面切书机一般应用在精装书和平装书联动生产线中，送书、出书均为自动，无书自动停止裁切，一次定位，完成书册的三面裁切，裁切效率高。三面切书机结构如图 4-13 所示。

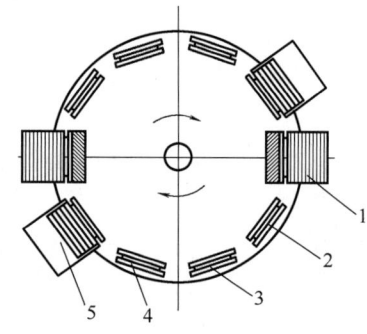

图 4-12　圆盘式包本机工作过程
1—进本机构　2—刷胶装置　3—封面输
送机构　4—包本　5—出书

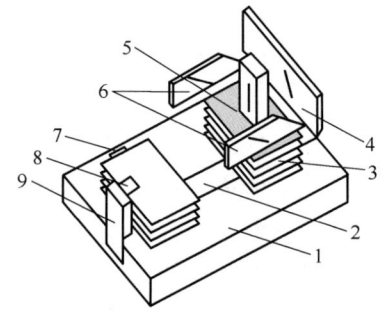

图 4-13　三面切书机结构简图
1—工作台板　2—输送轨道　3—书册　4—前刀　5—压书器
6—侧刀　7—侧规　8—压舌　9—靠板规矩

六、联动生产线

联动生产线又称流水生产线，是指加工对象按照一定的工艺路线、有规律地从前道工序流到后道工序加工，并按照一定的生产速度连续完成工序作业的生产过程，是全面提高生产效率的一种生产组织形式。

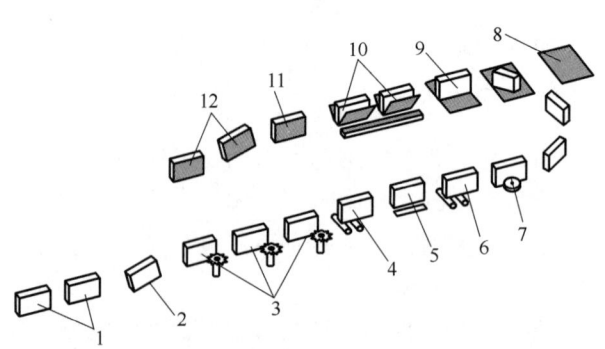

图 4-14　无线胶订联动生产线
1—配页　2—进本　3—铣背、打毛、去纸屑　4—刷胶
5—贴书背纸　6—刷背胶　7—刷侧胶　8—供封面
9—上封面　10—烫背　11—干燥　12—收书

书刊装订生产线是将完成不同工序的机械按一定的工艺顺序联接起来，组成流水生产线，能连续自动地完成从配页到成书的加工设备。书刊装订生产线生产效率高，有利于缩短书刊装订的生产周期；工艺要求稳定，有助于保证产品质量，减少废品；工艺过程封闭，自

成系统，便于管理和控制。

无线胶订联动生产线是平装书常用的自动生产线，其加工环节比较多，整个生产线主要由配页机组、胶订机组、三面切书机组等几大部分组成。无线胶订联动生产线如图4-14所示。

第二节　表面整饰

表面整饰是对印刷品进行上光、覆膜、烫印、压凹凸或其他装饰加工的工艺总称。印刷品的表面整饰可以增加印刷品的光泽度、耐热性、耐光性、耐水性、耐磨性等各种性能，改善印刷品的外观和耐用性能。

一、上　　光

上光是在印刷品表面涂布一层无色透明涂料，经流平和干燥（压光）后在印刷品表面形成薄而均匀的透明光亮层的工艺。上光工艺能提高印刷品的光泽度、平滑度、防水性、耐光性、耐磨性和耐污性，能起到保护和美化印刷品的作用，是增加印刷品附加值的有效手段。

（一）上光的分类

上光的分类方法有很多种，按上光涂布方法进行分类，可以分为辊涂上光和印刷上光；按上光机与印刷机的关系进行分类，可以分为脱机上光和联机上光；按上光产品类型进行分类，可以分为全幅面上光、局部上光、消光上光以及艺术上光等；按上光油的类型进行分类，可以分为油性上光、水性上光和UV上光。

（二）上光涂料

按上光涂料中成分进行分类，通常可以分为油性上光涂料、水性上光涂料和UV上光涂料。

油性上光涂料主要由合成树脂和有机溶剂组成，一些有机溶剂有毒性，挥发后会危害人体健康和污染环境。油性上光油具有良好的印刷适性，上光膜层具有较好的光泽度，使得这种上光涂料仍然有一定的用量。

水性上光涂料主要由水溶性树脂和水分散型树脂组成，水性上光涂料具有无毒无味、干燥速度快、膜层透明度好、性能稳定、设备适应性广、上光表面耐磨性及平整度好、印后加工适性宽、热封性能好、使用安全可靠、储运方便等特点，越来越多的在食品、医药、和烟草纸盒包装等印刷品上光中使用。

UV上光涂料是利用紫外线照射固化的上光涂料，其几乎不含溶剂，无有机物挥发所造成的环境污染；UV上光涂料采用UV光固化，所需的能耗较小；UV上光膜层综合性能好；UV上光产品不易粘连，固化后即可叠起，有利于后工序加工作业。

（三）上光工艺

上光工艺主要包括涂布和干燥。涂布类型决定了设备的结构特点，干燥技术影响上光产品的质量。

（1）上光涂布　上光涂布是指采用一定的方式，在印刷品表面均匀涂布一层上光涂料的过程，常用的涂布方式有辊式涂布和印刷涂布，此外还有喷射式涂布、气刀涂布和腔式刮刀涂布等涂布方式。

辊式涂布中有三辊式涂布、逆向辊涂布和网纹辊涂布，其中三辊式涂布是上光中最常用的涂布方式，三辊式涂布式原理如图 4-15 所示。

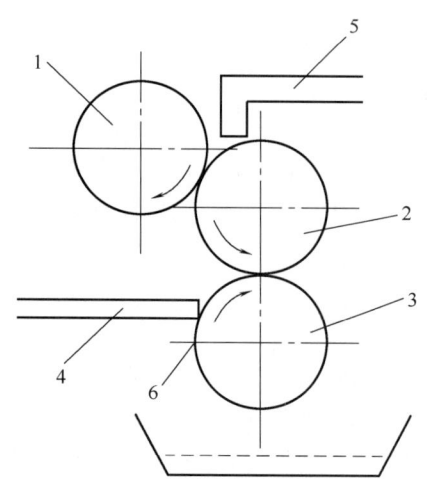

图 4-15 三辊式涂布
1—计量辊 2—衬辊 3—涂布辊 4—印刷品 5—上光油输送管 6—刮刀

三辊式涂布结构简单，可完成双面涂布。在纸张上面涂布时，上光油输送管把上光油从上方输送到计量辊和衬辊之间，用衬辊作为涂布辊完成纸张上面上光油涂布；纸张下面涂布由涂布辊、刮刀和衬辊共同完成。三辊涂布装置中，通过调节衬辊和涂布辊之间的间隙，控制上光油的涂布质量。

印刷涂布与印刷图文的转移原理一样，利用实地印版或图文印版在印刷机上印刷上光涂料，也叫印刷上光。印刷涂布最大的优点是可以根据实际需要，有选择性的涂布，既可以实现全局上光，也可以实现局部上光。

（2）干燥 上光涂料的种类不同，其干燥机理也不同。目前，上光涂料干燥方式主要有热风干燥、红外线加热干燥、紫外线固化干燥和电子束干燥。

热风干燥装置结构简单，干燥效率低，能耗高；红外线加热干燥是一种低成本的快速干燥方法，与热风干燥方法配合使用效果更佳；紫外线固化干燥过程中上光油发生化学反应，固化能瞬间完成，具有快速固化和低温固化的特点；电子束干燥是利用高能电子辐射使上光涂料发生化学和物理变化，完成固化过程，单一的电子束干燥方式成本较高，将电子束干燥与其他任意一种干燥方式混合起来，形成的混合干燥方式具有较大优势，是目前最先进的干燥方式。

二、烫　印

烫印是一种不用油墨的热转印技术，它是借助一定的压力与温度，运用装在烫印机上的模版，使印刷品和烫印箔在短时间内相互受压，将金属箔或颜料按烫印模版的图文转印到被烫印刷品表面，也叫烫金或电化铝烫印。可用于烫印纸、皮革、丝绸织物、塑料等材料。

电化铝烫印的图文呈现出强烈的金属光泽，色彩鲜艳夺目。尤其是金银电化铝，富丽堂皇、精致高雅地点缀了印刷品表面，其光亮程度大大超过印金和印银，使产品具有高档的质感，同时由于电化铝箔具有优良的物理化学性能，又起到了保护印刷品的作用。所以电化铝烫印工艺被广泛应用于高档、精致的包装装潢、商标和书籍封面等印刷品上，以及家用电器、建筑装潢用品、工艺文化用品等产品上。

随着烫印设备和烫印材料的不断发展，烫印技术出现了立体烫金、冷烫金、全息定位烫等新烫印方法。

(一) 电化铝烫印

电化铝烫印是一种热烫印技术，烫印时加热金属烫印版，再施加一定的压力将电化铝箔转移到承印物表面。

(1) 电化铝箔结构　电化铝烫印箔，一般由五层不同材料组成，从反面到正面依次为基膜层（也称片基）、隔离层（也称脱离层）、保护层（又称颜色层）、铝层和胶粘层。基膜层一般为双向拉伸的聚酯薄膜，主要起支承作用，其他各层均依附其上；隔离层使电化铝箔与基膜互相隔离，烫印时便于脱箔；保护层主要是显示电化铝的色彩，烫印后罩印在图案的表面又起保护作用；铝层是利用金属铝能较好地反射光线的特点，使电化铝呈现金属光泽，一般由真空喷铝的方法完成；胶粘层是在烫印时，电化铝箔与被烫印材料接触，遇热后起良好的粘结作用。

其颜色以金色最为普通，另有银色、大红色、橘红色、蓝色、绿色、棕红色、淡金黑色、黑色等。

(2) 电化铝烫印工艺　电化铝烫印是利用热压转移的原理，将铝层转印到承印物表面，即在一定温度和压力作用下，热熔性的有机硅树脂脱落层和黏合剂受热熔化，有机硅树脂熔化后，其粘结力减小，铝层便与基膜剥离，热敏黏合剂将铝层粘接在烫印材料上，带有色料的铝层就呈现在烫印材料的表面。电化铝烫印工艺如图4-16所示。

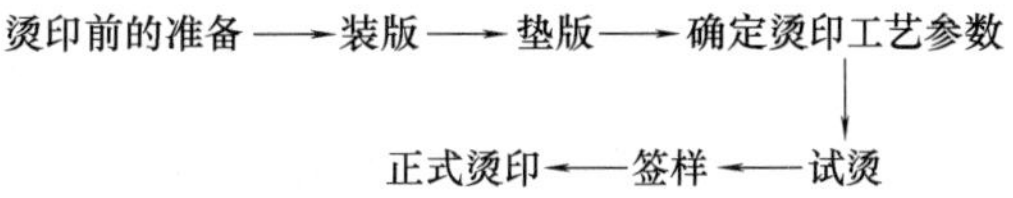

烫印前的准备 ── 装版 ── 垫版 ── 确定烫印工艺参数

正式烫印 ◄── 签样 ◄── 试烫

图4-16　电化铝烫印工艺流程

(二) 冷烫金

冷烫金是一种新型的烫印技术，它不使用加热的烫金版，采用涂布UV黏合剂和冷压技术来转移烫印箔。

(1) 冷烫金特点　冷烫金不需要加热，被烫印材料适用面广，能适应于有热收缩性的材料；不制作金属烫印版，避免环境污染，节约资源；烫印速度快；印刷品冷烫金后必须上光或覆膜，用以保护烫金图纹，增加了烫金成本和工艺的复杂性；UV黏合剂流平性差，干燥后金属箔表面亮度差，烫金的效果不如传统的热烫金。

(2) 冷烫金工艺　冷烫金所使用的电化铝背面无黏合剂，烫印时黏合剂直接涂布在印刷品需要烫金的部分，转移时，电化铝同黏合剂接触，在黏合剂的作用下，电化铝附着在印刷品表面，冷烫金工艺如图4-17所示。

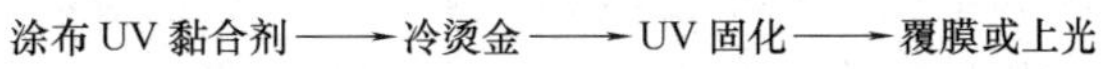

涂布UV黏合剂 ── 冷烫金 ── UV固化 ── 覆膜或上光

图4-17　冷烫金工艺流程

(三) 立体烫金

立体烫印技术是烫金技术和凹凸压印技术相结合的一种印后加工技术，首先采用腐蚀或雕刻技术将烫金和压凹凸的图文制作成一个上下配合的阴模凹版和阳模凸版，再利用烫印设备实现烫金和凹凸压印一次完成的工艺过程。

立体烫印版的制作比普通烫金版复杂，立体烫印版上图文部分应该是圆角线条，烫印版是铜或不锈钢材料制成的金属凹版，厚度有5mm、7mm、8mm三种，铜版使用寿命10万到100万印，不锈钢版使用寿命在1000万印以上。

立体烫金是烫金与凹凸压印技术的结合，形成的产品效果是呈浮雕状的立体图案，不能在其上再进行印刷，因此必须采用先印后烫的工艺过程，同时由于它的高精度和高质量要求，不太适合采用冷烫印技术，而比较适合采用热烫印技术。

（四）全息定位烫

全息定位烫金工艺是将激光全息图烫印在承印物上，激光全息图案精细清晰、色泽鲜艳光亮，与承印物融为一体，既能有效地防伪，又能获得良好的视觉效果。

全息定位烫金的原理是在特殊的烫印设备上，通过加热烫印模版将全息烫印材料上的热熔胶层和分离层加热熔化，在一定的压力作用下，将烫印材料的信息层全息光栅条纹与PET基材分离，使铝箔信息层与承烫面粘合，融为一体，达到完美结合。

全息定位烫印工艺技术难度大，要求生产单位配备高精度的专用定位烫印设备，采用高质量的专用定位烫印箔材，严格控制生产过程，才能生产出合格产品。

全息定位烫金工艺作为一种包装防伪手段，在我国的烟标生产中得到广泛应用，如白沙、玉溪、黄鹤楼、云烟、芙蓉王等品牌都采用了该工艺。

三、覆　　膜

覆膜就是将涂有黏合剂的塑料薄膜复合到印刷品表面的工艺。覆膜将塑料薄膜粘附在印刷品表面，形成纸塑合一的产品，它是目前常见的纸质印刷品印后加工工艺之一，广泛应用于各类包装盒、书籍封面、手提袋、商标、卡片、挂历等产品。

（一）覆膜的作用和特点

覆膜是给印刷品覆上一层薄而透明的塑料薄膜，不改变印刷图文的色彩，却能大幅度提高印刷品的艺术效果和耐用强度，成为提高印刷品档次和附加值的有效手段。

覆膜的作用有：①保护印刷品不受磨损，塑料薄膜起到防水、防污、耐磨、耐折、耐化学腐蚀等保护作用。②可以弥补印刷品的质量缺陷。③增加印品强度，如戳穿强度、抗拉强度等。④延长印品保存时间，如照片塑封后，不褪色、不变黄，增长了保存年限。⑤增加印刷品光泽，使图案色彩更亮丽饱满。

（二）干式覆膜

干式覆膜是在塑料薄膜上涂布一层黏合剂，经过覆膜机干燥通道除去黏合剂中的溶剂，再通过热压复合形成纸塑合一的覆膜产品。干式覆膜是覆膜工艺中最常见的方法。

干式覆膜工艺需要用涂布装置将黏合剂均匀涂布于塑料薄膜表面，黏合剂的涂布量取决于印刷品表面墨层厚薄和纸张表面平滑度的大小；烘干通道应使黏合剂中的溶剂基本挥发干净；塑料薄膜和纸张热压复合时的温度和压力会影响覆膜产品质量。干式覆膜设备结构如图4-18所示。

（三）湿式覆膜

湿式覆膜是在塑料薄膜表面涂布一层水溶性黏合剂，在黏合剂未干的状态下，通过压辊使塑料薄膜与纸张复合，完成覆膜过程，又称为水性覆膜。湿式覆膜采用水溶性黏合剂，覆膜后不残留溶剂，是一种环保覆膜方法。湿式覆膜在薄膜和纸张压合之后，可以经过加热烘道干燥，也可以不干燥直接收卷。水性覆膜设备结构如图4-19所示。

（四）预涂覆膜

预涂覆膜是将黏合剂预先涂布在塑料薄膜上，经烘干收卷后，制成预涂膜出售，需要

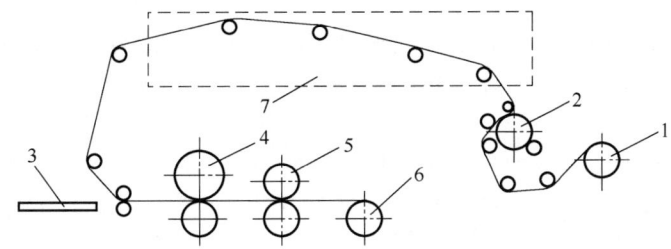

图 4-18 干式覆膜设备结构简图
1—塑料薄膜放卷部分 2—涂布部分 3—印刷品输入部分 4—热压复合部分
5—辅助层压部分 6—印刷品复卷部分 7—干燥通道

覆膜时,在无黏合剂涂布机构的覆膜设备上进行热压,完成覆膜过程。预涂膜多采用双向拉伸聚丙烯(BOPP)薄膜,适用于纸张、纸板、金属薄板和塑料薄板等材料覆膜。

预涂覆膜工艺简单,粘合性能优良,工作效率高,生产成本低,适用范围广,是覆膜工艺的发展方向。预涂覆膜设备结构如图 4-20 所示。

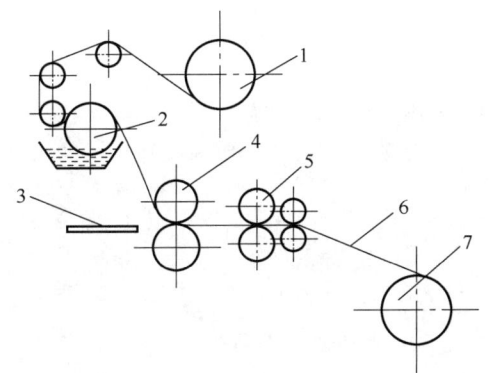

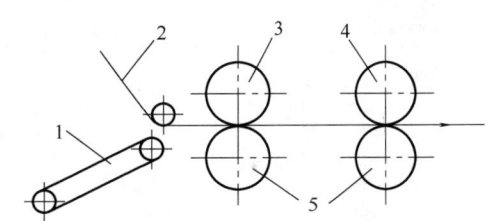

图 4-19 水性覆膜设备结构简图
1—放卷机构 2—涂布机构 3—印刷品输入机构
4—复合机构 5—辅压机构 6—薄膜 7—收卷机构

图 4-20 预涂覆膜设备结构简图
1—自动输纸部分 2—预涂薄膜 3—热
压辊 4—压力辊 5—硅胶压力辊

(五)无胶覆膜

无胶覆膜是指在塑料薄膜表面不涂布任何黏合剂,利用具有热熔性和热塑性的薄膜与印刷品复合在一起的覆膜技术。无胶覆膜采用高压聚乙烯(PE)或双向拉伸聚丙烯(BOPP)薄膜,可以制成亮光膜、亚光膜和激光膜。

无胶覆膜适用于铜版纸、白卡纸、白板纸、金银卡纸、不干胶标签和牛皮纸等多种纸张。

无胶覆膜不使用黏合剂,节省材料,能源消耗少,覆膜成本较低;无黏合剂的挥发和渗透,覆膜产品绿色环保;无胶覆膜产品在特定条件下,薄膜和纸张易于分离,有利于纸张回收利用。

(六)无溶剂覆膜

无溶剂覆膜时采用无溶剂型黏合剂,将塑料薄膜与印刷品复合在一起的方法,又称反应型覆膜。

无溶剂覆膜一般使用单组分和双组分聚氨酯黏合剂，黏合剂中不含有溶剂，覆膜时黏合剂涂布量很小，需要采用高精度涂布装置来涂布黏合剂，塑料薄膜与印刷品复合时需要较大的压力。

无溶剂覆膜不使用有机溶剂，无溶剂挥发，减少对环境的污染；不需要干燥通道，降低能源消耗；黏合剂涂布量少，设备结构简单，覆膜成本低。无溶剂覆膜是一种有很好发展前景的覆膜方法。

四、凹凸压印

凹凸压印，又称压凸纹印刷、凹凸印、击凸等，是印刷品表面装饰加工中一种特殊的加工技术，它使用凹凸模具，在一定的压力作用下，使印刷品基材发生塑性变形，从而对印刷品表面进行艺术加工。压印的各种凸状图文和花纹，显示出深浅不同的纹样，具有明显的浮雕感，增强了印刷品的立体感和艺术感染力。

（1）凹凸压印的产品及特点 凹凸压印是包装产品中常用的印后加工方法，常用在包装纸盒、商品标签、书刊封面、日历、贺卡和证件等产品上，如图4-21（见彩插）所示为凹凸压印产品。

图 4-21 凹凸压印产品

凹凸压印是浮雕艺术在印刷上的移植和运用，印刷时，不使用油墨而是直接利用印刷机的压力进行压印，操作方法与一般凸版印刷相同，但压力要大一些。

凹凸压印的承印物主要是纸张，凹凸压印需要的纸张厚度一般为 0.3~1.0mm。凹凸压印的印版是由凹版和凸版两部分组成，凹版为主要印版，凸版是依据凹版制作的凸模。随着激光雕刻和电子雕刻技术的不断推广，凹凸压印的印版制作水平也有了质的飞越，凹凸压印的压纹种类和精度都有大幅度提高。

凹凸压印工艺与其他印后加工方式结合，可以生产出许多精美的产品，如凹凸压印和烫金工艺结合形成立体烫金。

（2）凹凸压印工艺 凹凸压印工艺流程包括印版的制作、凹凸压印、整理包装等。凹凸压印印版材料有锌版、铜版等，制版方法主要有腐蚀和雕刻两种。凹凸压印工艺流程如图4-22所示。

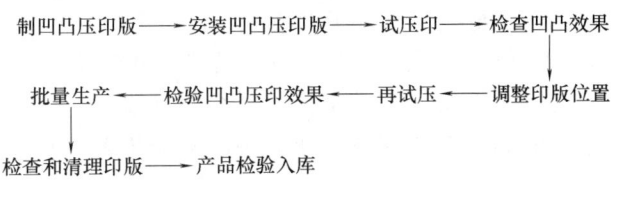

图 4-22 凹凸压印工艺流程

五、复　　合

用黏合剂或热粘合等方法将两种或两种以上基材粘合在一起即成复合薄膜。复合薄膜一般具有构成它的各基材的优良性能，同时又弥补了相互的不足，在一定程度上满足了多种物品的包装要求，尤其在食品包装中得到了广泛的应用。

许多复合薄膜是先在基材上印刷后再进行复合，印刷层被夹在基材中间，既增加了印刷的色泽和牢固度，又避免了油墨中的有害物质对内装物的直接污染。复合后的薄膜需经过分切、制袋等成型加工才能用于物品的包装。

复合薄膜的生产方法主要有干法复合、湿法复合、无溶剂复合、热熔复合、涂覆、挤出复合、共挤出复合等。

（1）复合薄膜基材　复合薄膜基材主要包括塑料薄膜、铝箔和镀铝薄膜、纸等三大类。其中以塑料薄膜的品种最多，是主要的复合薄膜基材，主要有聚乙烯薄膜、聚丙烯薄膜、聚酯薄膜等材料。

复合薄膜的外层材料要求具有良好的印刷适性、透明度高、强度高、耐热、耐腐蚀性好；复合薄膜的中层材料要求具有良好的阻隔性能，良好的遮光性能；复合薄膜的内层材料要求具有良好的热封性能、无味、无毒、耐油、耐水、耐化学药品。

（2）干法复合　干法复合是生产复合薄膜最常用的方法，它是用溶剂型黏合剂将两种或数种基材复合在一起，主要缺点是黏合剂用量大，能源消耗大，其生产成本较高，采用的黏合剂为聚氨酯黏合剂。干法复合工艺流程如图 4-23 所示。

干法复合薄膜主要用于蒸煮食品、风味食品等商品的包装。近年来，因黏合剂的毒性问题，其复合薄膜要求不准用于食品包装。

（3）挤出复合　挤出复合一般是以 PE 作为黏合剂，经挤出机 T 型模头挤出后成熔融薄膜，在黏合剂处于熔融状态时将两种基材粘合在一起，冷却定型后成为复合薄膜。

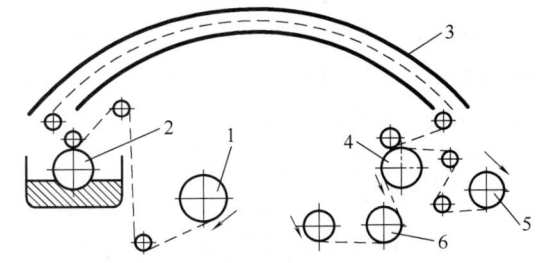

图 4-23　干法复合工艺流程
1—第一基膜　2—涂胶　3—烘道　4—复合辊　5—第二基膜　6—冷却辊

挤出复合是一种用途广泛的复合方法，它主要特点包括：在复合中，PE 既是黏合剂又作为复合结构层，无需再使用其他黏合剂，因此生产成本比干法复合降低 1/3 左右；从挤出到复合一次完成，生产效率高；挤出复合温度高，其复合薄膜比干法复合薄膜柔软；对环境的污染少；设备费用过高，只有用于大中型的复合规模时，才能显示出经济效益。

在挤出复合中,因 PE 的粘接性差,所以一般需要对基材进行表面增粘处理,以提高复合强度。挤出复合可用于塑料/铝箔、塑料/纸、塑料/塑料以及塑料铝箔纸之间的多层复合,其产品可加工成复合包装袋、复合纸盒、复合软管等,主要用于食品、饮料、化妆品、牙膏等产品的包装,也可用作水泥袋、化肥袋以及集装袋等大型包装袋。

第三节 成型加工

成型加工主要用于制作纸容器和其他包装容器,成型加工包括模切压痕、制盒、制袋、制箱、制杯、制罐等加工过程。

一、模切压痕

模切是用模具将印刷品切成所需形状的工艺,压痕是用模具在印刷品上压出痕线的工艺。一件产品往往既要模切又要压痕,模切和压痕工艺并不冲突,所有很多场合都是把模切和压痕工艺合并在一起,用模切压痕机一次完成。

(1) 模切压痕产品类型

立体型产品是将纸板或卡纸经过模切压痕后,再经过制盒设备成型加工,形成各种形状的纸包装盒,这类立体型纸盒广泛应用于各种食品、医药、鞋帽、电器、仪表等商品包装。

折叠型产品是可以撑开也可以折叠,适合包装机械自动包装的纸盒。折叠纸盒的造型简单,只适宜常规产品,而异型盒一般不适宜做成折叠纸盒。

平面型产品包括各种不同种类、不同规格的商标、吊牌等,其特点是以平面型为特征,单张使用,使用性很广。

书封面经过压痕处理后,在书脊处有两道压痕线,与书芯粘合后,可保证书脊平整、棱直。

(2) 模切压痕的原理

模压前,需先根据产品设计要求,用模切刀和压痕线排成模切压痕版,将模压版装到模切压痕机上,模切时,在压力作用下,将纸板坯料轧切成型并压出折叠线或其他模纹。模切压痕机工作原理如图 4-24 所示。

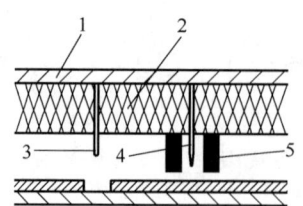 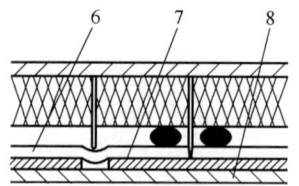

图 4-24 模切压痕机工作原理
1—版台 2—模压板 3—压痕线 4—模切刀 5—橡胶条 6—印刷品 7—压痕底模 8—压板

(3) 模切压痕工艺

模切压痕版也称模压板、模切版、刀版。模切压痕版制作分为刀模版制作和底模版制作,刀模版由模板、模切刀、压痕线和模切胶条等构成;底模版由底模钢板和压痕底模构成。制作完成模切压痕版后就可以上机模切,模切压痕的工艺流程如图 4-25 所示。

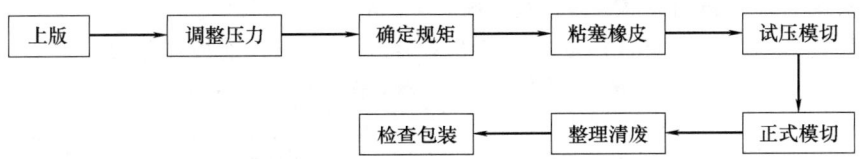

图 4-25 模切压痕的工艺流程

二、制箱与制盒

纸箱纸盒是介于刚性包装与柔性包装之间的包装容器,一般采用白板纸、有色纸板和瓦楞纸板经过折叠、粘贴或裱糊而成。

纸盒分为折叠纸盒和粘贴纸盒。折叠纸盒采用厚度为 0.3~1.1mm 的耐折纸板制作,经模切压痕和糊盒加工后,以平板状运输仓储,是一种结构变化丰富、应用广泛的销售包装纸容器;粘贴纸盒采用贴面材料将基盒裱糊成型后不能再折叠成平板状,只能以固定盒型运输和仓储的纸盒,其基盒材料为厚度 1.0~1.3mm 及以上的非耐折纸板。

大批量生产的纸箱纸盒均采用自动或半自动纸盒生产线制造,这类制盒生产线速度快、工艺比较先进、质量优良。折叠纸盒生产工艺流程如图 4-26 所示,瓦楞纸箱生产工艺流程如图 4-27 所示。

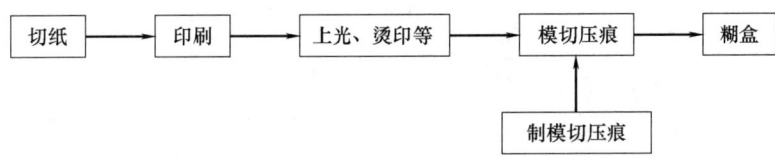

图 4-26 折叠纸盒生产工艺流程

目前,大部分粘贴纸盒以手工生产为主,速度慢,产量低,适合小批量生产。

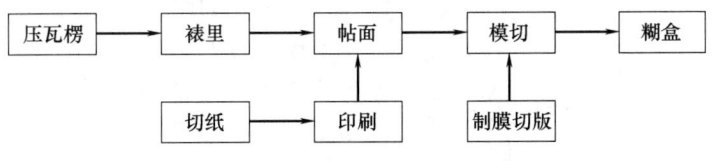

图 4-27 瓦楞纸箱生产工艺流程

三、制袋与制杯

(一) 制袋

纸袋是用纸制成的一种袋式容器,属于软包装范畴。纸袋用途广泛,可以用来盛装农产品、食品、文化用品、纺织品、化工原料及建筑材料等。

纸袋种类繁多,按用途不同可以分为小纸袋和大纸袋两种。小纸袋主要用于零售商品包装;大纸袋由多层纸或与其他材料复合而成,一般多用于淀粉、水泥、化肥等大中粉粒状物品的运输包装。常见纸袋有扁平式纸袋、尖底袋、角底袋、手提袋、异形袋等。图 4-32 所示。

扁平式纸袋十分常见，形状类似于平常使用的公文袋及信封，有纵向搭接和底端翻折的贴缝，根据需要可设置搭盖、提手、开窗等，如图4-28所示。

尖底袋具有内褶，但打开后底部呈尖形，由于有内褶，纸袋容量较大，且打开口袋较为容易，如图4-29所示。该种纸袋有普通型及带手提等多种式样。

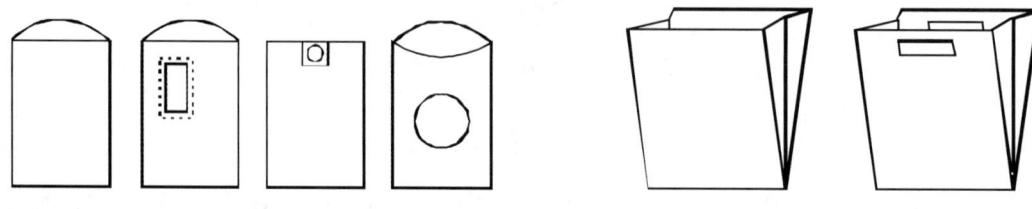

图 4-28　扁平式纸袋　　　　　　　　图 4-29　尖底式纸袋

角底袋是在纸筒底部折叠并粘贴封底而成的，如图4-30所示。角底袋稳定性较好，为了增加纸袋容积，也可在两侧增加内褶。为了便于打开袋口，可在袋口处单侧切出缺口。

手提袋是近年来较为流行的，可以重复使用的方便型纸袋，多采用印刷精美的铜版纸或覆膜纸制成，装饰和广告效果好，如图4-31所示。

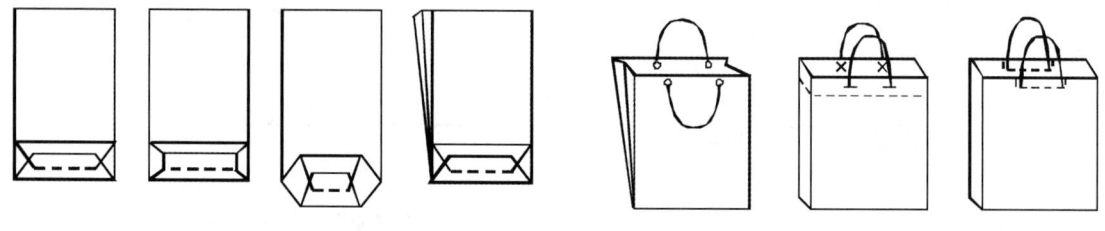

图 4-30　角底纸袋　　　　　　　　图 4-31　手提纸袋

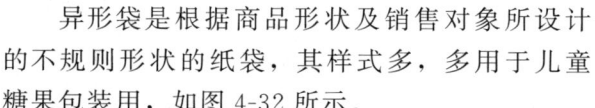

异形袋是根据商品形状及销售对象所设计的不规则形状的纸袋，其样式多，多用于儿童糖果包装用，如图4-32所示。

手提纸袋是最常用的纸袋之一，其制作流程为准备材料、印刷、制筒成型、切断、袋底成型、穿绳、成品检查。实际生产中，无论哪种类型的纸袋，如果生产数量较少，一般都采用手工制作。

图 4-32　异形纸袋

小型袋的制作可以用手工完成，也可以用机械制造，机械制造的工艺流程为：印张→纸筒成型→切断→纸袋成型等工序。

（二）制杯

纸杯是把原纸进行机械加工、粘合所生产的一种外观呈杯型的纸容器。纸杯安全卫生、轻巧方便，是餐饮业常用的一次性用品。

纸杯按用途可以分为冷饮杯、热饮杯和冰激凌杯；按原料可以分为上蜡杯和淋膜杯。

冷饮杯的制作过程是纸杯原纸直接印刷、模切、成型加工、喷蜡处理。冷饮杯的表面经过喷蜡或浸蜡处理，防水性较好，一般使用温度为0～40℃。

热饮杯的制作过程是纸杯原纸淋膜处理、印刷、模切、成型加工。热饮杯具有较好的阻隔性和密封性，可耐 90℃以上的温度。

纸杯采用的原纸是白卡纸，国家规定纸杯原纸不能使用再生废纸，不能添加荧光漂白剂。白卡纸淋膜处理一般采用聚乙烯树脂，聚乙烯树脂无毒、无味、卫生、性能可靠、化学性能稳定，淋膜处理有单面淋膜纸和双面淋膜纸。

从原纸到成型的纸杯（纸碗）主要经过以下工序：PE 淋膜→分切→印刷→模切→成型→包装。

四、金属罐与软管

金属罐是采用金属薄板经印刷和成型加工后得到的金属包装容器，主要用于食品罐头、饼干、化妆品、饮料等产品的外包装。

金属罐的印后一般要经过上光处理和成型加工两道工序。上光的目的是保护墨膜，增加印刷品光泽度，使金属制品更加美观；成型加工利用金属冲压原理，经过分离和塑性变形工序加工成型。

金属罐分为两片罐和三片罐。两片罐是将一块圆形薄铁板坯材冲压，罐身和罐底制成一个整体，装入产品后封口；三片罐是先将薄铁板坯料裁成长方块，然后将坯料卷成圆筒，再将纵向接合线锡焊起来，形成侧封口，圆筒的一端（即罐底）和圆形端盖用机械方法形成凸缘并滚压封口（双重卷边接缝），从而形成罐身，另一端在装入产品后再封上罐盖。

软管是可被挤压的管状容器，能储存多种内容物，易于携带。软管多用于牙膏、鞋油、化妆品、颜料、调味剂等产品。软管可用锡、铝、合成树脂和复合材料制作。按软管材料可分为金属软管、塑料软管、复合材料软管；按软管构造可分为单层软管和多层软管。

金属软管多用铝制成，主要用于膏状和半膏状产品包装。金属软管防毒气性好、密封性好，但遮光性好、没有焊缝。

塑料软管主要用单一塑料为原料，最常用的是聚乙烯软管。塑料软管使用轻便、无焊缝、单层易漏气，但遮光性差、高精度图印刷困难。

复合材料软管漏气少、可以多色印刷，但口部防气性差、封口较困难，其总体性能优于塑料软管，主要用于包装膏状商品。

第四节　数字印后加工

随着市场对个性化、短版、按需印刷的需求不断增长，个性化书籍、精美的菜谱、个性化相册、个性化产品手册、个性化包装盒等都成为数字印刷的生产领域。个性化、按需的数字印刷产品已经随处可见，传统的印后加工不能适应其生产需要，真正的数字化印后加工是未来印后的发展方向。

一、数字印后加工特点

数字化印后加工和传统印后加工的差异主要有：数字印刷是小批量、多批次的快速印刷,数字印后设备要适应印品规格、材料等多变的生产方式,能在短时间内调整设备匹配不同印刷品印后加工;数字印后设备占地面积小,操作容易;数字印刷产品纸张和油墨与传统印刷不同,数字印后设备要能适应数字印刷的纸张和油墨;数字印刷书籍是连续页码印刷,印后设备的配页方式也与传统不同。

二、数字印后装订

数字印刷的产品注重个性化和小批次,装订工艺除了采用无线胶订和骑马订,灵活多变的活页装订、环订和维罗宾订等也有广泛的应用。活页装订方式如图4-33(见彩插)所示。

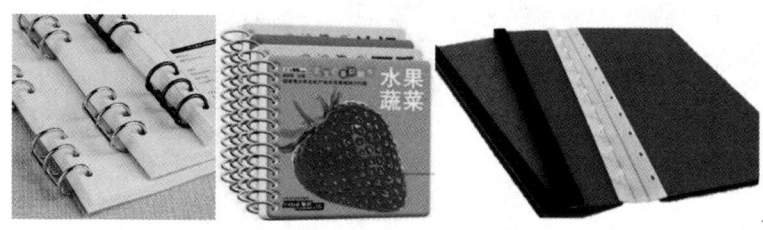

图4-33 活页装订方式

数字印后折页设备往往选用吸气式进纸方式的折页机,折页速度不宜太快,折页设备能不停机自动调节折页规矩,沿丝缕横向折页容易造成数字印刷品图文墨迹脱落,要求丝缕方向要和书籍书背方向一致。

三、数字印后表面整饰

数字印刷产品的表面整饰要注意材料的印后加工适性,根据数字印刷使用的纸张和油墨的不同,选择不用的表面整饰工艺。

数字印刷产品使用色粉印刷时,适宜采用热覆膜,能提高数字印刷产品的耐用性;数字印刷产品表面有硅油、墨粉或电子油墨时,覆膜时容易产生气泡和脱膜现象,需使用专用的超粘预涂膜。

数字印刷产品在模切压痕后容易出现图像断裂,因此模切压痕时,要保持纸张有适量的湿度。激光模切机是比较成熟的数字模切技术,模切形状多变,模切精度高,可以用来模切卡纸、纸板、瓦楞纸板和不干胶标签等材料。

复习思考题

1. 何谓印后加工?印后加工如何分类?
2. 简述平装书的装订工艺。
3. 折页方式如何分类?每种折页方式各有什么特点?
4. 上光如何分类?简述上光工艺。
5. 何谓电化铝烫印?简述电化铝烫印的工艺。
6. 简述覆膜产品的作用和特点。常用的覆膜工艺有哪些?
7. 举例说明模切压痕的产品有哪些?简述模切压痕的原理。
8. 复合薄膜的生产方法有哪些?各有什么特点?

9. 简述折叠纸盒的生产工艺。
10. 简述瓦楞纸箱的生产工艺。
11. 纸袋是如何分类的？
12. 纸杯如何分类？
13. 数字印刷印后加工有什么特点？

参 考 文 献

[1] 李文育．印后加工技术与设备（印刷工程专业职业技能培训教材）[M]．中国轻工业出版社，2009．
[2] 高波．印后加工技术 [M]．中国轻工业出版社，2013．
[3] 唐万有．印后加工技术 [M]．中国轻工业出版社，2016．

第五章 印刷品质量检测与控制

印刷质量检测是印刷质量管理向数据化、规范化和标准化方向发展的必然需求。印刷质量管理由定性为主发展为定量为主，必然要求印刷质量要有数据和规范标准来表征其优劣，印刷质量检测是顺理成章之事。在生产中，对印刷质量及时进行数据测定和分析，便于迅速而准确的找出和解决影响印刷质量的关键因素，使损耗大幅下降，降低成本，提高经济效益。

第一节 印刷品质量评价

根据影响印刷品质量的三个因素，可以把评价印刷品质量的方法分为主观评价法（主要针对印刷品的美学因素）、客观评价法（主要针对印刷品的技术因素）和综合评价法，即综合印刷品主观和客观评价的特点，对印刷品质量进行评估。

一、主观评价

主观评价法常用的有目视评价法和定性指标评价法。

目视评价法是指在相同的评价环境条件下（如光源、照度一致），由多个评价者来观察原稿和印刷品，再以各人的经验、情绪及爱好为依据，对各个印刷品按优、良、中、差分等级，并统计各分级的频度，获得一致好评者为优、良，反之为差。具体评价步骤为：首先根据样张的相似性对印刷样张进行分组，并给各组标明一个唯一的数字，该数字可以代表该组的质量优劣等级，即该组在所有组中质量好坏的排列顺序；然后在各组中再对样张进行比较分析；最后得出质量最好的样张。

定性指标评价法是指按一定的定性指标，列出每个指标对质量影响的重要因素，由多个评定人评分，总分高者质量为优，低者为差。

印刷品的主观评价因人而异，不容易得出统一的结论，常因地点、周围环境的不同，特别是观察复制品（与原稿对比）的照明条件不同时，所产生的视觉差异。依靠这种没有数据为依据的定性指标来评价印刷品质量，其结果受评价者自身因素的影响，往往各不相同，不能准确客观地反映出印刷品的质量状况，也不能有效地为印刷品质量提供依据，但这些评价指标却是印刷品质量优劣的最后仲裁者，其中任何一项的不合格，都会导致最终印刷产品的不合格。现阶段鉴定印刷质量的方法仍然多以主观评价为主，但应把主观评价因素加以客观解释，使其科学化，更有利于印刷质量的控制。

二、客观评价

客观评价是利用某些检测方法，对印刷品的各个质量特性进行检测，用数值表示，其本质上是要用恰当的物理量，或者说质量特性参数对图像质量进行量化描述，为有效控制和管理印刷质量提供依据。印刷品质量评价的主要内容包括阶调层次再现、色彩再现、清晰度等，可使用密度计、分光光度计、控制条、图像处理手段等测出这些质量参数。

（一）阶调（层次）再现的评价

阶调再现是指对图像明暗阶调变化影响的传递特性，用阶调复制曲线表示。印刷品的阶调与层次分布在表现图像形象和明暗方面发挥着主导作用。在制版和印刷阶段，常常会失掉高光部分和暗调部分的反差，使印刷品的阶调再现性受到影响。

透射原稿的反差范围差别很大，而彩色印刷品的密度范围又大都低于彩色原稿的密度范围，所以在分色制版时，要对阶调复制曲线做压缩调整。

对各阶调层次采取什么样的再分配调整，一方面取决于原稿的阶调层次分布状态，同时又和人的视觉感受相关。对原稿阶调层次复制调整需要将人们的视觉心理需求综合归纳起来，加入视觉响应的物理量值，再结合原稿层次分布状态进行考虑，才能得出印刷画面的密度阶调层次再现曲线，然后纳入复制与再现过程中的演变数据，设计出具体原稿的阶调层次复制曲线。

对印刷图像阶调再现的评价，若单从印刷品质量检验的角度而言，包括以下方面：测量各色油墨层的印刷实地密度；测量并计算各色墨层的叠印率；测量印刷网点阶调增大或测量计算印刷 K 值；检查油墨网点的转印质量；测量并描绘印刷品对原稿的密度层次再现曲线。通过这些客观技术测量数据，再与本部门制定的质量规范标准进行比较，即可确定具体彩色印刷产品的质量等级。

此外，还可以通过暗调、亮调密度再现范围来控制阶调再现质量。

（1）暗调　暗调是指图像上深暗的部位，一般用 70%～100% 网点面积率表示，图像最暗部位用 100% 网点面积的密度表示。

（2）亮调　亮调是指画面上的明亮阶调，实际上有的包含了画面上的极高光的部分。亮调是用网点率来表示的，精细印刷品亮调再现为 2%～4%，一般印刷品亮调再现为 3%～5% 网点面积，相对反差 K 值也是控制阶调再现质量的一个常用的方法。

（二）色彩再现的评价

由于印刷材料（纸张、油墨等）色度表现特性的欠缺，分色复制手段与器材性能的不完善，以及印刷再现方式本身表现色彩的不足，目前的印刷技术尚不能做到忠实还原原稿或是原景物的所有色彩，即使其可再现的部分也达不到忠实还原的程度，只能是相对接近。这就给印刷品色彩再现质量的客观评价带来一定困难。

色彩的复制再现，有三种不同的概念。一是物理意义上的色彩再现，要求再现色彩同原稿色彩在每一色点上的光谱分布都完全相同。而印刷品是供视觉观赏的，要求达到物理意义上的同谱色彩再现是难以实现的，也无多大必要。二是色度学意义上的再现，使印刷再现图像同原稿色彩点在色度上一致或接近，即异谱同色效果，这是现实客观评价色彩再现的度量标准。三是心理意义上的色彩再现，即印刷再现的色彩在色度上同原稿色彩可能有些差距，但在色彩效果上却可能达到视觉心理的满足，这里加入了主观评价因素。

通常采用油墨实地密度值、CIELAB 值及色差评价印刷品的颜色再现，这种测量结果只能作为评价的大致标准。要对印刷色彩还原做全面评价，必须从印刷品对原稿或原景物色彩接近程度上，通过色度测量的结果加以比较，并掺入人们对色彩视觉心理要求，即心理上的再现程度，这样才能对印刷品色彩再现做出综合而全面的评价。

（三）清晰度再现的评价

清晰度是印刷图像细节边缘密度变化的速度，是图像细节对比和视觉与心理作用的综合反映。彩色印刷品的清晰度是图像复制再现的一个重要质量指标，除去为表现影像的特殊意境外，每个画面总应该有一部分层次（主体或背景）是清晰的。对印刷画面清晰度的评价也有三个方面的相关内容：图像层次轮廓的实度；图像两相邻层次明暗对比变化的清晰度，即细微反差；原稿或印刷画面层次的分辨力，也就是其细微层次的微细程度是表现客观景物组成物质的本质面貌，即所谓质感。目前采用测量清晰度的数据多用于相对比较，并且不够全面。

用测得的数据对图像质量进行客观的评价不是一件容易的事情，因为印刷质量参数很少有独立变量，每个质量因素如何影响图像的评价效果及如何影响其他质量参数对图像的评价，涉及各个质量参数对图像影响的加权值，这些加权值可以用多变量回归分析方法和模糊数学方法求取，也可以采用主观评判方法为客观评价方法决定难以解决的变量相关问题，这就是所谓的综合评判方法。

三、综合评价

印刷品的评价，因为受到很多主观、客观因素的影响，所以欲想真正地判断质量的优劣并不是件容易的事情。综合评价是以客观评价的数值为基础，与主观评价的各种因素相对照，以得到共同的评价标准。

印刷质量的综合评价方法具有如下三个特点：①确定产品主观评价印象的一致性，这是综合评价法的基础。②根据客观评价的手段，对产品质量性能参数指标进行测量。③将测试数据通过计算、做表，得出印刷质量的综合评价分。

综合评判可以分为以下三个步骤。

（一）参数检测与计算

用密度计对那些与图像同时印刷的阶调梯尺（Y、M、C、K）和色标进行测量，以求得测定的评价项目的值。

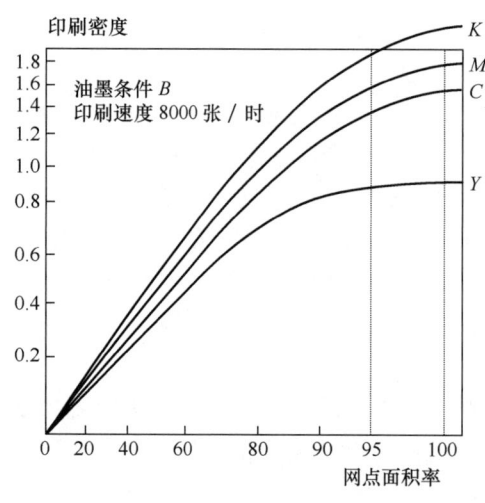

图 5-1　印刷特性曲线

首先，测定 C、M、Y、K 阶调梯尺的密度，然后绘制印张的印刷特性曲线，如图 5-1 所示。

其次，测定 Y、M、C 色标及这三色中任意两色之间的叠印色 B、R、G 色标的实地密度和 Y、M、C 三色叠印色的实地密度，做彩色六角形图，如图 5-2 所示。根据以上基本数据，计算如下参数。

① 测定阶调密度误差（TE）。在印刷特性曲线上，忠实地反映白纸密度和实地密度相结合的图像应是一条理想直线，而实际印刷品的特性曲线与理想直线相比，往往变成在理想直线上边往上凸起的弧形曲线。因此，就以公式（5-1）作为一种评价量：

$$\text{阶调密度误差 TE} = \frac{\Delta A}{A} \times 100\% \quad (5\text{-}1)$$

式中：ΔA——图 5-1 中的实际的印刷特性曲线与横坐标轴之间的面积；

A——理想印刷特性曲线（与横坐标成 45°角的直线）与横坐标之间的面积。

公式（5-1）是从四个色得到，取其平均值，作为该印刷品的阶调密度误差。

② 测定实地部分密度（D）。以四个色的实地密度的平均值，作为评价项目的实地密度。

③ 测定饱和度（A）

$$\text{饱和度}(A) = \frac{\text{六角形的实际内部面积}}{\text{饱和度为1.0的正六角形内部面积}} \quad (5\text{-}2)$$

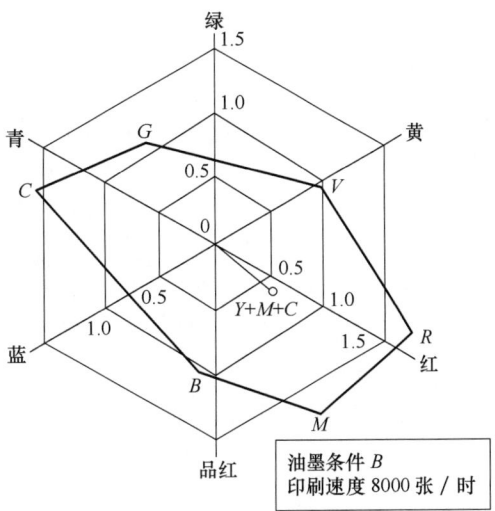

图 5-2　彩色六角形图

④ 测定色相误差（LS）

$$\text{色相误差}(LS) = \frac{\text{六角形各边的标准偏差}}{\text{六角形各边的平均值}} \quad (5\text{-}3)$$

⑤ 测定三次色的色度（LZ）

$$\text{三次色的色度}(LZ) = \frac{\text{六角形中心与 YMC 三色叠印色的距离}}{\text{饱和度1.0标准六角形单边的长度}} \quad (5\text{-}4)$$

⑥ 测定灰度（G）

$$\text{灰度}(G) = \frac{1}{6}\left(\frac{LC}{HC} + \frac{LY}{HY} + \frac{LM}{HM} + \frac{LB}{HB} + \frac{LG}{HG} + \frac{LR}{HR}\right) \quad (5\text{-}5)$$

其中，L 和 H 分别表示各色密度的最小值和最大值，旁边所添的字母表示颜色：C=青，Y=黄，M=品红，B=蓝紫，R=红，G=绿。

⑦ 测定网点的形状系数（SF）。评价网点轮廓的再现性，测量圆形网点面积与周长，即可按式（5-6）计算出网点的形状系数：

$$SF = \frac{(\text{网点周长})^2}{4\pi \times (\text{网点面积})} \quad (5\text{-}6)$$

⑧ 测定网点增大（DC）。评价网点面积再现性，用网点面积率计测量。

$$DG = (\text{测量的网点面积率}) - (\text{胶片或印版的网点面积率}) \quad (5\text{-}7)$$

⑨ 测量网点内的有效密度比（DP）。用网点面积率计测量，可绘制曲线，如图 5-3 所示。网点内有效密度比的理想再现，用虚线来表示累积分布，印刷后，实际达不到理想程度，用曲线表示网点内部的密度分布。DP 作为评价网点内密度的再现性指示，按式（5-8）计算。

$$DP = \frac{A_a}{D \cdot a} \quad (5\text{-}8)$$

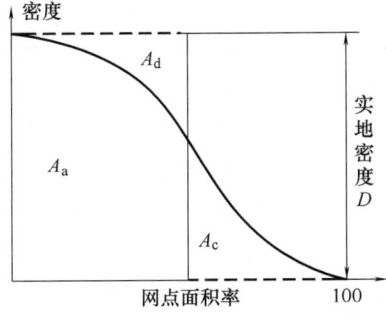

图 5-3　网点面积率与网点密度关系

式中：D——为实地密度；
A_a——曲线下的面积；
a——网点印刷部分的面积率。

⑩ 测定网点蹭脏的附加密度（SD）。评价网点边缘密度的再现性，表现在图 5-3 面积 A_c 的出现程度，按式（5-9）计算：

$$\text{SD} = \frac{A_c}{D \times (100-a)} \quad (5\text{-}9)$$

式中：A_c——实际印刷品的网点附加密度。

以上就是印刷品质量参数十个测定项目指标的计算方法。

（二）评分表

就步骤 1 里所得的各测量项目的值，用表 5-1 所示的评分办法，给予从 0～10 分的评价。

表 5-1　　　　　　　　　　　　评分表

评分	测量评价项目		评分	测量评价项目	
	阶调密度误差	实地密度		阶调密度误差	实地密度
0	57.4～53.9	0.99～1.06	6	36.1～32.6	1.39～1.46
1	53.9～50.4	1.06～1.13	7	32.6～29.0	1.46～1.53
2	50.4～46.8	1.13～1.19	8	29.0～25.5	1.53～1.59
3	46.8～43.2	1.19～1.26	9	25.5～21.9	1.59～1.66
4	43.2～39.7	1.26～1.33	10	21.9～18.4	1.66～1.73
5	39.7～36.1	1.33～1.39			

（三）计算质量评价分

把前一步骤求得的各测量评价项目代入公式（5-10）的评价式里，求得质量评价分：

$$Y = W_{TE} \times P_{TE} + W_D \times P_D + W_A \times P_A + W_{LS} \times P_{LS} + W_{LZ} \times P_{LZ} + W_G \times P_G + W_{DP} \times P_{DP} + W_{SD} \times P_{SD} + W_{DG} \times P_{DG} + W_{SF} \times P_{SF} \quad (5\text{-}10)$$

式中：TE～SF——表示步骤 1 中的 10 个评价项目；
W——表示就其旁边字母所示的那个评价项目的权重；
P——步骤 2 所要求的评分；
Y——评分数，以 100 分为满分。分数越高，印刷质量就越好。

对图像质量产生不同影响效果的非独立印刷质量参数给予"加权值"，这些"加权值"可以用多变量回归分析方法和模糊数学方法求取，也可采用主观评判方法为客观评价方法决定难以解决的变量相关问题。表 5-2 中所列表示评价权重 W 值是分析各评分项目对印刷质量的期望程度及相互之间的联系得到的，在此评价里，该怎样设定这个表示评价权重的 W 是重要的关键。从表 5-2 所列的评价比重可发现，与网点再现有关的阶调密度误差、网点的形状系数、网点周围蹭脏及网点增大这 4 个项目的重要程度的总和竟高达 65%，可见这 4 项指标特别重要。

表 5-2 为印刷品质量综合评价的计算举例。

表 5-2　　印刷品质量综合评价的计算举例

序号	评价测量项目	代号	测量值	评分	评价权重	得分（评价权重×评分）
1	阶调密度误差	(TE)	30.1	7	1.7	11.9
2	网点的形状系数	(SF)	22.9	6	1.7	10.2
3	网点蹭脏的附加密度	(SD)	24.3	5	1.6	8.0
4	网点增大	(DC)	11.8	4	1.5	6.0
5	三次色的色度	(LZ)	0.304	10	1.0	1.00
6	网点内的有效密度比	(DP)	77.9	5	0.6	3.0
7	实地密度	(D)	1.31	4	0.6	2.4
8	饱和度	(A)	2.8	5	0.5	2.5
9	灰度	(G)	17.1	5	0.5	2.5
10	色相误差	(LS)	0.19	10	0.3	3.0
					综合评价分＝59.5	

除上述印刷品质量综合评价方法外，还可以用数理统计方法，将评价的印刷品按主观、客观的排列顺序，最后取其相关数，作为最佳印刷品的指数来评定印刷品。

综合评价是以客观评价的手段为基础，加上主观评价和各种因素相验证的方法，是目前评价印刷品质量的一种有效方法。它根据标准中的规定，在采用一些测试手段（如信号条、测试条、控制条、梯尺）的基础上，结合人们的色彩心理学、生理学等因素，可以较为客观地评价印刷品质量。

但是，目前还无统一的综合评价标准，人们还在不断地探索、开发。因此，在当前评价印刷品质量的工作中，还是应以标准中规定的技术指标为依据，并注意它们之间的相互联系，在评价中，应重点从印刷品阶调值、颜色、网点、相对反差等技术指标对印刷品质量进行全面真实的评价。

第二节　印刷品检测

在印刷中，彩色图像一般由不同大小的细小网点来形成明暗层次，为了保证对色彩的控制并保持一致的印刷品，必须检测这些小点子的尺寸和色彩强度。但印品是由四色网点叠印而成，很难把各个影响复制质量的因素分离开来。

为了解决这个问题，就设计出了一系列的测试块，和图像一起印刷。每个测试块都是设计来强调、检测印刷过程的某个方面。一些测试块用于目视检查，另外一些则可以用设备测量检测。这些测试块往往排成一条，放置在印张的边缘，因而称之为测控条。

一、测　控　条

测控条是实施印刷质量数据化测控的重要媒介，由网点、实地、线条等测标组成的软片条，用以判断和控制拷版、晒版、打样和印刷时的信息转移。

(一) 测控条原理

测控条的种类很多，但是其原理基本相同，主要有以下几点：网点面积的增大与网点边缘的总长度成正比；利用几何图形的面积相等，阴、阳相反来测控网点的转移变化；图形变化时，夹角处比弧长处变化明显；利用等宽或不等宽的折线控制水平和垂直方位的变化；利用等距同心圆测控任意方位的变化；能够提供测试单元图形。

(二) 测控条分类

按照功能，测控条可以分为信号条和测试条。信号条主要用于视觉评价，功能比较单一，只表达印刷品外观质量信息，如晒版梯尺、GATF 网点扩大信号条等。测试条是以密度计检测评价为主的多功能标记元件，有以视觉鉴赏和密度计测试相结合，并借助图表、曲线进行数值计算的测试条，如格雷达 CCS 彩色测试条。

测控条以存在的形式可分为模拟测控条和数字测控条。模拟测控条主要用于传统的制版和印刷，以软片的形式存在，使用时需要和胶片一起晒版，然后再印刷。随着计算机制版技术及数字印刷技术的发展，印刷省略了出胶片的环节，因此胶片形式的测控条由数字测控条取而代之。数字测控条一般由 PostScript 语言开发制作，也可以使用一些图形处理软件如 CorelDRAW、Illustrator 等来制作，但精度不能与 PostScript 语言制作的相提并论。

测控条按照使用的用途可分为：印刷测控条、数字印刷测控条、传统制版控制条、晒版测控条、数字制版控制条、打样控制条。

(三) 打样测控条

为了对原版的质量进行检查并且为正式印刷提供样张或印刷的基本参数，印刷打样是必须的，在打样时为了进行精确的质量检测与控制，一般要有打样测控条，主要用于评估检测打样颜色的准确性，还可以检验印刷样张与打样样张之间颜色转换的精确性。它可以作为一个有效的工具，评估印刷品与打样样张的视觉一致性。以 ISO 12748-7 测控条为例介绍一下打样测控条。

ISO 12647-7 测控条有 2009 版和 2013 版两个版本，2013 版是对 2009 版的彻底改进，其英文全称为" IDEAlliance ISO 12647-7 3-Row Control Wedge 2013"。测控条必须和处理的图像一样进行 RIP、色彩管理、加网等处理，使用相同的参数。如果要进行 IDEAlliance 的打样认证，就必须在每一张打样样张上加上该测控条。每张生产印张上最好也有该测控条，以保证生产的精度和稳定性。

ISO 12647-7 (2013) 有 3 行 84 个色块，有两种排列格式，分别适用于 i1 Pro/Pro2 和 iSis，如图 5-4 所示，其中 (a) 适用于 i1，(b) 适用于 iSis。

ISO12647-7 (2013) 中规定打样测控条至少要包含以下测试块，如果条件允许，则要包含尽可能多的色块。

① 印刷原色和二次色的实地色块 C、M、Y、R、G 和 B（6 个色块）。
② 印刷原色和二次色的中间调色块 C、M、Y、R、G 和 B（12 个色块）。
③ 黑色的色调梯尺，包括实地色块 1 至少有六个色调。
④ CMY 叠印色调梯尺，级数和黑色色调相同。在平均状态下，CIElab 值和对应的黑色梯尺的每个色块的值近似。
⑤ 重要的三次色，例如：肤色、紫红色、紫色等（15 个色块）。

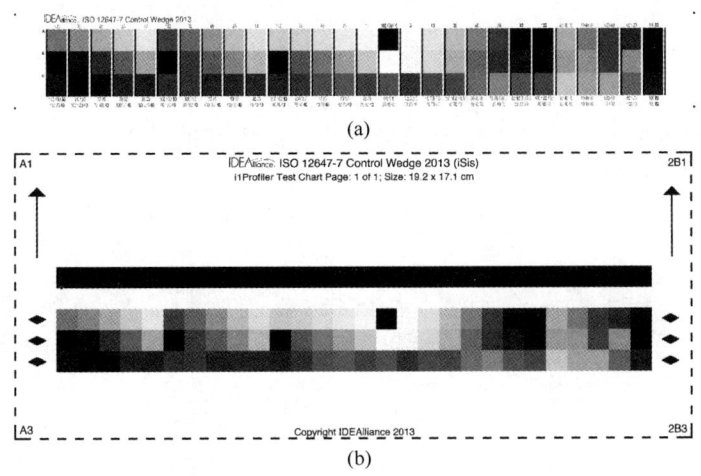

图 5-4　ISO 12647-7（2013）测控条

⑥ 对印刷承印物在印刷条件下颜色的模拟（1 个色块）。

测控条还可以添加附加的测量块，检测打样系统的分辨率。打样测控条为 CMYK 模式，输出意图为要模拟的印刷条件。

对打样的结果评价，参见表 5-3，对打样用纸的要求，参见表 5-4。

表 5-3　　　　　　　　　　　　色块的评价标准

测控块的描述	容　差
对印刷承印物颜色的模拟	$\Delta E_{ab}^{*} \leqslant 3$
测控条中所有色块	最大 $\Delta E_{ab}^{*} \leqslant 6$ 平均 $\Delta E_{ab}^{*} \leqslant 3$
测控条上 CMY 三色叠印的中性灰网点梯尺和对应的 K 色梯尺	平均 $\Delta H \leqslant 3$
色域边界色	平均 $\Delta E_{ab}^{*} \leqslant 4$
ISO 12642-2 中定义的所有色块	平均 $\Delta E_{ab}^{*} \leqslant 4$ 95% 的颜色 $\Delta E_{ab}^{*} \leqslant 6$

表 5-4　　　　　　　　　打样纸的类型及颜色和光泽度参数值

打样纸类型	L^{*}	a^{*}	b^{*}	Gloss %
高光白	≥95	0±2	0±2	61±15
哑光白	≥95	0±2	0±2	35±10
粗面白	≥95	0±2	0±2	<25

（四）制版测控条

制版控制条是高精度的图形，对制版过程中的图文复制进行故障诊断、校正，并对成像过程进行监控。制版控制条按照用途可分为多种，有用于照排机出片使用的，有用于计算机直接制版设备的，还有配合晒版控制条使用的晒版精度控制条。

制版控制条主要检测输出成像设备的分辨率（不同方向）、阶调的网点表现、曝光等级以及印版冲洗情况。因而各种各样的制版控制条的各个元素的设计也是围绕这几个参数的检查来进行的。

随着印刷技术的发展，印刷行业基本都使用数字化直接制版技术，因而都采用数字测控条，主要有 GATF 数字制版控制条、Ugra/Fogra 数字制版控制条、柯达数字印版控制条、海德堡数字印版控制条等。其中使用最广泛、最主要的是 Ugra/Fogra 数字制版控制条、Kodak 数字制版控制条和 GATF 数字制版控制条。

GATF Merritt 印版测控条如图 5-5 所示，其测试原理如下：

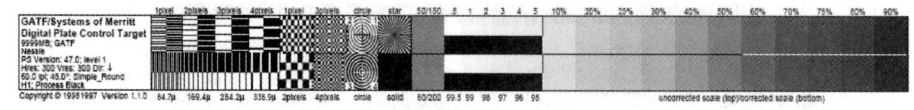

图 5-5　GATF Merritt 印版测控条

① 信息区。将查询的 RIP 及其信息报告显示在标版左侧，包括成像设备的识别、解释器的 PostScript 级别、垂直分辨率和水平分辨率、成像的方向、加网线数、加网角度。

② 细微线区。基于像素测试图案来测量系统的分辨力，其中包括垂直或水平的缩微细线图案的阴图和阳图。

③ 棋盘格区。基于单位像素的测试标记是一组检测版图案，这些图案由规则的正方形与大小相同的空白交替组成。

④ 阴阳线圆圈区。阴图和阳图中微弧线图案，含有最小分辨率尺寸的曲线元素，这对成像系统提出了挑战。

⑤ 星标区。由一系列光楔形状的 5°单元采用黑白交替组成。光楔形状的最小单元在星标的中心会聚，成像系统的分辨率越高，则光楔单元就越精确地会聚于星标的中心，有清晰中心和精细聚合点的星标反映的分辨率较高。

⑥ 加网信息区。每个色块的网点百分比是 50%，其中一个加网线数是 150lpi，另一个是 200lpi。这些色块用于评判成像系统中采用更高频率的加网线数而引起的色调值增加。通过反射密度计，可以客观测量出这种差异。

⑦ 与 RIP 无关的阶调区、经 RIP 流程的阶调区。由两组匹配好的色调梯尺组合而成（包括高光部分和暗调部分）。两组色调梯尺的不同之处在于上部是应用了 RIP 补偿技术的色调梯尺，而下部是未应用 RIP 补偿技术的色调梯尺，两组色调梯尺对比显示出补偿校正的效果，如果两组色调梯尺完全相同，则在栅格化的过程中没有应用 RIP 补偿技术。在使用色调梯尺时，通过放大镜协助，首先用视觉选择成像系统的高光和暗调的极限。然后用反射密度测量每一级色调梯尺的网点面积率（10%～90%），并且绘制出网大扩大曲线。

从上面几种制版测控条可以看出，这些测控条的设计大同小异。目的主要是为了检测：版材的分辨力、版材记录的方向效应、曝光情况、印刷复制特征、最大和最小网点。

（五）印刷测控条

在色彩复制中，为了得到可预测的结果，需要控制许多参数。对于给定的承印物，最重要的参数为印刷原色的实地密度、叠印色、变形、重影和阶调值，对于中性灰复制，灰平衡块是非常有用的。如果要做印刷设置和过程校正，那么还需要一些与过程相关的控制块，例如变形、套印以及检测印刷阶调范围的最大和最小值的半色调色块（原色的 1%、2%、3%和 97%、98%、99%的阶调）。

ISO 12647-1 中规定的印刷测控条上必须包含的基本测试块为：

① CMYK 印刷原色的实地块以及它们的叠印色块 MY、CY、CM、CMY。

② CMYK 的彩色和非彩色的亮调、中间调和暗色调色块。

③ 不同阶调范围的三色叠印灰平衡块。

④ 承印物颜色色块。

⑤ 重影、变形检测块，包含单色、叠印色，也就是说 K、C、M、Y、(C+M)、(C+Y)、(M+Y) 和 (C+M+Y)。

⑥ 如果有专色的话，必须包含专色的实地块和半色调色块。

这些色块的大小不能小于 3mm×3mm。

现在市面上的印刷测控条很多，基本上都包含这些检测块。

印刷测控条种类也是很多，有用于四色印刷、五色（四色+一个专色）印刷、六色（四色+两个专色）印刷的，形式上有单排的、双排的，方便用户根据需求选用。但基本检测参数都包括：实地密度、叠印率、网点扩大、反差。下面以 Ugra/FOGRA 印刷控制条为例，介绍印刷测控条的组成。

(1) 模块1　模块1如图 5-6 所示，包含以下 8 个实地色块：青、品、红、黄和黑色实地色块各1个，"青+品红""青+黄""品红+黄"实地色块3个，"青+品红+黄"实地色块1个，纸张白块，这些控制色块用于控制数字印刷油墨的可接受性能以及三种减色主色的叠加印刷效果。最前面还有一个信息指示块（IND），如果信息块一半显示水平线，另一半显示垂直线，就说明所用的输出设备与 BVD/Fogra 标准（加网线数 60/cm，圆形网点）兼容。如果此块没有线条，说明与标准不兼容。这个模块涵盖了 ISO12647-1 中对测控条要求的①～⑤。

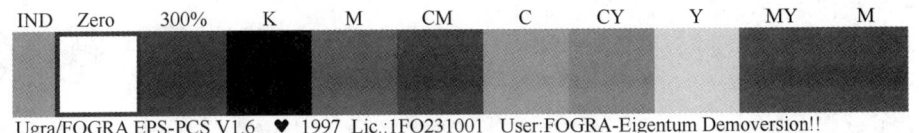

图 5-6　模块 1

(2) 模块2　该部分为颜色平衡控制色块，该色块为规定的灰色调数值，与软片输出有关。如图 5-7 所示，它实际上包含两个色块，其中左面色块为 80%黑色，用于控制网目调加网效果；右面色块由 75%青、62%品红和 60%黄组成，目的是为了与 80%黑色色块比较。印刷时若灰平衡控制不好，则该色块将呈现出彩色成分。

(3) 模块3　D 控制块，D 为 Direction，乃是指方向控制之意，即检验采用特定的复制技术、复制设备和承印材料组合在不同方向加网的敏感程度，如图 5-8 所示。

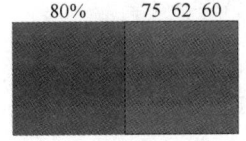

图 5-7　灰平衡块

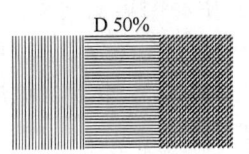

图 5-8　D 控制块

D 控制块分为四组,青、品红、黄和黑色各一组,每一组中均包含 3 个部分(图 5-8),其总尺寸为 6 mm×4 mm。在组成数字印刷测控条时,通常按黑、青、品红、黄的次序排列,位置在实地色块后。3 个色块均采用线形网点加网,加网角度从左到右依次为 90°、0°和 45°,每个色块采用的加网线数取决于输出设备的设定,这种设计方便识别加网工艺的方向敏感性。

理论上,当采用相同的加网线数和网点形状时,则这 3 个色块应该有相同的密度值。如果实际测量出来的 3 个密度值有较大差异,则说明用户使用的复制技术、复制设备和承印材料组合在某个加网方向上太敏感。

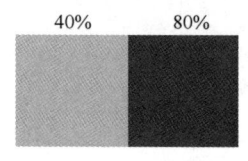

图 5-9 网目调控制块

(4)模块 4 网目调控制块一般由 40%和 80%网目调块组成,如图 5-9 所示。

该控制块同样有青、品红、黄和黑 4 组,每一组控制块由 40%和 80%两个色块组成,采用 150lpi 加网。这一数字与大多数商业印刷品采用的记录精度是吻合的。两个网目调控制色块与中间调网点百分比呈不对称分布,代表了比中间调略淡(接近中间调)和接近实地的网点百分比。不同的数字印刷工艺采用不同的加网复制技术,会得到不同的输出效果。因此,这两个控制块可用来评估特定数字印刷加网技术的表现能力与行为特性,衡量加网技术能否获得需要的记录效果。在形成测控条组合时,按黑、青、品红和黄的次序排列,位置在 D 控制块后。

(5)星标 GATF 星标也称星文圆标信号条。它在印张上能较明显地显示出质量问题,其主要功能是:检查印刷中网点扩大、糊版、花版、重影、网点呈椭圆等的变化,帮助印刷工作者快速、有效的做出判断,采取措施做出即时纠正。

星标由 36 根楔形线条以等距呈辐射形排列在圆周之内组成,正中是一个小圆点。楔线的尖端是最细的网点,楔线尾是最粗的网线,等量的扩大或缩小,都会使楔线尖端集中。星标控制白点在印刷中的变化,是建立在放大基础上的。正常的星标中心部位白点和楔行线都印得清楚,反映印张的网点扩大不明显,基本保持正常状态。质量鉴别方法如图 5-10 所示。

① 当网点没有变形、重影、版面给墨量适中时,星标中间会发白。

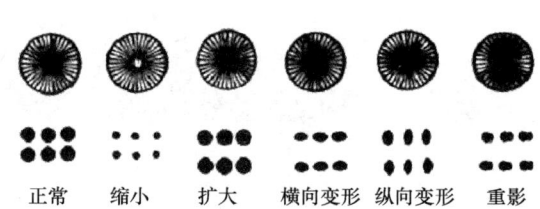

图 5-10 星标质量鉴别

② 印张上的星标中心出现大黑圈,表明版面受墨量过多。黑圈大小与墨量成正比关系。

③ 星标中心的空白圈扩大,网点缩小,表明墨量不够。

④ 星标中心的黑圈向纵向扩展成鸭蛋形状,表明网点横向变形。

⑤ 星标中心的黑圈向横向扩展成鸭蛋形状,表明网点纵向变形。

⑥ 星标的中央部分消失掉,残缺的轮廓像"8"字型,剩下的轮廓呈 GATF 星标,表明网点出现重影。重影为纵向产生"8"字型时会横向扩大;重影朝横向出现,则"8"字型纵向扩展。

尽管星标判断印刷品精度很高,但是无法控制网点的扩大范围;不能正确检验样张的网点阶调。

(六) 数字印刷测控条

数字印刷测控条是对四色彩色数字印刷机进行质量控制的工具,是数字印刷设备特征化的有效工具,如图5-11所示。对每一种颜色都有相似的控制段,信息来自于实际的输出设备所用的 RIP 信息。

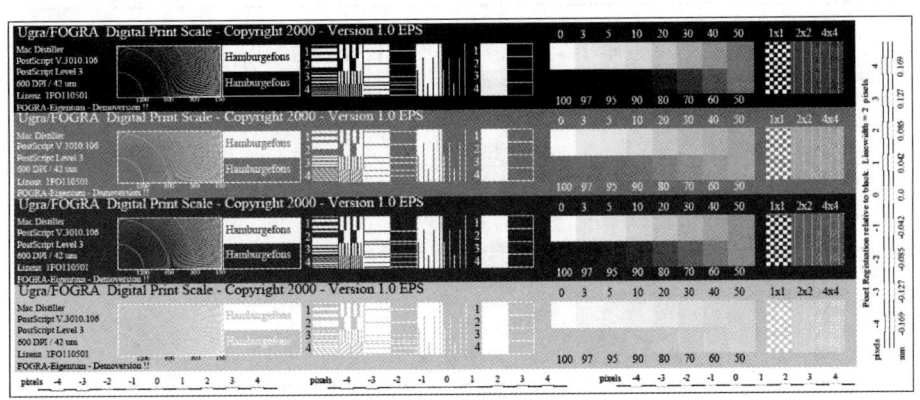

图 5-11　Ugra/FOGRA 数字印刷测控条

① 评价参数。不同方向的分辨力、高光和暗调的表现能力、设备的设置、套准偏差。

② 打样控制条构成元素。信息段、分辨率段、棋盘段、半色调梯尺、字体段、线条段、精细网点块、套准块。

跟前面的制版控制条类似,阴阳线半圆区,细微线区,棋盘区,考察成型系统对不同方向细线条的表现能力;网点区,考察阶调复制特征曲线;套准区,测试成像系统的套准精度。

二、不同类别印刷品的检测

针对不同类别的印刷品,国家标准中给出了各自的检测方法,如《GB/T 7705—2008,平版装潢印刷品》《GB/T 7706—2008,凸版装潢印刷品》《GB/T 7708—2008,凹版装潢印刷品》《GB/T 17497.1—2012 柔性版装潢印刷品　第 1 部分:纸张类》《GB/T 17497.2—2012 柔性版装潢印刷品　第 2 部分:塑料与金属箔类》《GB/T 17497.3—2012 柔性版装潢印刷品　第 3 部分:瓦楞纸板类》,以 GB/T 7705 为例,介绍一下不同印刷品的检测。

平版装潢印刷品是应用最多的一类装潢印刷品,2008 年修订了 GB/T 7705《平版装潢印刷品》,其检验方法及具体参数如下。

(一) 成品规格尺寸偏差

表 5-5　　　　　　　　　　　　　裁切成品规格尺寸偏差

裁切成品规格/mm	尺寸极限偏差	
	精细产品/mm	一般产品/mm
390×543 及以下	±0.5	±1.0
390×543 以上	±1.0	±1.5

表 5-6　　　　　　　　　　模切成品规格尺寸偏差

模切成品规格/mm	尺寸极限偏差	
	精细产品/mm	一般产品/mm
135×195 及以下	±0.4	±0.5
135×195 以上	±0.8	±1.0

表 5-7　　　　　　　　　有对称要求的成品图案位置偏差

成品规格/mm	对称图案允许偏差	
	精细产品/mm	一般产品/mm
135×195 及以下	±0.4	±0.5
135×195 以上	±0.8	±1.0

（二）套印误差

表 5-8　　　　　　　　　　　　套印误差

套印部位	套印允许误差	
	精细产品/mm	一般产品/mm
主要部位	≤0.10	≤0.20
次要部位	≤0.20	≤0.25

主要部位：画面上反映主题的部位，如图像、文字、标志等。
次要部位：画面上除主要部位以外的其他部位。

（三）实地印刷

表 5-9　　　　　　　　　　　　实地印刷要求

指标	单位	符号	指标值			
			精细产品		一般产品	
同色密度偏差		D_s	≤0.05		≤0.07	
同批同色色差	CIEL*a*b*	ΔE_{ab}^*	$L^*>50.00$ ≤4.00	$L^*\leq50.00$ ≤3.00	$L^*>50.00$ ≤6.00	$L^*\leq50.00$ ≤5.00
墨层光泽度[a]	%	$G_s(60°)$	≥30		—	
墨层耐磨性[b]	%	A_s	≥40			
墨层上光后印面的耐磨性[b]	%	A_s	≥70			

[a] 无光泽度要求的产品可取消此项指标。
[b] 无耐磨性要求的产品可取消此项指标。

（四）网点印刷要求

（1）亮调网点再现百分率：精细产品≤3%；一般产品≤5%。
（2）正常墨量 50% 网点增大值应符合表 5-10 规定。

表 5-10　　　　　　　　　　　50％网点增大值

指标名称	指标值	
	精细产品	一般产品
50％网点增大值(ΔF)[a]	≤15％	≤20％

[a] 在墨色实地密度正常情况下。

（五）印面外观

1. 精细产品

① 成品应整洁，每件成品主要部位上不能有直径＞0.3mm 的墨皮、纸毛等脏污，直径≤0.3mm 的墨皮、纸毛等脏污，不能超过 2 点；次要部位上不能有直径＞1mm 的墨皮、纸毛等脏污，直径≤1mm 的墨皮、纸毛等脏污，不能超过 3 点。

② 文字印刷应清晰完整，无残缺变形，小于 5.5P（7 号）的字应不影响认读（P—Point，1P 约为 0.35mm）。

③ 印面不应存在明显条痕。

④ 图像应清晰，层次清楚，网点应清晰均匀无变形和残缺。

⑤ 印刷色相应符合付印样要求。

2. 一般产品

① 成品应整洁，每件成品主要部位上不能有直径＞1.5mm 的墨皮、纸毛等脏污，直径≤1.5mm 的墨皮、纸毛等脏污，不能超过 2 点；次要部位上不能有直径＞2mm 的墨皮、纸毛等脏污，直径≤2mm 的墨皮、纸毛等脏污，不能超过 5 点。

② 文字印刷应基本清晰完整，无残缺变形，小于 5.5P（7 号）的字应不影响认读。

③ 印面不应存在明显条痕。

④ 图像应较清晰，应无残缺和花糊版。

⑤ 印刷色相应基本符合付印样要求。

（六）印面烫箔外观

烫箔（foil-stamping），是指以金属箔或颜料箔，通过热压转印到印刷品或其他物品表面上，以增进装饰效果的加工方式。

对于精细产品的烫箔，图文烫箔应完整清晰、牢固、平实，应无虚烫、糊版、脏版和砂眼；字迹烫箔应清晰，应不发毛、无缺笔断划；图文烫箔表面应光亮。

对于一般产品的烫箔，图文烫箔应完整清晰、牢固、平实，应无明显虚烫、糊版、脏版；字迹烫箔应清晰，应无明显残缺；图文烫箔表面应光亮应无明显差异。

（七）印面凹凸印外观

凹凸印（embossing），是指用凹凸两块印版，把印刷品压印出浮雕状图像的加工方式。

对于精细产品的凹凸印，图文凹凸印应均匀，轮廓应清晰，印纸张纤维应无断裂。

对于一般产品的凹凸印，图文凹凸印应基本均匀，凹凸印轮廓应基本清晰，纸张纤维应无断裂。

（八）印面覆膜外观

（1）精细产品

① 覆膜粘结应完整、牢固。
② 覆膜面应干净、平整，光洁度好，不变色，应无折皱、起泡等。
（2）一般产品
① 覆膜粘结应完整、牢固。
② 覆膜面应基本干净、平整，应无明显折皱、起泡等。

（九）印面上、压光外观

（1）精细产品
① 上光涂层涂布应均匀，表面不能有气泡、条痕、起皱等。
② 上光膜两侧亮度应一致，且光泽好。
③ 压光表面光亮度应一致，且应有高光泽。
（2）一般产品
① 上光涂层涂布应基本均匀，表面允许有少量可接受的细小气泡，但不可有条痕、起皱等。
② 上光膜两侧亮度应基本一致，光泽好。
③ 压光表面光亮度应基本一致，且应有较高光泽。

第三节　印刷质量控制

印刷质量控制技术的发展大致可概括为如下四个阶段。

（1）基于印刷机墨量控制的自动化阶段　早期的印刷生产墨量控制通过人工旋转印刷机墨斗螺钉调节墨斗开口控制下墨量大小，确保供墨量达到生产要求。这种调节螺钉方法过多依靠人力，工作效率及准确性低，无法保证快速准确地确定生产中的油墨用量。实现印刷机供墨量控制的自动化成为当时质量控制的核心和关注点。1972年德国罗兰印刷机制造公司在印刷机上率先安装了计算机墨量控制系统，通过模拟数字电路方式实现印刷生产过程墨量供给的定量控制，标志着印刷墨量自动化控制的开始。随后，各大印刷机制造厂商纷纷开发自有专利的墨量控制系统，其中较为著名的有曼罗兰公司的 Inkline 自动供墨系统、海德堡公司的 CPC 给墨量和套准遥控装置、高宝公司的 Colortronic 墨量与润湿量设定系统和小森公司的 PAI 系统。

（2）基于彩色图像的颜色属性数字化阶段　随着彩色图像印刷应用的普及和印刷生产的需求，确定图像印刷质量的评判标准、实现对印刷质量客观数字化的控制成为印刷业需要解决的问题。20世纪80年代基于颜色的密度特征及印刷生产半色调图像合成与颜色密度的关系，印刷行业开始对彩色图像印刷密度进行测量和控制，逐步建立了彩色图像质量控制的照相蒙版法和模拟电子蒙版法，从分色技术及其控制突破实现彩色图像印刷的质量控制，实现了对印刷质量从定性向定量控制的转变，密度测量开始应用于印刷生产中。20世纪90年代初，随着信息采集手段的多样化和计算机在印前文件制作中的应用，基于彩色图像光谱特征的色度测量技术应用于印前分色，利用色差评价印刷产品的质量，并向软硬打样扩展，逐步建立起基于色度的图像印刷分色及质量控制技术。针对印刷行业颜色测量的市场需求，各大光学仪器厂商也开发了相应的光学测量仪器，从测量硬件方面推动了印刷质量控制数字化的实现，其中有代表性的产品有美国爱色丽公司的500系列分光密度计、分光光度计，这些仪器可以实现颜色密度、网点大小及网点叠印、颜色色度信息的测量。

（3）基于印刷生产流程的质量控制数字化阶段　20世纪90年代中期，计算机直接制版技术在印前制版中得到应用，由于这种制版技术实现印前图文信息直接向印版转印，实现了数字化制版，同时印前生产流程的逐步数字化，使得在制版前图文信息更多的以数字信息形式存在，可对网点进行相应的修改，针对后期生产过程中出现的网点扩大较为严重及灰平衡控制不正确的问题，可通过修改数字文件中网点面积的大小解决，简化了对印刷机调整的难度。同时，印刷生产的数字化生产流程开始在得到广泛应用，印前生产各个环节之间的信息传递实现了全数字化，印前与印刷生产环节可通过PPF墨量控制文件实现对印刷油墨量的预设，使得印刷生产的效率进一步提升。

（4）基于标准的印刷过程控制阶段　2005—2010年间，彩色图像印刷复制进入了精细化时期。国际大品牌用户不断提升的彩色图像质量需求以及印刷工业自身市场细分的需求共同推动了印刷质量标准的构建，形成印刷过程控制体系来满足高端企业和社会发展的日益增长的质量需求。比如，德国Fogra为满足宝马、西门子等大型企业对其印刷产品质量控制、检测的需求，经过长期的研究制定了一套相应的印刷质量评价标准。为满足印刷产品全球采购质量一致的要求，ISO下属印刷技术协会TC130组织基于Fogra研究，制定了ISO12647系列印刷国际标准。根据此标准，西方印刷行业协会开始基于采用印刷过程控制的方法，通过整合印刷生产系统中与印刷质量相关的设备、材料和工艺，建立面向多种印刷输出设备的彩色图像印刷与再现控制体系，并开展全球性认证项目。如Fogra为德国印刷及媒体工业基金会（BVDM）开发了Process Standard Offset（PSO）印刷测试方法；GRACoL根据中性灰平衡控制原理按照ISO标准数据要求，经过对印刷过程的数理统计开发了G7印刷过程控制方法，并在美国国内推广应用。各大印刷服务商也针对印刷企业实施ISO 12647标准中操作困难的问题，开发了相应的过程控制软件，例如海德堡的Toolbox、GMG公司的Rapid Check、CGS公司的Oris Certified Press、Techkon公司的Expresso等，可以帮助印刷企业快速评价印刷产品是否达到质量标准并进行相应的补偿修改。国外长期的理论研究积累、印刷买家标准化的认可设备与软件制造商的推动以及政府与印刷行业组织的协同，使得彩色图像印刷质量控制正在以先进印刷标准、精确测试手段和系统测试方法来促进国外印刷企业印刷生产的标准化，并通过印刷质量的过程控制来获得良好的效果，彩色印刷质量的过程控制方法正在兴起和完善，也正在成为印刷企业实施与应用的共识和提升企业竞争力的方法。

一、ISO 10128规定的三种印刷色彩控制方法

作为印刷质量评价的决定性因素之一，色彩再现性直接影响印刷品的整体复制效果。在现代对印刷品要求越来越高的时代，无论是在精细产品的复制中，还是在标准化认证过程中，保证原稿色彩在复制过程中正确的传递和再现都无疑成为了关键点。

ISO/TS 10128规范提出了三种用以提高色彩复制准确性，实现ISO 12647-2的方法：一种是基于控制印刷网点扩大曲线（TVI）的手段，一种是基于控制灰平衡的方法，最后一种是Device-Link的途径。目前行业内基于ISO 12647-2认证的实现方法，比如G7、PSO等，也无外乎是从上述三者中选择一种或者有侧重组合其中两种。

(一)控制阶调值增加曲线方法

这种方法是印刷业界最常用最传统的方法,通过控制 TVI 曲线来控制印刷品的质量。但这里有几个基本的假设:如果原色和二次色油墨是正确的,印刷色域的外部也是正确的;如果单个颜色的阶调值曲线符合要求,那么它们的叠印数据也会符合要求;在一定范围内,印刷设备间(或者印刷设备和参考印刷条件间)阶调增加值的差异可以通过输入阶调值一系列单个通道的修正实现补偿。

在使用这种方法时,油墨需符合 ISO 2846-1 的要求,承印物、原色、二次色及 TVI 需符合 ISO 12647-2 的要求。所有的特性化数据都应基于 ISO 12642-1 或 ISO 12642-2 定义的油墨数据。样本测量时须符合 ISO 13655 的要求。

(二)灰平衡校正方法

控制阶调增加值曲线方法的阶调值曲线匹配对大多数场合是足够了,但它仅考虑到了影响二次色和三次色颜色的众多因素中的一个。很明显,阶调值曲线是最重要的,但印刷色也受到油墨叠印、油墨透明度、水墨平衡等的影响。创建参考印刷条件特性化数据时和印刷生产时的印刷机、油墨、纸张的这些参数都不一样。

参考中性灰梯尺的参考特性化数据和预期生产印刷的色度值和比较运行每一个通道确定一个转换(阶调值调整曲线)。近似于上面阶调值校正曲线方法,它们具有对二次变化进行补偿的能力,这就会影响三次色中性梯尺。

当参考特性化数据被用于让参考中性灰梯尺达到很好的灰平衡时,这种方法也就允许用灰平衡来替代阶调值曲线监测印刷工艺。

可以用任意的参考特性化数据通过中性灰梯尺确定需要的阶调值调整曲线。就像前面提到的,如果待匹配的特性化数据用于达到很好的灰平衡,中性灰梯尺的灰平衡块就可以用于基于灰平衡的工艺控制。

不需要时,还是可以很方便地从参考特性化数据或预期的印刷生产中用预定义的 CMY 中性灰集合提前中性灰数据。其中一种梯尺如表 5-11 所示。

表 5-11 中性灰阶调梯尺举例

梯级	阶调值			梯级	阶调值		
	青	品红	黄		青	品红	黄
1	0.00	0.00	0.00	14	49.80	40.00	40.00
2	1.96	1.18	1.18	15	54.90	45.10	45.10
3	3.92	2.75	2.75	16	60.00	50.20	50.20
4	5.88	4.31	4.31	17	65.10	55.29	55.29
5	7.84	5.49	5.49	18	69.80	60.39	60.39
6	10.20	7.45	7.45	19	74.90	65.88	65.88
7	14.90	10.98	10.98	20	80.00	71.76	71.76
8	20.00	14.90	14.90	21	85.10	78.04	78.04
9	25.10	18.82	18.82	22	89.80	84.31	84.31
10	30.20	23.14	23.14	23	94.90	92.16	92.16
11	34.90	27.06	27.06	24	98.04	96.86	96.86
12	40.00	31.37	31.37	25	100.00	100.00	100.00
13	45.10	35.69	35.69				

注:表中的阶调值保留了两位小数,因为大多数特性化数据用每通道 8 位二进制数表示,这些值对应于 8 位数据的等间隔量化。由于和中性灰数据联系在一起的色度数据常常由彩色特性化数据计算或插值而来,这尽可能减小了转换误差。

印刷设备的评估测试就是要匹配目标色的实地，印刷 ISO 12642-2 或近似的色靶，再进行特性化数据的测量，然后计算中性灰梯尺的色度值。另外，测试版上可以放一个中性灰梯尺，便于直接测量。

有了参考特性化数据和待校正印刷机的特性化数据，很多色彩分析工具可以用确定待校正的印刷机的阶调值，该阶调值能够匹配目标特性化数据的中性灰梯尺的色度值。

规定的中性灰梯尺和从参考特性化数据计算的中性灰梯尺的 CIELAB 色度坐标的 CMY 阶调值差异就是需要的 CMY 阶调值校正曲线。黑色有独立的 K 阶调值校正曲线。

用源于中性灰梯尺的阶调值校正曲线进行的印刷机色彩调整等同于用阶调值方法的色彩校正。它通常通过制版曲线实现，但也可以用特定工作流程中的其他的数字化梯尺完成。

（三）CMYK 到 CMYK 多维转换的使用

阶调增加值曲线方法或中性灰校正方法的 CMYK 阶调值校正曲线能够满足大多数场合下的要求。然而，它们都假定各通道之间没有很强的相关性，并且所用的油墨都和待匹配的参考特性化数据有近似的色彩和透明度。多维色彩转换（比如，ICC devic-link 色彩管理文件）就考虑到了印刷色彩（油墨）的四维之间的相互影响。此方法不同于传统的色彩管理，传统的色彩管理方法（例如用 ICC）会用 profile 文件把参考特性化数据转换成 PCS 空间的色度编码，然后再用由印刷生产特性化数据得到的 profile 文件把 PCS 的色度编码转换成 CMYK 数据，如图 5-12 所示，这样就会在所使用的印刷机上获得相同的颜色。

对于印刷色域内的颜色，可以通过不同的 CMYK 阶调值组合再印出相同的颜色。因为印刷任何颜色所用的黑墨量和仅用黑墨（如对于文字、下拉阴影等）的关系在很多的印刷应用中非常重要，传统的色彩管理就不能用了。

一种改进的转换叫 ICC 色彩管理的 device-link profile，可以把一组 CMYK 直接转换成另一组 CMYK 数据。进行这种转换时，软件算法会保持黑色和其他印刷原色的关系，保持对于印刷适性非常重要的原始颜色的属性，如图 5-13 所示。

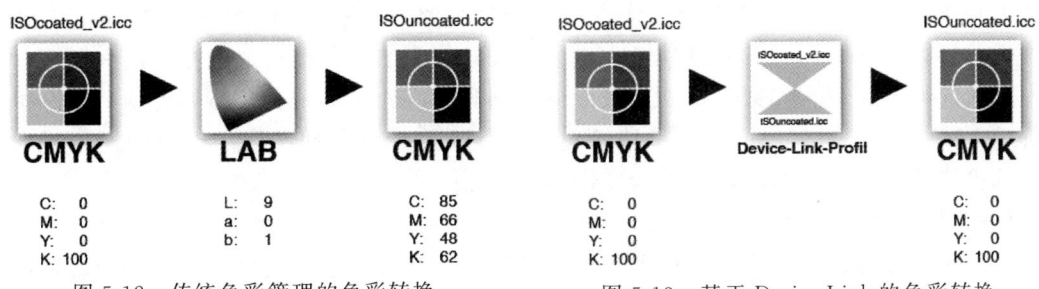

图 5-12　传统色彩管理的色彩转换　　　　图 5-13　基于 Device-Link 的色彩转换

二、基于目标的控制方法

油墨、承印物、印刷工艺之间相互制约着印刷实地所能复制的最大色域，从而也限制了特定组合下所能得到的色彩范围（色域）。常规的油墨色料能够用于所有的传统油墨工艺中，而半色调和喷墨系统则相对于传统油墨工艺有着不同的色彩限制，他们只是倾向于模拟传统印刷油墨目标，而在实际中则被视为传统油墨工艺的变种。油墨在纸张上所获得的色彩范围（色域）所对应的特性化印刷参考状态被分为小部分在新闻纸上的冷固印刷和大部分在高光涂布纸上的印刷（通过不同工艺）。基于这些限制，工艺与承印物之间的组合存在明显的重叠。中间特性化参考印刷条件的数量是逻辑上用于定义印刷相对于目标特性化参考印刷条件的最大和最小容差函数。另外，中间的特性化参考印刷条件同时也代表着常用的印刷方式，并作为决定性因素来确定 ISO/PAS 15339-2 中列出的特性化参考印刷条件（characterized reference printing condition，CRPC）。另外，特性化参考印刷条件 7 包含了超出特性化参考印刷条件所能呈现色域的广色域交换情况，因此单独作为广色域的参考文件。

每一特性化参考印刷条件都需要一组色彩特性化数据集。ISO/PAS 15339 的目的在于提供一组可用于所有印刷工艺的参考数据，这些数据可能并不是典型的 TVI 或叠印率等于印刷工艺直接相关的参数。而所选择的参数需要能够代表所有可能使用的潜在工艺，例如虚拟印刷系统上生成的模拟打印。

数字数据不仅可以是编码后的分色 CMYK 信息，也可以由用于定义印刷样张目标色彩的补充信息（ICC 特性文件等）的未分隔数据（通常在 RGB 色彩空间中）构成。这些未分隔数据加上相关的补充数据通常被称作"虚拟 CMYK"数据。所有按照 PDF/X 任一规范编码的数据（ISO 15930 部分）都允许包含必要的用于识别目标特性参考印刷条件的元数据。

印刷承印物的色彩对于印刷图片的外观至关重要（它类似于印刷的第五种颜色）。由于目前荧光增白剂（OBA）的广泛使用，承印物的色彩通过它在 D50 光源下的反射外观来进行定义（见 ISO 3664）。对于半色调图片，承印物的本身色彩主要会影响到油墨未覆盖的区域。ISO 13655 提供了一种相对合理的方法用于调整因承印物色彩变化后测量的半色调特性化数据的三刺激值。ISO/PAS 15339 标准的前提是基于色彩特性化数据可以根据多种常用承印物的色彩进行调整（微调），而且因承印物色彩差异进行的修改并不需要另行定义不同的特性化参考印刷条件。

尽管密度、阶调增加值（TVI）、灰平衡等对于印刷和出版行业都是重要的控制手段，但在 ISO/PAS 15339-1 中，它们被认为是过程控制的一种手段而并不是印刷定义。在发展参考色彩特性化数据时需要将其考虑进去，并且作为本地化推行过程控制的一部分。

现代的特性化数据和文件评估工具能够识别彩色实地，单个彩色阶调色块，以及中性灰阶的 CMY 值（非彩色）。以色彩特性化数据得到值，而非预设值，作为印刷过程的控制目标更能够符合特定的特性化参考印刷条件。

（一）技术要求

（1）原则和假设　主要原则依据于每种印刷工艺都可以通过调整色彩数据内容从而达到指定的色域，进而复制出所指定参考色彩特性化数据色域范围内的图像。印刷目标是与工艺无关。

而另一个原则就是过程控制的目标和手段应该基于（或脱胎于）所选择的参考色彩特性化数据，而非先验假设。许多类似于阶调增加值、灰平衡等用于过程控制的参数在作为参考的色彩特性化数据中都可追溯到。初始设置过程中也可以使用内部标准，但这一标准的使用必须基于色彩特性化数据目标与实际印刷系统的色彩特性数据差异巨大的前提下。

一些不同的特性化参考印刷条件（具有不同色域）可能需要一些相似的特性（例如阶

调值），而这些特性也需要建立在特性化参考印刷条件的色彩特性数据中。特性化参考印刷条件及其相关的色彩特性数据，可以被认为是一个虚拟的印刷系统，因此特性化数据可以从数据上进行修改优化得到更平滑、更均匀以及其他优良特性的完美复制。

能够取得完美复制的关键在于用于印刷系统的特性化数据与参考色彩特性化数据具有一致的色域，且足以完成必要的调整。

（2）数据编码 在没有其他协议之前，电子色彩内容数据目前作为复制准备、活件分配、打样以及印刷的中间存储和交换媒介，其编码方式应按照 ISO 15930 要求。其他任何偏差，例如按照 ISO 12639 编码或其他格式，都应提前就各部门达成一致，并且在未提供作为参考的特性化文件时必须包含目标状态的参考特性化数据通信。

（3）数据准备 所有印刷元素都需作为设备代码值或定义的色度数据，但是两种类型的数据如果以印刷元素的形式出现，则需要作为单独的特性化参考印刷条件。这一状态需要以 PDF/X 形式输出内容，便于 ISO 15930 中定义的交换，或是以其他共同商定的方式进行沟通。

（4）特性化参考印刷条件和色彩特性化数据 如果代替的印刷工艺使用的色料并不符合特性化数据集的色度值，则色度值可以通过现有色料结合来进行模拟，假定这些色料形成的色域能够包含所选择的特性参考印刷条件。为了方便起见，ISO/PAS 15339 仍旧以单色实地，二次叠印色等作为替代印刷系统下现有色料结合模拟的目标值。

所有色度测量需符合 ISO 13655M1 白色衬底。承印物应不包含荧光增白剂，如果 M1 数据与 M0 一致，则 M0 数据可以替代 M1 数据使用。如果没有办法测量 M1 数据，则可以将 M0 数据转化为 M1 数据使用。

测量状态以及关于 ISO/PAS 15339CRPCs（ISO/PAS 15339-2 及未来部分）提供的所有色度数据的解释都应以按出现这些数据的 ISO/PAS 15339 进行定义。

ISO/PAS 15339-2 中列出的参考特性化状态是介于邻近两种印刷状态之间的，其印刷工艺和承印物色度均可通用。希望可以通过仅调整承印物色度就可以让单一的特性化参考印刷条件满足较大范围的需要，并独立于使用的印刷工艺。

（5）特性化参考印刷条件的选择标准 可以预计印刷行业（在油墨和纸张协会的支持下）会开始建立支持大多数特性化参考印刷条件的承印物类型和印刷工艺的分类标准。同样的内容可以应用于多种工艺或多种承印物的情况中，并根据不同需要来选择色域。如果仅有一种承印物和印刷系统参与，则通常选择最大的色域范围。

选择的特性化参考印刷条件应作为设计和内容生成参考。各方（印前、打样和印刷）对于目标印刷状态的沟通仅需基于 ISO/PAS 15339，而在印前准备、打样或印刷时需充分考虑所选印刷工艺对于色域的限制。不是所有的印刷工艺在同样的限制下都能够达到一样的色域。胶印、凹印、柔印、静电成像（electrophotographic）、喷墨等每种工艺的局限都需要在印刷的数据准备环节考虑周全。这些限制通常包括总油墨覆盖率，最小和最大可印刷网点等。

（6）调整承印物色差 包含在 ISO/PAS 15339-2 的特性化数据均需基于 ISO 12642-2 定义的 CMYK 特性化目标。因此在每一数据集的元数据中都会给出承印物色度。

如果使用的印刷承印物其色彩与所选择用于数据准备和数据交换的参考印刷条件存在差异，则建议修正这种数据差异。使用唯一的方法来完成校正能够让不同的用户得到一致的结果。半色调图像能够正确复制的转换按照第四节中"纸张颜色偏差的处理方法"的方法错了。当承印物确实进行了色彩调整，则调整方法和目标承印物色彩应告知所有参与部门。

当印刷承印物与所选择的用于数据准备和数据交换的特性化参考印刷条件存在差异，且色差大于 2 小于 5（CIEDE2000），则在开始打样和印刷前按照上述方法进行调整。

如果承印物的色差大于 5（CIEDE2000），则在进行修正需注意一些特殊的色彩特性化数据可能超出 ISO/PAS 15339 的定义范围。

如果用于交换的特性化数据修改了承印物色度，则不能单纯按照 ISO/PAS 15339-CRPCx 进行参考。由于二者的交换并非盲目交换，需要考虑承印物的一致性以及承印物修正的交换性甚至包括内部元数据。而对于盲目交换，则可以视作可选的印刷参考。

（7）可选印刷参考　如果因为使用的油墨，纸张或印刷工艺的不同导致无法找到合适的印刷状态，则可以定义一组色彩特性化数据作为 ISO/PAS 15339 的补充部分。但在使用前相关各方需在复制准备前达成一致，使用的色彩特性化数据以及色彩管理文件须与文件内容一块传递。

色彩特性化文件的使用是数据准备过程的重要部分，色彩特性化文件通常由业务相关单位制定用于限制和提供更为一致的输出内容。但是应避免将色彩特性化数据和色彩管理特性化文件相混淆。尽管特性化文件基于特性化数据，但是它们往往还包含其他数据处理信息。当数据需要转换成 CMYK 或其他工作空间时，就需要色彩特性化文件的参与。根据 ISO 15076-1，输出设备特性文件需要包含特性化文件转换间连接空间的索引，以及设备值与连接空间就感知、饱和度和再现意图的相互转换。另外转换还包括色域映射、分色原理、阶调复制以及阶调值总和等工艺局限。所定义的设备空间来源于所链接的特性化文件连接空间的输入数据。因此许多特性化文件可以根据同样的特性化参考印刷条件生成，而且均有效。特性化文件通常并不包含转换的计算机程序。因此特性化文件并不适用于标准化。

（二）过程控制

（1）概述　尽管过程控制被认为是工厂的义务，但是一些基本原则还是很重要的，而一些传统实践也存在一定变更（在大范围应用电子数据作为内容交换之前）。

通常过程控制的主要步骤包括：

将印刷系统性能优化至尽可能接近特性化参考印刷条件的色域。在既定的色域下确定印刷系统的色彩特性。

内容数据的调整需在稳定的印刷系统操作下进行，满足输入数据与所选的 CRPC 印刷色彩间的匹配。保证通过适当过程控制手段下得到的色彩特性数据是印刷系统能稳定保持的状态。如果必要的话可以根据临时变化对印件内容进行针对性调整。

（2）印刷至既定色域　在这些过程控制调整中，能够稳定保证印刷至既定色域是最重要的准则。既定目标是印刷系统的色域边缘与特性化参考印刷条件的边缘相匹配。但如果色料存在差异则无法达到要求，一般是校正印刷系统保证印刷系统的边缘色域能够包含特性化参考印刷条件的边缘。因此完全可以通过色彩管理或其他手段来让印刷达到 CRPC 的色彩范围。

特性化数据集的过程控制目标和承印物修正的电子表格可在网上下载，如果因为油墨，纸张及所使用的印刷工艺导致 ISO/PAS 15339 中没有可选择的参考色彩特性化数据，则可以自行定义印刷状态。但自定义的印刷状态必须就各方达成一致。印刷状态的色彩特性数据用于定义其色域及相关因素啊参数。ISO 12642-2 目标和 CRPC 定义 CIELAB 印刷色域范围的数据见表 5-12。

表 5-12　　ISO 12642-2 描述印刷色域范围的目标值

色彩	色块 ID 编号	阶调值%			
		青色	品红	黄色	黑色
纸张	1	0	0	0	0
青色	73	100	0	0	0
蓝色	81	100	100	0	0
品红	9	0	100	0	0
红色	657	0	100	100	0
黄色	649	0	0	100	0
绿色	721	100	0	100	0
黑色	1260	0	0	0	100
三次叠印色	729	100	100	100	0
四次叠印色	1286	100	100	100	100

（3）确定色彩特性　一旦印刷状态能够保证达到所需的色域并代表可复制的稳定印刷状态，则 ISO 12642-2 的色彩特性目标及其他过程控制目标都可以满足。测试目标和过程控制元素需要与目标活件的图文结构相结合。例如胶印，应包含分色、加网及阶调值总和；而凹印，则雕刻滚筒的参数是至关重要的；对于柔印，则转移油墨的雕刻网纹辊起到了关键作用。行业贸易协会及行业协会，例如 GhentWorkgroup、BVDM、ECI、FOGRA、WAN-Ifra、IDEAlliance 均提供了如何在各类印刷中保证一致性的操作指引。

测试印刷状态（包括测试版制作和其他图像转移过程）均应仅包含用于印版线性化的必要调整而不涉及其他数据变更。制版过程应保证可再现，并记录下印版阶调值。

测量 ISO 12642-2 中目标色块的色度值，选择 ISO/TS 10128 三种方法中的一种来确定是否需要数据调整使印刷图文能够尽量接近参考色彩特性数据的再现效果。如果进行了数据调整（单色版曲线或多通道转换），则需要记录并作为后续印刷的目标状态。

（4）维持印刷设备的运行特性　一旦在印刷设备的最佳状态下确立了色度标准，则往往使用传统的过程控制手段更能够保证这一状态的维持。密度、TVI、灰平衡等都更加灵敏，并被操作人员所熟知。印刷过程控制目标、色度目标以及其他相关测量（例如密度，网点阶调等）都为后续过程控制提供了基准。

再次强调，这种过程控制并不是 ISO/PAS 15339 的相关部分，但是涉及到印刷标准的建立。

对于目标（即所选择的特性化数据集）与印刷产品的实际色彩间的差异的测量方式可能每个印刷商都不尽相同，这严重左右到印刷运行的成本。从宏观的角度看来，可以分为三种测量和/容差基本面。它们是：

——能达到目标色彩特性化数据的印刷操作能力；

——单一样张上类似输入数据的色度波动；

——运行中关键参数的波动（通常由过程控制目标定义）。

印刷买家和生产商有义务就使用的特性化数据和印刷产品实际色彩与该数据集的匹配程度，以及是否需要对承印物色彩进行修正这三方面达成一致。

ISO 给出了测量平均值和特性化数据目标之间公差建议，包含了所有承印物校正后结果，同时还包含了单独样本和运行平均值之间的波动容差，如表 5-13 所示。

表 5-13　　　　　　　　　四色实地的建议 CIELAB 容差

颜色	偏差 CIEDE2000	允差 CIEDE2000	颜色	偏差 CIEDE2000	允差 CIEDE2000
黑色	5.0	4.0	品红	3.5	2.8
青色	3.5	2.8	黄色	3.5	3.5

ISO 也给出了测量平均值和特性化数据目标之间的 TVI 公差，同时还包含了单独样本和运行平均值之间的波动容差，如表 5-14。

表 5-14　　　　　　　　　　　阶调值容差

阶调值	偏差	允差	阶调值	偏差	允差
<30	3	3	>60	3	3
30 到 60	4	4	中间调扩展	5	5

（5）工作内容的具体调整　在印刷行业中，客户尽管定义了选择的特性数据集，但仍要求色彩调整的情况并不鲜见。这种要求通常出于需要更接近物理参考，成品或仅仅是买家的喜好。这种调整会被确认为"OK"样张，在实际中这种情况不容忽视。

如果在客户的指示下改变了之前所达成一致的特性化参考印刷条件的定义值，则应重新记录数据并作为印刷生产的过程控制目标。

（三）7 种特性化参考印刷条件

ISO/PAS 15339-2 中定义的特性化参考印刷条件的相关特性化数据是标准的，包含的数据文件从 ISO/PAS 15339-CRPC1.txt 到 ISO/PAS 15339-CRPC7.txt。尽管该国际标准进行了固化，但是只要在分发文件头标明它们属于 ISO/PAS 15339 的一部分，仍然能够进行自由使用和分发。当该国际标准有后续的 CRPC 进行发布，预计会按照命名顺序进行编号以避免混淆，即 15339-CRPC-8 会成为下一个数据集。

表格中涵盖的特性化参考印刷条件的选择是基于两种邻近印刷状态的中间值，以期同时适用于两种特性化参考印刷条件以及承印物色彩。如果对承印物色彩进行调整，则会让每一特性化参考印刷条件都满足一个大范围的变化需要，并独立于使用的印刷工艺。

所使用的阶调复制曲线基于 CGATS TR015 中定义的步骤，并与承印物、黑色和三色叠印实地的反射相关。CGATS TR015 的公式提供了对应于近中性灰阶中特定青色阶调值的对应 CIEY 三刺激值。

为了创建 ISO/PAS 15339-1 中不同数据集与修正后承印物中性阶调的线性关系，CMY 三色比例可以通过式（5-11）反映出修正后承印物灰阶的所有数据比例。

$$M=Y=0.7470C-4.100\times10^{-4}C^2+2.940\times10^{-5}C^3 \tag{5-11}$$

此外，三基色的密度阶调值曲线要调整为有一致的阶调增加值。

表 5-15 至表 5-17 中的数据来源于 CRPC 数据文件，并会在图表中予以标注。每个特性化参考印刷条件的特性化数据的 CIELAB a^*-b^* 映射值如图 5-14（见彩插）所示。

所有色度定义均使用符合 ISO 13655 的白衬底，M1 测量条件。

承印物、单色实地、二次叠印色目标值见表 5-15 和表 5-16。

表 5-15　　　　　　　　特性化参考印刷条件：基础色目标值（参考）

CRPC	承印物			印刷实地										
				青色			品红			黄色			黑色		
	L^*	a^*	b^*	L^*	a^*	b^*	L^*	a^*	b^*	L^*	a^*	b^*	L^*	a^*	b^*
1	85	1	5	59	−24	−26	56	48	0	80	−2	60	37	1	4
2	87	0	3	57	−28	−34	52	58	−2	82	−2	72	30	1	2
3	96	1	−4	60	−26	−44	56	61	−2	89	−3	76	32	1	1
4	89	0	3	55	−36	−38	47	66	−3	83	−3	83	23	1	2
5	92	0	0	57	−37	−44	48	71	−4	87	−4	88	19	0	1
6	95	1	−4	56	−37	−50	48	75	−4	89	−4	93	16	0	0
7	97	1	−4	54	−42	−54	47	79	−10	90	−4	103	14	0	0

表 5-16　　　　　　　　特性化参考印刷条件：二次叠印色目标（参考）

CRPC	红色			绿色			蓝色		
	L^*	a^*	b^*	L^*	a^*	b^*	L^*	a^*	b^*
1	54	44	25	55	−35	17	42	7	−22
2	51	55	32	51	−44	19	36	9	−32
3	54	56	28	54	−43	15	38	10	−31
4	46	62	39	49	−54	24	28	14	−39
5	48	65	45	51	−62	26	27	17	−44
6	47	68	48	50	−66	26	25	20	−46
7	47	75	54	50	−72	29	20	26	−53

表 5-17 中列出了每个特性化参考印刷条件单色色阶的 TVI 中间调的色度计算。如果需要的话还可以直接从 CRPC 数据中计算得到更丰富的 TVI 曲线。

表 5-17　　　　　　　　　　色度 TVI（参考）

CRPC	50%输入阶调处的色度 TVI%			
	C	M	Y	K
1	24.3	26.1	26.1	26.2
2	17.3	19.2	19.2	22.0
3	16.8	19.1	19.0	22.1
4	15.9	19.1	19.0	22.1
5	15.0	16.0	16.0	19.1
6	13.4	16.0	16.0	19.0
7	11.6	16.1	16.1	19.1

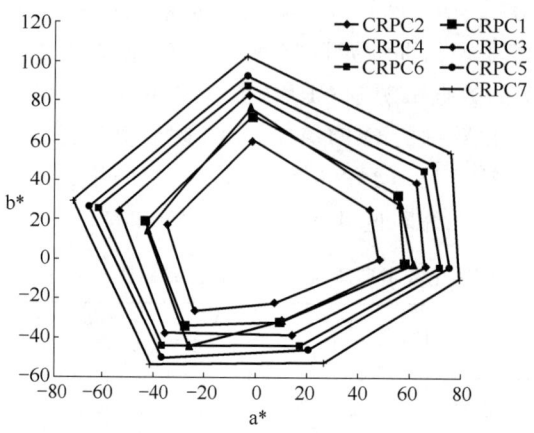

图 5-14 表 5-13 和表 5-14 中的色度定义 CIEa*b*平面图投影（参考）

表 5-18 列出了各特性化参考条件的常规用途，并以一个便于理解的名称对各特性化参考印刷条件进行命名。这些挑选出的特性化参考印刷条件处于两种相邻级别的中间状态，可以用于前后任意一种特性化参考印刷条件的色度和承印物定义。对于承印物色彩的调整允许每一特性化参考印刷条件满足较大范围的需要，并不与使用的印刷方式相关。

表 5-18　　　　　　　　特性化参考印刷条件，常规用途

CRPC	名称	常规用途
1	常规冷固新闻纸	较小印刷色域（新闻纸印刷）
2	常规热固新闻纸	在改善后的新闻纸类型纸张上有中等色域
3	常规优质非涂布纸	哑光非涂布纸上的印刷效果
4	常规超级压光纸	在超超级压光纸张上的一般印刷效果
5	常规出版涂布纸	常规出版印刷
6	常规优质涂布纸	较大色域印刷（通常为商业印刷）
7	常规广色域	广色域印刷工艺

第四节　印刷质量检测系统

为了提高印刷质量的检测效率来降低成本，各种检测系统应运而生，根据与印刷系统的集成程度，可以分为离线系统与在线系统。离线系统独立于印刷生产线，印刷品完成印刷或特定的工序后，进行半成品或成品的质量检测，同时进行剔废；在线系统则和印刷生产线相结合，边生产边进行质量检测。两种类型的系统各有优缺点，在线系统的集成度高，自动化程度高，效率高；同时，由于有的印刷生产线和质量检测系统的速度差加大，离线系统会是更合适的选择。

一、检测原理

印刷质量在线检测系统是以印刷质量评价指标为基础，利用数字图像处理、机器视

觉、模式识别以及印刷工艺原理等技术而形成的一种能够适应高速印刷的对印刷质量进行实时控制与检测的系统。整个印刷质量在线检测系统由光源、图像采集系统、图像采集卡和图像处理系统组成，如图 5-15 所示。目前，印刷质量在线检测技术已经应用在税票印刷、纸币印刷、烟包印刷、银行支票等方面。

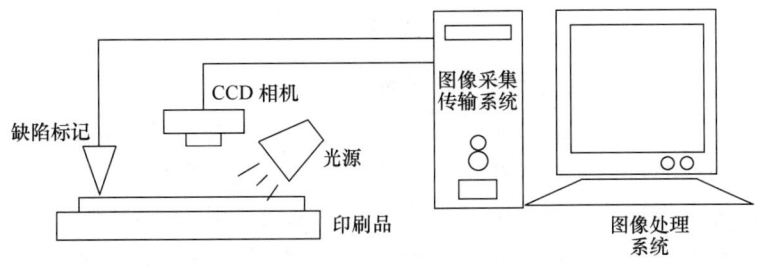

图 5-15　印刷质量在线检测系统

在印刷质量在线检测系统中，印刷图像质量检测算法是图像处理系统的核心部分。而传统印刷质量评价和检测体系主要由印刷生产系统、印刷图像以及人眼视觉系统（Human Visual System，HVS）三部分组成，它们之间的关系如图 5-16 所示。

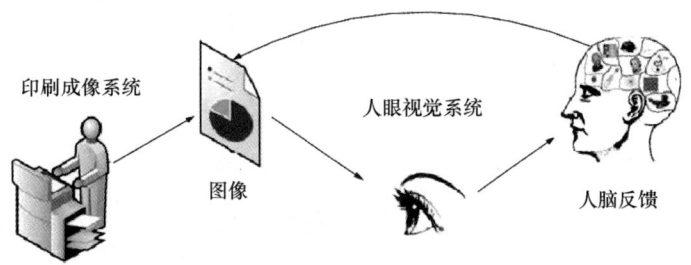

图 5-16　印刷质量评价要素关系图

在对印刷质量进行评价时，HVS 将接收到的印刷图像形成图像视觉，根据主观视觉感知以及印刷质量评价参数形成对印刷产品的质量评价结果。由此可见，人眼作为印刷品的最终视觉信宿，在整个印刷质量评价体系中占有重要地位。而根据人眼所具有视觉特性，人眼在观察图像时，会根据图像的亮度、对比度等产生不同的视觉效果，如视觉掩盖、亮度适应以及对比度敏感等。因此，在对印刷图像质量进行评价时，不能仅依靠印刷质量客观评价指标，应该充分考虑视觉特性对质量评价的影响。

通常情况下，在印刷图像中，一般都含有文字、图形和图像等视觉元素。对于文字和图形，其视觉要求为边缘清晰，文字笔画和图形没有缺损、断笔、白点等，文字和图形厚实，墨色均匀一致。而对于图像，更加注重图像阶调层次、色彩和清晰度等。因此，文字和图像的印刷质量评价的侧重点并不相同。而如果在对整个印刷页面进行印刷质量评价时采用相同的评价方法会导致最后的印刷质量评价结果偏离人眼的视觉感知，从而使印刷质量的客观评价结果与主观评价不一致。另外，在观察和理解图像时，通常会不自觉地对图像中的某些区域产生兴趣，形成视觉"感兴趣区"，并且图像质量很大程度上取决于"感兴趣区"视觉感受。当视觉"感兴趣区"图像质量发生变化时，人眼能敏锐的感知并察觉，而当非"感兴趣区"图像质量发生变化或降质却不易察觉。因此，在图像占主导或文字、图形为主的印刷页面中,将分别形成以文字、图形、图像为主的视觉"感兴趣区",需要采用不同的评价准则对其进行印刷质量评价。所以,可以利用视觉"感兴趣区"策略,将印刷页面分割成文字区和图像区,分别根据文字和图像印刷质量评价指标选择不同印刷质量检测方法,建立基于视觉特性的印刷质量检测体系。

二、在线检测系统

印刷质量在线检测系统在国外出现时间较早,运用比较广泛同时技术也相对成熟,主要设备有:罗兰 Inline Inspector Eagle Eye 系统,通过安装在胶印机最后一个印刷色组上方的摄像头对印刷产品进行实时监控,检测内容包括偏色、墨斑、墨杠、套印、重影、刮痕等印刷缺陷,可以根据印刷产品质量要求在控制系统中对检测灵敏度和检测内容进行调节、控制,以实现不同印刷品的质量控制要求;SHARK 4000 是德国 BST 公司推出的实时的印刷缺陷全检系统,检测精度最高可达 0.05mm^2,同时可以根据印刷缺陷的种类对缺陷检测分类,通过选配集成的 Power Link 可实现 100% 印刷缺陷全检。该系统最主要的特点是提出人眼视觉特性的 ROI(感兴趣区域)检测概念,在非 ROI 区域不进行缺陷检测或设置较大缺陷宽容度,而是对 ROI 区域进行精确的缺陷检测,既可以提高检测速度,也使检测结果符合人眼视觉特性,凸显印刷质量检测智能化;以色列 AVT 公司 Print vision9000 系统,它能够对偏色、拉毛、套印不准等缺陷进行自动检测并报警。

另外,其他应用比较广泛的印刷质量在线检测系统还有海德堡 CP2000 系统、高宝 Quali Tronic 系统、Vision-Experts 公司 Print-Expert 4000 系统、Isra Vision 公司的 Print Star 系统、Lithec Gmbh 公司的 Lith Check 等。

三、离线检测系统

随着现代印刷机的速度越来越快,质量检测的速度很难和印刷速度匹配,因此大量的印刷质量检测离线设备应运而生,许多相关企业研制出一系列针对印品质量、QR 二维码(一种矩阵二维码)和条形码等的检测设备——高速单张品检机。它既能提高生产效率,还能在很大程度上降低生产成本,为企业带来了经济效益和社会效益。

目前这些产品遍布各个行业,有专门针对食品行业的单张纸烟标、酒标、药标、饮料外标签等包装的外观检测设备,还有针对化妆品行业各类化妆品的外包装进行检测的设备。此外,还应用于一些其他领域,例如汽车外观、芯片外观检测等。机型有单张和复卷两种,单张品检机主要分为分页、定位、检测、剔废、收纸五个部分,先将印品码放在给纸部,通过皮带与印品间的摩擦力将一堆印品逐个分离,分离后的印品通过侧规进行定位,接着进入到检测平台,通过高速摄像机进行图像提取、检测,判断是否合格,如果满足要求,直接进入收纸部;如果检测出残次品,需通过剔废部分进行剔除。剔除主要是针对两种不同的错误:一是印品表面质量出现问题,例如:烫金转移不良、拉线、破损、全息烫缺失、烫金糊版、白点、材料斑点、产品划伤、电化铝残缺、反面蹭脏、套印不良、压凸偏位、脏点、褶皱、油墨脏点、覆膜晶点等印刷工艺缺陷;二是监管码出现白色拉丝、刮蹭、黑色拉丝、漏印、污点、遮盖、扭曲、模糊,二维码出现墨脏、定位标缺失、缺印、走版歪版,光学字符识别(OCR)出现重码、错码、骑码、空码等条码缺陷。设备将这两种错误分开剔除,以避免进行二次剔除,剔除过程采用气动控制剔除系统。废品通过 90°转弯皮带机输出，合格品则直接通过收纸部收集，从而完成整个印品检测过程。单纸张的检测幅面由实际产品的大小决定，目前市场上可检测产品种类从吊牌到集装箱外包装等都有涉及。

四、印刷质量检测系统的发展趋势

随着《中国制造 2025》的落实，高新技术会越来越多的渗透到各行各业，加速我国的工业化进程。目前中国已经成为全球印刷业增长速度最大的市场。印刷需求逐年提升，印刷制造业会朝着自动化、标准化、系统化方向发展。印刷质量检测技术在其中起的是促进和提高行业竞争力的作用。

随着印刷生产线的高速化以及高印刷质量需求，印刷品质检测的需求会越来越多，越来越多样。在这个大好形势下，企业抓住这个大好的机遇就能发展壮大自身。机遇与挑战是并存的，企业在发展自身的情况下还需要注意未来的发展趋势才能持续发展。

（1）统一的技术评价标准　目前各大印刷检测设备公司开发的产品在性能指标性能标准、硬件模块、软件开发等各个方面都存在较大差异，还未存在实质上的统一评价标准和通用检测数据库，不利于领域内技术的交流和的发展。只有形成统一而开放的评价标准才能让更多的厂商在相同的平台上互相学习和竞争。这也是促进中国印刷图像在线检测技术朝国际化水平发展的原动力。

（2）接口标准化　未来检测系统与生产设备结合越来越紧密，检测系统与生产设备的接口都标准化，或者检测系统本身就是一个生产设备。计算机蓬勃发展的一个重要原因就是接口标准化。接口标准化后设备生产公司和机器视觉公司就不需要花费工夫在设备接口调试上。节约的资源和劳动力可以投入到自身产品的研发上，提高了整体行业的资源利用率。

（3）信息化与智能化　现在工业现场的检测设备都已经能够做到互联，各个设备之间通过网络通信。但目前还远未发挥出互联网络的价值，通过互联网络将设备检测的缺陷按照工艺类型进行归类，输出数据分析报告。分析报告可以为企业的质量管理提供有效数据支撑。检测设备就不再是被动的缺陷检测工具，而是能主动的为企业生产出谋划策。

从 2010 年开始，图像视觉检测系统就已经开始加速进入印刷各个工序中，替代人工进行质量检测和质量控制，以此提高检测精度和检测效率，这在"用工荒"的背景下具有极其长远的战略发展意义。但是，全流程的印刷质量检测方案并不是每个印刷工序质量检测的简单堆砌和组合，而需要不断地深度融合，并持续发展。未来，包装印刷质量缺陷视觉检测系统将具有以下几个发展趋势。

① 光学成像系统及图像处理软件更加贴近印刷工艺的实质，最终比拼的不是 CMOS 相机数量多少，而是光学成像系统对于印刷工艺中各种缺陷的表现能力。

② 出厂终检环节的自动品检机现阶段主要比拼速度，后期将逐步良性竞争，在工业自动化方向上朝节省人力，提高交货速度，在漏检率、误检率、易用性方面的潜力将得到深度挖掘。

③ 印刷质量的控制环节逐渐前移，印前工艺、印刷工序、印后工序的印刷质量缺陷检测系统将得到更广泛的应用，特别是高光谱颜色测量技术、印前电子文稿对版技术、墨色闭环反馈控制技术的综合应用将成为主流。

④ 采用全流程印刷质量缺陷检测系统的数据综合分析软件，实现检测系统软件和客户 ERP 系统的无缝衔接，通过大数据的新技术融合，全工序检测系统将向企业决策者提供更加系统、完善的质量分析报告、质量决策建议，最终将视觉检测系统融入到工厂品质体系当中，作为生产环节不可缺少的一部分。

⑤ 工业领域中，视觉检测系统将逐渐实现傻瓜化、IT 化、智能化。检测系统融合最新科技，如多点触控技术、云计算和云存储技术、大数据、人工智能技术等，让工业领域的视觉检测系统表现得更智能、更人性化。

未来发展将是视觉系统更多融入生产各个环节的过程，检品机的发展将不仅仅局限在目前的工业领域，将会在人类生活当中发挥更多的作用。

复习思考题

1. 印刷品质量评价的方式有哪些？有何优缺点？
2. 印刷测控条的原理是什么？
3. 打样、印刷、制版、数字印刷测控条由哪些测控块组成？各有什么功能？
4. 平版装潢印刷品从哪些方面进行质量检测？
5. 印刷色彩控制的三种方法是什么？
6. 列举当前工业应用中常见的质量检测系统。

参 考 文 献

[1] 郑元林. 印刷质量与标准化 [M]. 化学工业出版社，2018.
[2] 张通. 彩色图像印刷质量控制方法的研究 [D]. 杭州电子科技大学，2010.
[3] ISO/TS 10128：2009（E）. Graphic technology—Methods of adjustment of the colour reproduction of a printing system to match a set of characterization data [S]. Switzerland：ISO，2009.
[4] ISO/PAS 15339-1：2015. Graphic technology—Printing from digital data across multiple technologies—Part 1：Principles [S]. Switzerland：ISO，2015.
[5] ISO/PAS 15339-2：2015. Graphic technology—Printing from digital data across multiple technologies—Part 2：Characterized reference printing conditions，CRPC1-CRPC7 [S]. Switzerland：ISO，2015.

第六章 印刷企业管理与智能化

印刷业具有意识形态和制造服务双重属性。工业信息技术与智能制造技术加速发展、印刷工艺技术的进步推动印刷产业生产高效与协同发展。新一代的印刷产业以信息化和工业化的深层次高度融合为主线,基于互联网和大数据促进产业转型升级;以印刷产品全周期制造为核心,运用物联网技术、人工智能技术、大数据技术、移动互联网技术以及智能装备技术,全方位、多角度、深层次地建设大数据驱动下新的产业发展模式、新型的生产模式和新的产业布局形式。

第一节 印刷企业管理概述

管理是一种广泛的社会现象和社会活动,是人们为达到某一预期目的而进行的有意识、有目的的活动。现代企业管理,是指管理者在特定的环境中,通过计划、组织、领导和控制等环节,对人力、物力、财力等资源进行协调,以期更有效地实现现代企业目标的过程。

一、印刷企业管理内涵

企业是从事生产、流通和服务等经济活动,实行自主经营、自负盈亏、独立核算的经济单位。企业管理,是指在一定的社会生产方式下,为了实现企业目标,对企业的各管理要素进行有效的计划和控制,以取得最好经济效益的活动的总称。

企业的生产经营活动包括两大部分,一部分是属于企业内部的活动,即以生产为中心的基本生产过程、辅助生产过程以及产前的技术准备过程和产后的服务过程,对这些过程的管理统称为生产管理。另一部分是属于企业外部的活动,联系到社会经济的流通、分配、消费等过程,包括物资供应、产品销售、市场预测与市场调查、用户服务等,对这些过程的管理统称为经营管理,它是生产管理的延伸。

1. 企业管理的要素

关于企业管理要素,过去曾一度简单概括为:人、财、物、供、产、销。而时下,人们更趋向于将企业管理的要素归纳为"7M",即 Men(人事);Money(金钱);Methods(方法);Machines(机器);Material(物);Market(市场);Mind(精神)。这七个方面构成企业管理的具体内容,同时它们彼此相关、相互作用,渗透于企业各项工作。

2. 管理活动的目的与客观评价

管理活动的目的在于更有效地实现现代企业目标。

判断一个管理者管理工作有效性的关键指标有两方面:一是效率,二是效果。效率是一种投入产出关系。投入一定,产出越高,则效率越高,或者给定产出,投入越少,则效率越高。效果是相对于目标而言的。管理现代企业的活动达到了预期的目标,则有效果;反之则无效果。效率与效果是相互联系的,没有效率,在竞争性环境中一般不会有好的效果；但仅有效率，绝不意味着必然会有好的效果。

二、印刷企业管理的主要任务

随着现代商品经济的发展，企业管理的职能逐渐由以生产为中心的生产型管理发展为以生产经营为中心的生产经营型管理。因此，企业管理不仅要合理地组织企业内部的全部生产活动，还必须把企业作为整个社会经济系统的一个要素，按照客观经济规律，科学地组织企业的全部经营活动。

1. 合理组织生产力

企业管理最基本的任务，有两个方面的含义。

（1）使企业现有的生产要素得到合理配置与有效利用，具体说来，就是要把企业现有的劳动资料、劳动对象、劳动者和科学技术等生产要素合理地组织在一起，恰当地协调他们之间的关系和比例，使企业生产组织合理化，从而实现物尽其用，人尽其才。

（2）不断开发新的生产。第一，不断地改进劳动资料，并不断地采用新的更先进的劳动资料；第二，不断地改进生产技术，并不断地用新的技术来改造生产工艺、流程；第三，不断地发现新的原材料或原有原材料的新的用途；第四，不断地对职工进行技术培训，并不断地引进优秀科技人员与管理人员。

2. 维护并不断地改善社会生产关系

企业管理总是在某种特定的社会生产关系下进行的，一定的社会生产关系是企业管理的基础，它从根本上决定着企业管理的社会属性，从全局上制约着企业管理的基本过程。因此，企业管理的重要任务之一就是要维护其赖以产生、存在的社会关系。另一方面，由于生产关系具有相对稳定性，在相当长的一个历史阶段内，其基本性质可以保持不变，而生产力却是非常活跃、不断变革的因素，必然会与原有的生产关系在某些环节、某些方面发生矛盾。这时，为了保证生产力的不断发展，完全有必要在保持现有生产关系的基本性质不变的前提下，通过改进企业管理手段、方法和途径对生产关系的某些环节、某些方面进行调整、改善，以适应生产力不断发展的需要。

印刷业是一个竞争激烈并且以需求为导向的行业，已广泛渗透到国民经济的各个行业。在日新月异的技术创新环境下，时常面对本地、本国或国际激烈竞争所带来的挑战，管理企业是一项需要非凡技能和卓越判断力的艰巨任务，必须精心研究需要管理的内容，确定印刷作为一个行业所固有的本质属性以及经营各种印刷业务的企业所特有的本质属性，明确企业的功能及目前如何经营，最后进行控制决策，以实现企业发展的目标。

三、印刷企业管理的基本原理

印刷企业管理的基本原理，可以做如下简单概括。

（1）人本原理　世界上一切科学技术的进步，一切物质财富的创造，一切社会生产力的发展，一切社会经济系统的运行，都离不开人的服务、人的劳动、人的管理。人本原理就是以人为中心的管理思想，这是管理理论发展到 20 世纪末的主要特点。

人本原理包括下述主要观点：①职工是企业的主体；②职工参与是有效管理的关键；③使人性得到最完美的发展是现代管理的核心；④服务于人是管理的根本目的。因此，尊重人、依靠人、发展人、为了人是人本原理的基本内容和特点。

(2) 规律性原理　运用辩证唯物主义的规律性认识管理工作并对其进行研究，达到按照生产力、生产关系和上层建筑发展运动的客观规律来管理企业的目的，这就是规律性原理。根据生产力发展规律，企业管理要达到以下要求：社会化大生产必须按专业化、协作化、联合化来组织，生产的组织要依据不同的生产特点和类型采取不同的组织形式、控制方法；企业的发展和技术改造要符合生产力合理布局的要求。

(3) 系统性原理　所谓系统，就是按照统一的功能目的而组成的有机整体。现代管理不再是过去的小生产管理，它总是处在各个层次的系统，每个单位，每个管理法则，每个人都不可能孤立存在。它既属于本系统内，又与周围各系统发生各种形式的"输入"与"输出"联系，同时还从属于一个更大的系统范畴。因此，为达到最佳管理，必须进行充分的系统分析，这就是管理的系统性原理。

(4) 控制性原理　现代管理的控制活动，就是通过不断接受和交换内外信息，依据一定的标准，监督检查计划的执行情况，发现偏差，采取有效措施，调整生产经营活动等手段，以达到预期的目标。控制职能是社会化大生产的客观要求。没有控制职能，管理职能体系就不完整，也就不能进行有效的管理。

一个系统的控制功能要发挥作用，必须具备两个基本前提：计划和实施控制职能的组织机构是以计划为依据，计划越是明确、全面和具体，控制的效果也就越好，同时计划中要有明确的检验标准，这是有效控制的条件之一；控制职能的发挥还要建立相应的组织机构，实现对计划执行情况的考察、衡量，并对偏差采取纠正措施，保证计划的顺利完成。在控制活动中必须做好信息反馈，这也是实现有效控制的重要条件，所以在控制系统组织机构中应明确规定有关信息的收集、整理、传送的分工和职责。

(5) 弹性原理　管理的弹性原理是企业管理在客观环境作用下为达到管理目标的应变能力。其主要内容：一是由于随机性和偶然性是客观存在的，不能静止地、机械地看问题；二是由于随机性和管理领域的特点，要求管理系统包括企业管理必须具有一定的弹性；三是使管理具备弹性的办法是在大量统计中发现规律，从高层次范围内发现方向，从潜在问题中进行应变准备，给管理系统更大的灵活性。

在应用弹性原理时，必须注意"消极弹性"。"消极弹性"的根本特点是把留有余地当做"留一手"。例如，定计划松些、定指标低些、定人员多些等。这种消极弹性，虽在特定条件下可以有限地运用，但现代管理要着眼于"积极弹性"，不是"留一手"而是"多几手"，通过充分发挥智能，进行科学预测，制定可供选择的多种调节方案以适应变化的客观环境，从而在任何条件下都能保证获得最佳效益。

(6) 激励原理　任何形式的运动都需要动力。管理作为一种运转形式，要持续而有效地运行下去，也必须依靠强大的动力推动。人是企业系统的基本组成要素。人的积极性具有极大的内在潜力，企业必须采用科学的方法激发人的内在潜力，使每个人都做到尽其所能，自觉努力地工作，这就是管理的激励原理。激励原理表明，人们的努力决定于奖励的价值及个人认为需要努力的程度和获奖概率。

(7) 效益原理　企业作为商品生产者和经营者，必须以尽量少的消耗和资金占用，生产出尽可能多的符合社会需要的产品，不断地提高经济效益，这就是管理的效益性原理。追求经济效果，提高经济效益是企业根本目标之一，是企业各方面工作的综合表现。提高经济效益实质上是提高劳动生产率和社会经济效益得以增长的前提。

四、印刷企业管理的主要方法

企业管理要讲究一定的方法。管理方法是在管理活动中为实现管理目标、保证管理活动顺利进行并不断提高功效所采取的一系列手段、措施、途径等，亦即工作方式。管理方法一般可以分为：管理的法律方法、管理的行政方法、管理的经济方法、管理的教育方法和管理的技术方法。它们构成一个完整的管理方法体系，在企业管理中起到不同的作用。

（1）企业管理的法律方法　法律方法就是一般理解的"法治"。管理上用的法律方法，是指国家、各个管理系统和企业本身所制定和实施的法律和社会规范。

在管理中使用法律方法，可以使管理系统中各个子系统明确自己的职责、权利和义务，使它们之间的渠道畅通并正常地发挥各自的职能，使整个管理系统自动有效地运转。法律方法依靠自己的概括性和稳定性，能使管理系统相对稳定，这种稳定性有利于管理系统的正常运行。当然，法律方法也有一定的局限性，例如它只适宜于处理某些共性的问题，而不宜处理特殊的个别问题；只适宜于处理实际问题，而不宜处理意识形态领域里的问题等。因此，法律方法要和行政、经济、教育等方法结合使用。

企业管理的法律方法，是指国家根据广大人民群众的根本利益，通过各种法律、法令、条例等工作，调整社会经济的总体活动和各企业、单位在微观活动中所发生的各种关系，以保证和促进社会经济发展的管理方法。企业管理的法律方法中，既包括国家正式颁布的法律，也包括各级政府机构和各个管理系统所制定的具有法律效力的各种社会规范。企业管理的法律方法内容，不仅包括建立和健全各种法规，而且包括相应的司法工作和仲裁工作。这两个环节是相辅相成的，只有法规而缺乏司法和仲裁，就会使法规流于形式，无法发挥效力；法规不健全，司法和仲裁工作则无所适从，造成社会混乱。

企业管理的法律方法具有严肃性、规范性、强制性的特点，在管理活动中，各种法规要综合运用、相互配合。就企业管理而言，法律方法不仅要求企业掌握和运用"企业法"以及与企业生产经营活动直接相关的经济法律，而且也要掌握和运用民法赋予的权利及义务。同时也不能奢望法律方法解决所有问题，而是应与其他方法综合运用才能达到最有效的管理。

（2）企业管理的行政方法　企业管理的行政方法，就是依靠行政组织的权威，运用命令、规定、指示、条例等行政手段，按照行政系统和层次，以权威的服从为前提，直接指挥下属工作的管理方法。其实质是通过行政组织中的职务和职位来进行管理。

企业管理的行政方法具有权威性、强制性、垂直性、具体性、无偿性以及稳定性、时效性、保密性等特点，是实现管理功能的一个重要手段。但在运行中管理者必须充分认识行政方法的本质是服务，是为基层、为生产和科研第一线、为企业职工服务。另外，还必须注意到行政方法的管理效果为领导者水平所制约，并且需要一个灵敏、有效的信息管理系统供上下级沟通。

（3）企业管理的经济方法　按照客观经济规律的要求，运用经济手段来实施管理的方法。这是因为人们从事生产经营活动，是为了满足以物质资料为基础的各种生活需要，因而人们对经济利益的追求就可以成为生产发展的重要内在动力之一。社会主义社会存在着国家、集体和个人利益，长远利益和眼前利益等各种不同的经济利益。因此，正确和适当地运用经济方法来实施管理是十分必要的。

企业管理的经济方法，是根据客观经济规律，运用各种经济手段，比如价格、税收、信贷、利润、工资、奖金与罚款等，调节各种不同的经济主体之间的关系，以获取较高的经济效益与社会效益的管理方法。企业管理的经济方法具有利益性、关联性、灵活性、平等性等特点。在运用企业管理的经济方法时要注意将经济方法和教育方法等有机结合起来，搞好物质文明和精神文明建设；还要注意经济方法的综合运用和不断完善。

经济方法的具体形式很多。从宏观上看，国家可以运用价格、税收、信贷等经济手段管理整个国民经济。从微观上看，企业可以把职工的个人利益同他们的工作成绩联系起来，如工资、奖金、罚款等。当然，经济方法也不是万能的，还必须和行政方法、法律方法、教育方法等结合起来使用。在使用经济方法时要注意到按客观经济规律办事，遵循国家、集体、劳动者个人三者利益的结合和讲求经济效益等原则。

（4）企业管理的教育方法　教育是按照一定的目的、要求对受教育者从德、智、体诸方面施加影响的一种有计划的活动。企业管理中的教育包括人生观及道德教育，爱国主义和集体主义教育，民主、法制、纪律教育，科学文化教育，组织文化教育等。

我国企业在长期进行的思想政治工作中积累了丰富的经验，近年来，行为科学在我国企业中的应用和发展又给教育方法增加了新的经验。教育方式正在发生着深刻的变化。人们普遍认识到，对于思想性质的问题，必须采取讨论的方法、说理的方法、批评和自我批评的方法进行引导，而不应以简单的训斥来解决问题。也不宜全都采用以讲授为中心的教育方法，以免出现被动接受的状态，应当组织小组讨论、现场实习和体验学习等活动，让受教育者主动地接受学习。总之，教育的方式应灵活方便，讲求实效。

宣传方法可以激发人们的劳动热情，还可以带动其他管理方法的贯彻实施。这是因为人们的劳动热情除了单靠物质刺激外，还需要有精神方面的激励和鼓动，而其他管理方法的贯彻实施更离不开宣传和教育。因此，宣传教育方法在不同的领域中要采取不同的形式来进行。如在意识形态领域中采用思想政治工作；在物质生产领域中采用社会主义劳动竞赛；在流通领域中采用广告、宣传等方法。

（5）企业管理的技术方法　企业管理的技术方法，是指组织中各个层次的管理者根据管理活动的需要，自觉运用自己或他人所掌握的各类技术，以提高管理的效率和效果的管理方法。它的实质是要把技术融进管理中，利用技术来辅助管理。具体讲，就是运用有关数学方面的知识和数据，对企业的生产经营活动进行分析、控制的方法在企业管理中一般常用的数学方法有：线性规划、概率论、排队论、对策论、网络技术和数学模型等。在管理实践中，广泛运用计算机建立各种管理系统和处理各项数据是现代化管理的必要手段。

管理的技术方法有客观性、规律性、精确性、动态性的特点。管理者要想正确地运用技术方法，必须了解技术并不是万能的，并不能解决一切问题，管理者不能仅仅依靠技术方法；而且管理者使用技术方法有一定的前提，即他本人必须或多或少地掌握一些技术，知道技术的价值所在和局限所在，并在可能的情况下，让组织内外的专家参与进来，以弥补自身某些方面的不足。

此外，也有从别的特定角度出发来对管理方法进行分类的。如按照管理对象的范围可划分为宏观管理方法、中观管理方法和微观管理方法；按照管理方法的适用普遍程度可划分为一般管理方法和具体管理方法；按照管理对象的性质可划分为人事管理方法、物资管理方法、资金管理方法、信息管理方法；按照所运用方法的量化程度可划分为定性方法和定量方法等。

第二节 印刷生产与设备管理

一、印刷企业生产管理

1. 生产管理概述

印刷企业生产管理是对印刷企业生产活动全过程进行综合性的、系统的管理，其研究对象是印刷企业的整个生产系统，也就是印刷品的形成过程。

效益是企业的根本目标，产值是企业的社会责任，二者均寓于生产之中。

从生产类型上讲，印刷企业一般都属于订单服务式生产，印刷企业产品的质量（Quality）、成本（Cost）和交货期（Delivery），简称QCD，是衡量企业生产管理成败的三要素，也就是三个指标。因此，印刷企业生产管理的中心目标就是：保证印刷质量，按期完成订单，不断降低成本。

要完成管理目标，印刷企业生产管理的主要职责就是通过使印刷产品保持适当数量和质量并准时生产，使成本达到最低限度，从而实现整个管理团队确立的绩效目标。取得一定优势，包括实现价格领先但不降低产品质量，产品专业化，从而使企业赢得可靠信誉，并为客户提供满意的服务。

2. 生产管理的任务

现代印刷企业的生产管理是印刷企业管理的主要内容，其主要任务就是制订生产计划、安排生产进度和控制生产过程。具体讲，生产管理的任务主要包括：

（1）保证合同的顺利完成　根据客户与企业签订的订货合同或协议，印刷企业要按合同规定的印刷产品的品种、质量、数量、交货期和其他特殊要求来完成任务。订单生产形式是印刷企业生产管理任务较为复杂的根本所在。

（2）实现企业的经营目标　企业的经营目标是通过生产活动转化而实现的，良好的生产管理是企业经营目标得以实现的根本保证。为此，印刷企业要根据企业的生产计划，有效地组织、协调、指挥和控制生产系统，按照企业制订的产品成本计划完成生产任务，并以最小的消耗和最低的劳动成本，使企业取得较大的经济效益。

（3）系统产能的不断提升　企业生产水平不仅取决于其技术水平，更主要取决于其管理水平。企业要获得一定的利润，必须不断提高企业的生产管理水平。因此，印刷企业必须在生产管理方面狠下功夫，不断挖掘潜力，为技术上提升系统产能提供一线数据支持，为管理上水平、出效益积累经验。

3. 生产管理的内容

每个企业需要制订一套适合本企业特色的生产管理系统，充分考虑产品类型、所用技术装备、周转时间以及质量要求。相对于制造型企业而言，印刷企业的生产流程比较固定而简单，有的企业（报业、书刊、杂志、包装品或其他商业印刷）常年重复着同样的过程。因此，生产管理主要包含生产计划和生产控制两大内容。生产计划可以是一套系统，预测一系列生产作业的各道工序，并对各项生产作业进行安排，确保以最高效率按时完成。生产控制就是生产阶段的启动和实施过程，并需要经常反馈工作进展情况。

二、印刷技术设备管理

1. 技术设备管理概述

随着现代化生产自动化程度的不断提高,除了少部分可以通过手工作业完成的工序,企业中大部分的制造任务均直接由设备完成。因此,技术设备已成为现代企业开展生产活动的必要条件和最为重要的物质技术基础。同时,技术设备又是企业固定资产的重要组成部分,占用着企业的大量资金,其费用在产品费用中所占的比重不断提高,对企业的发展战略决策和生产活动组织具有重大影响。

企业应根据其生产经营的宏观目标,通过采取一系列技术、经济、组织措施,对各种技术设备按其技术特征进行科学管理。技术管理是对生产过程中一切技术活动,按照生产技术本身的特点和规律,按照现行各项技术政策,进行有计划、有目的的科学管理、设备管理是对主要生产设备的规划购置、设计制造、安装调试、生产使用、保养维护、更新改造直至报废处理的全过程进行管理,以保证设备状态良好,并不断提高设备使用人员的技术素质,保证设备的有效使用,最终使企业获得最大的经济效益。

2. 技术设备管理的任务

印刷企业设备管理的任务就是要契合企业发展策略,选择合适的技术设备,提高企业的竞争实力和应变能力,并且保证在使用过程中,设备能始终保持良好的技术状态,使企业的生产活动建立在最佳的物质技术基础上,促进生产发展,获取经济效益。

(1)更新换代,提升企业装备水平　现代设备管理强调要围绕企业的经营目标和产品质量、品种发展的需求,制定设备管理的具体任务和工作目标,为促进企业的生产发展服务。主张依靠技术进步,适时地对设备进行改造和更新,不断提高企业技术装备的素质,增强企业的竞争能力和开拓市场的后劲。为此必须坚持修理改造和更新相结合的原则,加快更新速度,使企业在技术进步方面形成良性循环;对老旧设备要结合修理,积极采用新技术进行改造和改装,提高原有设备的性能。

(2)精心维护,保障企业生产秩序　设备在使用过程中逐渐磨损,而设备各部分所处的条件和使用强度不一样,其磨损情况也就有差别,因此,需要对磨损快的部分及时进行修理,使它恢复原有的技术性能。设备修理要在保证修理质量的前提下,缩短修理时间,降低修理费用,结合修理进行设备改造,提高其生产能力。设备管理部门要采取一切组织技术措施,保持设备的良好技术状态,合理地、充分地使用设备。

(3)预防为主,降低企业运管成本　现代设备管理预防的基础是现代科学理论和设备状态监测、故障诊断等新技术,采用的对策是以设备实际状态为基础的预知维修,因而能够使设备维修做到科学、经济、合理。

(4)科学管理,增强企业竞争实力　坚持"五个结合"的方针科学管理技术设备,即设计、制造与使用相结合;维护与计划检修相结合;修理、改造与更新相结合;专业管理与群众管理相结合;技术管理与经济管理相结合。只有这样才能不断提高企业技术装备的素质,增强企业的竞争能力和开拓市场的后劲。

3. 技术设备管理的内容

不同印刷企业使用的机器设备的种类、技术特征都不同,相应的设备管理工作也有所不同。即使在一个企业内部,也因产品对象和生产工艺不同有所不同。比如,包装装潢印刷和书刊印刷使用不同的机器设备。现代设备管理是对设备进行全面管理，主要包括设备综合工程学和全员设备维修制。

（1）根据企业的运营策略和发展战略，有计划、有步骤地进行机器设备的购置、技术改造和更新工作。

（2）根据设备的性能和使用要求，合理地使用机器设备。要防止不按操作规程使用机器设备，特别要严格禁止超负荷运行，以免对机器设备造成损坏，甚至发生意外事故。

（3）制定、贯彻执行合理的机器设备计划预防修理制度。及时做好机器设备的维护保养工作，防止机器设备非正常的磨损，延迟机器设备性能和效率的降低期限。

（4）编制技术装备综合记录，做好机器设备的日常管理工作，包括验收登记、保管、调拨、报废等。

第三节　印刷企业财务管理

财务管理就是组织企业财务活动、处理企业财务关系的一项管理活动。在现代化的大生产环境下，财务管理是企业的一项重要的职能。通过组织企业的资金运作，提供经营管理信息，促进企业管理水平的提升，提高企业的经济效益，为企业的生存、发展和持续经营提供基本的资金保证。

一、财务管理的概念

资金是企业进行生产经营的一种必要生产要素。企业的生产经营过程，一方面表现为物资的采购、储备、加工与出售的实物流动，另一方面表现为价值形态的资金流入与流出。以现金收支为主的企业资金收支活动构成了企业的财务活动。具体来说，企业财务活动包括企业筹资引起的财务活动、企业投资引起的财务活动、企业经营引起的财务活动和企业分配引起的财务活动。

现代企业生产需要大量的资金，在生产经营的过程中，与外界发生各种各样的资金往来关系，这就形成了企业的财务关系。企业的财务关系包括企业同其所有者之间的财务关系、企业同其债权人之间的财务关系、企业同其被投资单位之间的财务关系、企业同其债务人之间的财务关系、企业与职工的财务关系、企业内部各单位的财务关系等。因此，企业财务管理就是组织好企业的财务活动、处理企业的财务关系，为企业生存发展提供资金支持的一种综合性的管理活动。

二、财务管理的目标和内容

财务管理是企业生产经营过程中的一个重要方面，财务管理的目标应该服从并服务于企业的经营管理目标。企业财务管理的目标就是企业财务管理活动所期望达到的结果，可分为整体目标、分部目标和具体目标。整体目标是指整个企业财务管理所要达到的目标。整体目标决定着分部目标和具体目标，决定着整个财务管理过程的发展方向，是企业财务活动的出发点和归宿。分部目标是在整体目标的制约下，某一部分财务活动所要达到的目标，如筹资管理的目标、投资管理的目标等。具体目标则是在整体目标和分部目标的制约下，从事某项具体财务活动所要达到的目标。

企业财务管理的整体目标因企业所处的环境不同而随之发生改变,也随着人们对企业管理理论研究的深入而不断深化。一般认为,企业财务管理的整体目标有以下几种。

(1) 以总产值最大化为目标　为满足追求总产值最大化的企业目标,企业财务活动应保证总产值最大时对资金的需要。但是,追求总产值最大化,往往导致只讲产值、不讲效益,只讲数量、不讲质量等后果,是企业粗放经营的一种表现。

(2) 以利润最大化为目标　在市场经济下,企业往往把追求利润最大化作为目标,因此,利润最大化自然也就成为企业财务管理要实现的目标。以利润最大化为目标,可以帮助企业加强经济核算、努力增收节支,提高企业的经济效益。但是,利润最大化没有考虑利润实现的时间以及伴随高报酬的高风险等问题。盲目追求利润最大化可能导致追求短期利润、忽视经营风险和长远发展等问题。因此,利润最大化也不是企业财务管理的最优目标。

(3) 股东财富最大化为目标　对于股份制企业,企业属于全体股东所有,股东投资的目的就是为了获得最多的财富增值,因此,企业经营的目标是股东财富的最大化。相应的,财务管理的目标也应为使股东的财富最大化服务,这在一定程度上能够克服利润最大化目标忽视风险、追求短期利润等方面的不足。但是,它只适应于股票已公开上市的股份制公司,对一般的企业则难以适用。

(4) 企业价值最大化为目标　股东价值最大化目标是站在股东作为企业所有者,承担企业的全部风险,因此也应该享受全部剩余价值的角度来考虑和制定企业财务管理目标的。实际上,企业的生存和发展,除了股东投入的资源,与企业的债权人、职工甚至社会公众等都有密切的关系,因此,单纯强调企业所有者的利益而忽视利益相关者的其他集团的利益是不合适的。企业价值最大化是指通过企业财务上的合理经营,采用最优的财务政策,充分考虑资金的时间价值和风险报酬的关系,在保证企业长期稳定基础上使企业总价值达到最大。

财务管理的分部目标是针对具体的财务管理内容而言的。财务管理的内容包括筹资管理、投资管理、营运资金管理和利润分配管理。筹资管理的目标是满足生产经营对资金的需要,不断降低资金成本和财务风险;企业投资管理的目标是做好投资项目的选择,提高投资回报,降低投资风险;营运资金管理的目标是合理使用资金,加速资金周转,提高资金使用效果;利润分配管理的目标是采取各种措施,努力提高企业利润水平,合理分配利润。

<h3 style="text-align:center">三、财务管理的对象和基本方法</h3>

(一) 财务管理的对象

财务管理主要是资金管理,其对象是现金(资金)的循环和周转,即资金运动。从财务的观点来看,成本费用是现金的耗费,收入和利润则是现金的来源。在经营中,现金变为经营用的各种资产,在运营中又陆续变为现金。例如,某印刷企业部分现金用于购买原料,原材料经过加工后成为印刷产品,产品出售后又变为现金;部分现金用于购买印刷设备等固定资产,它们在使用中逐渐磨损,其价值转移到成本费用中,通过所提供的服务性产品的销售又变为现金来抵补。即从现金开始,经过供、产、销三个过程,然后又到现金状态,形成现金的循环,这种周而复始的现金循环称为现金周转,这在所有类型的印刷企业中都是共通的。

所需时间不满一年的现金流转称为现金的短期循环。短期循环中的资金称为流动资产。所需时间超过一年的现金流转称为现金的长期循环。长期循环中的非现金资产是长期资产，包括固定资产、长期投资、递延资产等。

现金是长期循环和短期循环的共同起点，在换取非现金资产时分别转化为各种长期资产和短期资产。它们被使用时，分别进入"营业成本"和"营业费用"账户。此后，又汇合在一起，同步形成"产品"，产品经出售同步转化为现金。转化为现金以后，企业可以视需要重新分配。

在实务工作中，企业不是收大于支，就是支大于收。造成企业现金流转不平衡的原因可能有企业内部的，如赢利、亏损或扩充等，也可能来自企业外部，如市场变化、经济兴衰、同行竞争等。财务管理的任务不仅要维持当前经营的现金收支平衡，而且要设法满足企业扩大的现金需求。印刷企业属于竞争性行业，且行业内部经济实力参差不齐，经营模式也不尽相同，其资金流转呈现出复杂性。由于印刷企业的特殊性和复杂性，此前印刷行业内对印刷企业财务管理也缺乏系统的研究，因此对其财务管理的关注与探究显得尤其重要。

（二）财务管理的基本方法

财务管理的基本方法有财务预测方法、财务决策方法、财务计划方法、财务控制方法、财务分析方法。财务预测是指财务人员根据历史资料，结合现实条件，运用特定的方法对企业未来的财务活动和财务成果所做出的科学预计与测算。财务预测是进行财务决策、编制财务计划、组织财务活动的基础。财务决策是指财务人员从财务目标出发，从多个可行的备选方案中选择最优方案的过程。财务计划是在一定的计划期内，以货币形式反映生产经营活动所需的资金及其来源、财务收入与支出、财务成果及其分配的计划。财务控制是指在财务管理过程中，基于一定的信息，利用一定的手段，对企业的财务活动施加影响或调节，以便实现计划所规定的财务目标。财务分析是根据有关信息资料，运用特定方法，对企业财务活动过程及其结果进行分析和评价的一项工作。

第四节　印刷精益生产

一、精益生产概述

精益生产（Lean Production，简称 LP）是美国麻省理工学院给丰田式生产管理（Toyota Management）的名称。

丰田式生产管理，或称丰田生产体系（Toyota Production System，TPS），由日本丰田汽车公司的副社长大野耐一创建，是丰田公司的一种独具特色的现代化生产方式。它顺应时代的发展和市场的变化，经历了20多年的探索和完善，逐渐形成和发展成为今天这样的包括经营理念、生产组织、物流控制、质量管理、成本控制、库存管理、现场管理和现场改善等在内的较为完整的生产管理技术与方法体系。

精益生产方式即"丰田生产方式"，通过实施整理（Seiri）、整顿（Seiton）、清扫（Seiso）、清洁（Seiketsu）、素养（Shitsuke）五个项目，规范现场管理，营造良好的工作环境，培养员工良好的工作习惯，提高企业的管理水平和人的素质。

精益生产方式的优越性不仅体现在生产制造系统，同样也体现在产品开发、协作配套、营销网络以及经营管理等各个方面，它是当前工业界最佳的一种生产组织体系和方式，也成为二十一世纪标准的全球生产体系。

二、精益生产的内涵

准时制（Just In Time，简称JIT）是精益生产的基本思想。因此，精益生产方式又称为JIT生产方式、准时制生产方式、适时生产方式或看板生产方式。准时制生产以订单驱动，通过看板，采用拉动方式把供、产、销紧密地衔接起来，使物资储备，成本库存和在制品大为减少，提高了生产效率，可以使生产资源合理利用，包括劳动力柔性和设备柔性。

准时制生产以准时生产为出发点，首先暴露出生产过量和其他方面的浪费，然后对设备、人员等进行淘汰、调整，达到降低成本、简化计划和提高控制的目的。在生产现场控制技术方面，准时制的基本原则是在正确的时间，生产正确数量的零件或产品，即时生产。它将传统生产过程中前道工序向后道工序送货，改为后道工序根据"看板"向前道工序取货，看板系统是准时制生产现场控制技术的核心，但准时制不仅仅是看板管理。

准时制生产的基础之一是均衡化生产，即平均制造产品，使物流在各作业之间、生产线之间、工序之间、工厂之间平衡、均衡地流动。为达到均衡化，在准时制生产中采用月计划、日计划，并根据需求变化及时对计划进行调整。

准时制生产提倡采用对象专业化布局，用以减少排队时间、运输时间和准备时间，在工厂一级采用基于对象专业化布局，以使各批工件能在各操作间和工作间顺利流动，减少通过时间；在流水线和工作中心一级采用微观对象专业化布局和工作中心形布局，可以减少通过时间。准时制生产强调全面质量管理，目标是消除不合格品。消除可能引起不合格品的根源，并设法解决问题，准时制生产中还包含许多有利于提高质量的因素，如批量小、零件很快移到下一工序、质量问题可以及早发现等。

三、精益生产的核心

精益生产的核心是消除生产中的七种类浪费。

① 等待的浪费。作业不平衡，安排作业不当、待料、品质不良等。

② 搬运的浪费。车间布置采用批量生产，依工作站为区别的集中的水平式布置所致，无流线生产的观念。

③ 不良品的浪费。工序生产无标准确认或有标准确认未对照标准作业，管理不严密、松懈所导致。

④ 动作的浪费。生产场地不规划，生产模式设计不周全，生产动作不规范统一。

⑤ 加工的浪费。制造过程中作业加工程序动作不优化，可省略、替代、重组或合并的未及时检查。

⑥ 库存的浪费。管理者为了自身的工作方便或本区域生产量化控制一次性批量下单生产，而不结合主生产计划需求流线生产所导致局部大批量库存。

⑦ 制造过多（早）的浪费。管理者认为制造过多与过早能够提高效率或减少产能的

损失和平衡车间生产力。

第五节　印刷智能制造

印刷企业普遍具有典型的订单服务式、流程加工制造特征，采取印前、印刷、印后的串行物料加工方式，工序的连续性使得上一个工序对下一个工序的影响具有传导作用。如图所示 6-1，传统印刷生产的印前、印刷和印后加工三个工艺环节通过物流/材料相互连接，具有典型的离散加工制造特征。

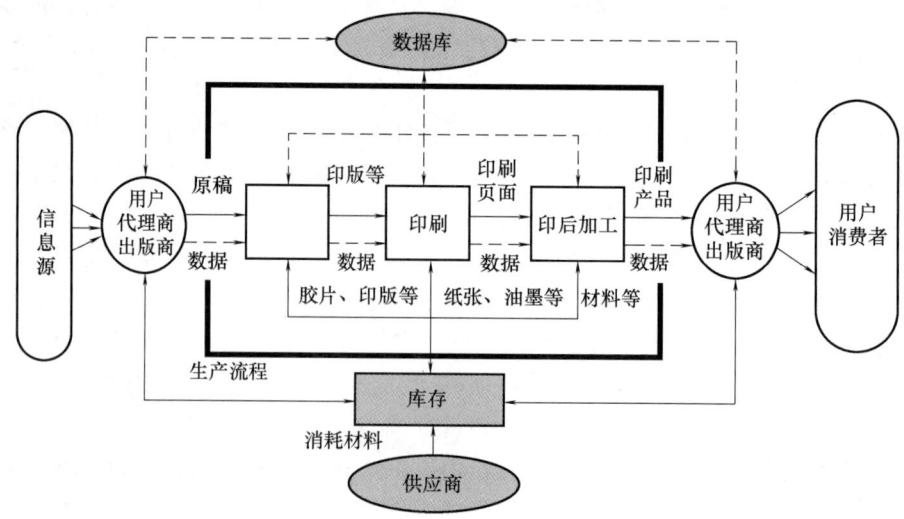

图 6-1　传统印刷企业生产模型

社会发展、技术革新、产业升级对印刷业提出新要求，个性化的订制、精益化的生产、全生产周期的服务等成为新的产业需求。作为制造业的印刷工业，受到新兴媒体兴起以及互联网带来的冲击，订单呈现多品种小批量、个性化定制特征，生产呈现服务型制造、分布印刷的特点。以信息化和工业化的深度融合为主线构建智能型印刷产业，对于提升产业核心竞争力、带动产业结构优化升级具有重要战略意义。

一、印刷生产管理的信息化

印刷业具有服务型制造业和生产性服务业的典型特征，为图书、期刊、报纸出版和商品包装等提供生产服务保障。印刷生产制造的核心工作是可视化信息的复制与传播，与现代信息技术有着天然的联系。在印刷生产过程中信息和数据对生产工序和设备的最优化、可靠性、效率、高质量及生产的经济性至关重要，各类生产信息数据将各印刷流程的紧密联系，信息共享满足印刷全周期生产需要。

（一）ERP 系统

印刷 ERP（Enterprise Resource Planning，简称 ERP）系统（印刷行业企业资源计划系统）是把印刷行业管理方法与计算机技术相结合而产生的印刷行业专用的企业资源管理计划。与传统的人为与纸质管理方式相比，它实现了电子计算和统计，权限与职掌的分属到位；与 excel 表格相比，它实现了各部门信息的科学共享和相互控制，避免了信息孤岛的产生，避免了各部门数据误差和不及时的问题；与现已广为应用的财务软件、库房软件、人事软件或进销存软件等相比，它对印刷行业生产、排产、进度等方面管理的更专业，涵盖面更广，包括了印刷企业所有部门的管理：业务接单、工艺分解、车间生产、采购、库房、财务、送货等。

当前印刷 ERP 系统的技术架构分为两种：B/S 架构和 C/S 架构。Client/Server 架构，即客户端/服务器架构。通过将任务合理分配到 Client 端和 Server 端，降低了系统的通讯开销，需要安装客户端才可进行管理操作。Browser/Server 架构：客户端基本上没有专门的应用程序，应用程序基本上都在服务器端。由于客户端没有程序，应用程序的升级和维护都可以在服务器端完成，升级维护方便。

（二）MES 系统

MES（Manufacturing Execution System，简称 MES）即制造企业生产过程执行系统，是一套面向制造企业车间执行层的生产信息化管理系统。MES 可以为企业提供包括制造数据管理、计划排产管理、生产调度管理、库存管理、质量管理、人力资源管理、工作中心/设备管理、工具工装管理、采购管理、成本管理、项目看板管理、生产过程控制、底层数据集成分析、上层数据集成分解等管理模块，为企业打造一个扎实、可靠、全面、可行的制造协同管理平台。简而言之，MES 是把订单转化成可控的生产过程，最终形成产品并统计出来的过程控制管理。

（三）CPS 系统

信息物理系统（Cyber Physical Systems，简称 CPS）作为计算进程和物理进程的统一体，是集成计算、通信与控制于一体的下一代智能系统。信息物理系统通过人机交互接口实现和物理进程的交互，使用网络化空间以远程的、可靠的、实时的、安全的、协作的方式操控一个物理实体。

CPS 是在环境感知的基础上，深度融合计算、通信和控制能力的可控可信可扩展的网络化物理设备系统，它通过计算进程和物理进程相互影响的反馈循环实现深度融合和实时交互来增加或扩展新的功能，以安全、可靠、高效和实时的方式检测或者控制一个物理实体。

二、印刷生产管理的智能化

印刷智能制造是基于新一代信息通信技术与印刷先进制造技术深度融合，贯穿于设计、生产、管理、服务等印刷制造的各个环节，具有自感知、自学习、自决策、自执行、自适应等功能的新型生产方式。

印刷业智能化发展是推进印刷智能制造的螺旋上升过程，集智能手段和智能系统等新兴技术于一体，包含智能印刷产品、智能印刷生产和智能印刷服务，是印刷自动化和数字化发展的新阶段。推进印刷业智能化发展，对更好地承担举旗帜、聚民心、育新人、兴文化、展形象的使命任务、加快建设印刷强国、引领产业高质量发展具有重要意义。

印刷业智能化建设以数字化、网络化为基础，基于智能标签和信息技术实现印刷品全制造流程的数字化和数据共享，推动印刷生产方式向定制化、柔性化、精益化、绿色化、网络化方向发展，建设信息驱动下的智能印刷工厂，提高生产效率，实现精益生产，降低运营成本，扩大服务半径，丰富服务内容，拓展服务空间，衍生增值服务，最终完成印刷业智能化转型升级。

三、智能印刷产业模式

如图 6-2 所示,新的印刷产业是以数字化智能制造为基础,以互联网和物联网为两翼,把产品、设备、资源和人有机的联系在一起。基于智能化设备和高度灵活的信息系统,改造印刷生产流程,通过印刷品全生命周期和全制造流程的数字化,各环节共享数据,构建信息驱动下的智能印刷工厂,从而延伸服务内容、提高生产服务效率,让生产更敏捷,企业效益更好,实现智能型印刷方式。

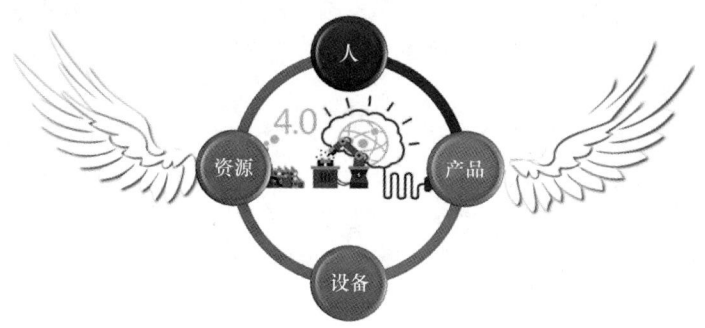

图 6-2　智能印刷产业模式

在智能印刷产业模式中,印刷产业通过全产业链的互联,重构用户、印刷企业、供应商以及销售商的服务模式和业务形态,将物联网、云计算、移动互联网新一代信息化技术和先进的生产自动化技术深度融合,运用到印刷的业务管理、生产管理、印刷过程控制等印刷品制造全周期中。

如图 6-3 所示,通过业务网络化、生产智能化、制程标准化和管理信息化,客户可以参与、监督产品的设计、研发与制造过程,实现可视化、透明化、一体化,拉近生产环节和用户之间的距离;在生产过程中,人只是生产指令的组织者和计划变更的协调者,由软件系统和自动化的装置来执行生产任务,将人从繁琐的工作中解放出来,降低成本,并实现高效生产。

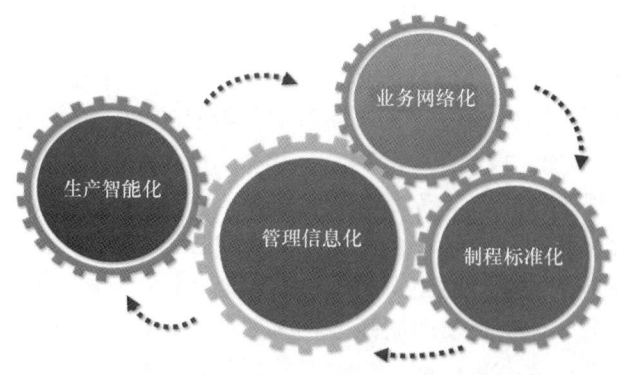

图 6-3　智能印刷的技术路径

复习思考题

1. 印刷企业管理的主要内容和方法包括哪些?

2. 印刷企业财务管理的主要目标有哪些？
3. 印刷企业生产经营有什么特点？
4. 印刷生产过程中有哪些浪费？
5. 实施印刷智能制造有什么重要意义？
6. 如何实现印刷业智能化？

参 考 文 献

[1] 成刚虎，刘澎，蔡芳. 印刷企业管理［M］. 北京：印刷工业出版社，2012.
[2] 曹鹏.《中国印刷产业技术发展路线图》编写情况及内容解读［J］. 今日印刷，2016（8）：18-21.
[3] 国家新闻出版署. 中国印刷业智能化发展报告. 北京：科学出版社，2018.

 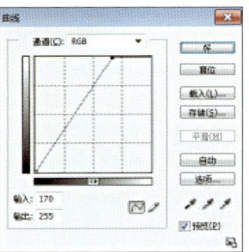

图2-20 R、G、B加色特征

 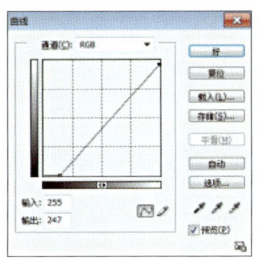

图2-11 PS中通过"曲线"工具调整图像实例

图2-21 C、M、Y减色法

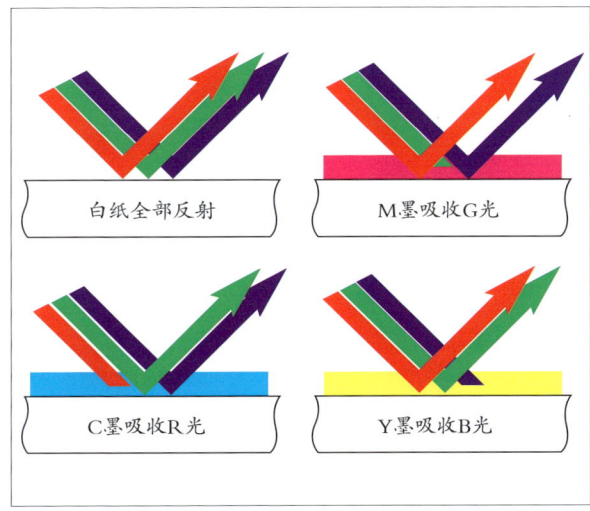

图2-22 黄、品红、青三原色油墨
选择性吸收的呈色原理

图2-23 颜色的分解

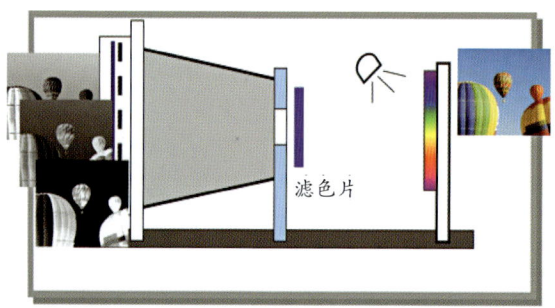

图2-24 基于照相制版工艺的分色加网

图2-25 颜色的合成

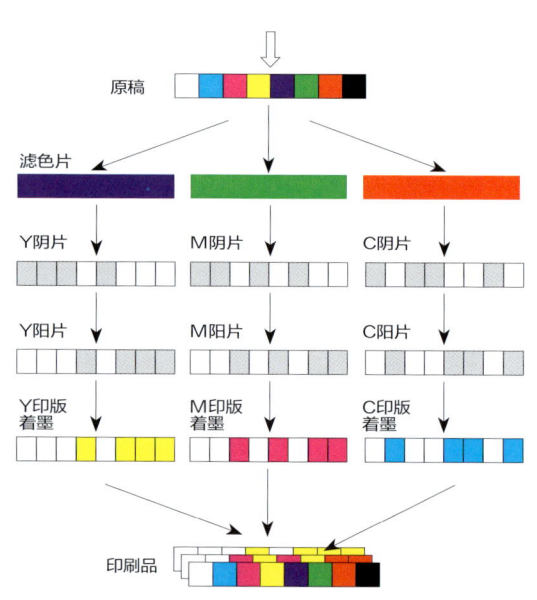

图2-26 印刷色彩复制原理

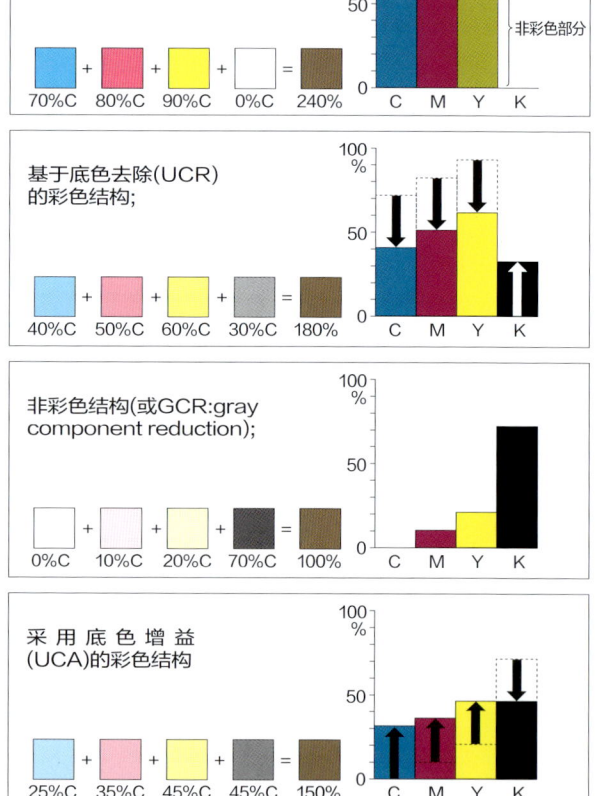

图2-27 以多色复制的赭色为例说明黑版的生成

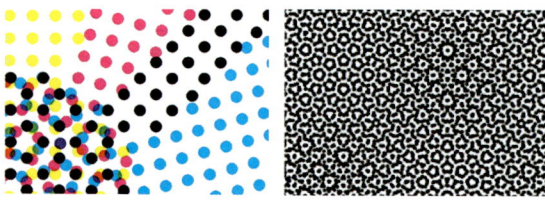

图2-29 调幅网点的印刷龟纹现象

图2-44 屏幕软打样

图2-43 一台EPSON数码打样机

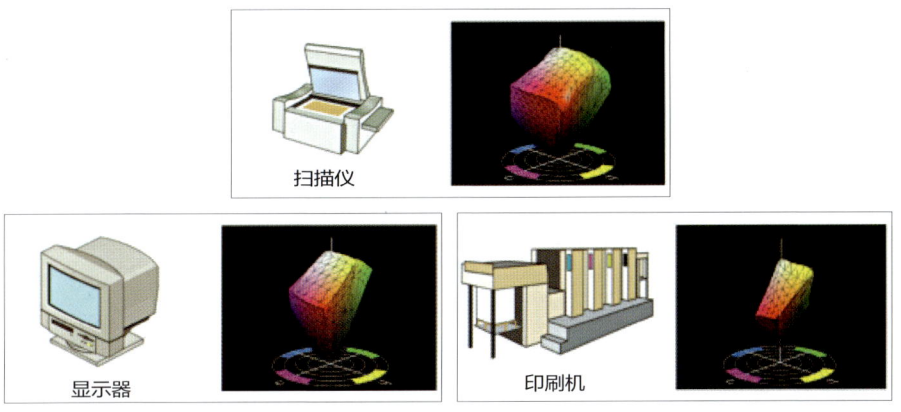

图2-45 不同设备的色域差别

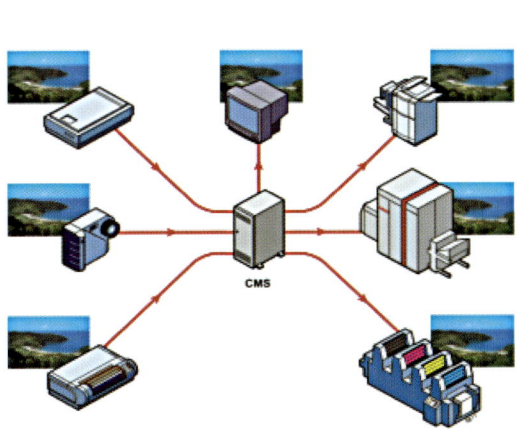

图2-49 色彩管理系统

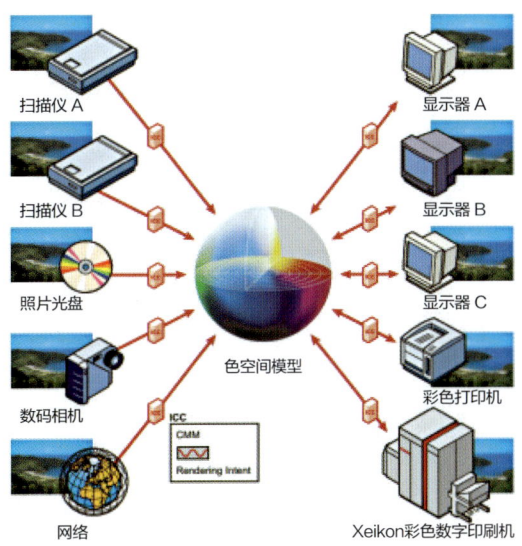

图2-47 基于PCS连接空间的色彩管理

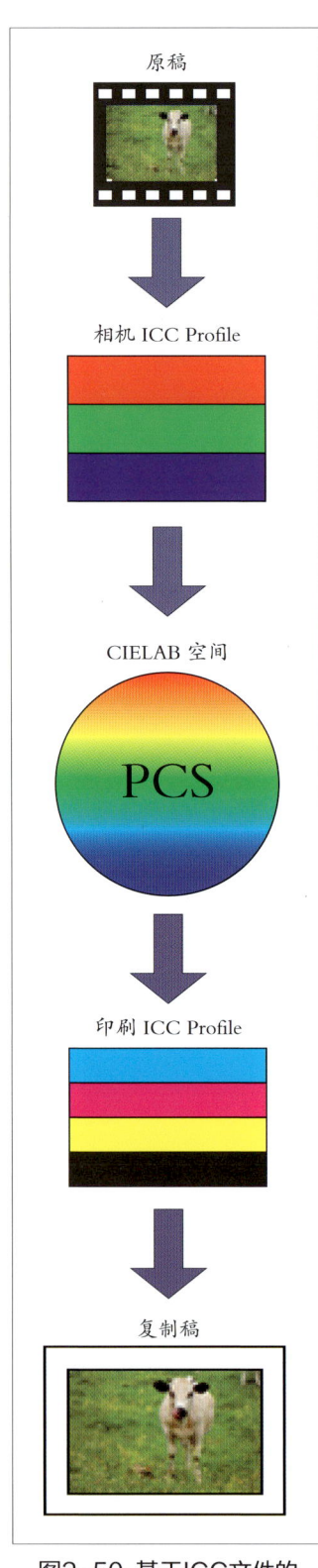

图2-50 基于ICC文件的
颜色转换过程

图4-21 凹凸压印产品

图4-33 活页装订方式

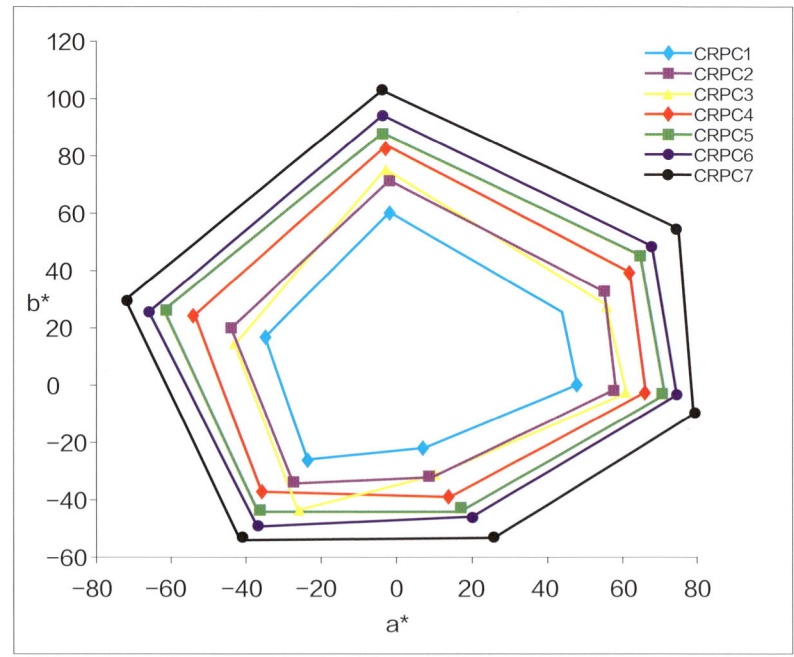

图5-14 表5-13 和 表5-14 中的
色度定义CIEa*b*平面图投影（参考）